深 圳 文 物 志

深圳市文物管理委员会编

主　　编　董小明

执行主编　吴曾德　周　军　黄崇岳

文物出版社

责任编缉：吴　茗

封面设计：程星涛

责任校对：孙　雷

　　　　　李　薇

责任印制：梁秋卉

图书在版编目（CIP）数据

深圳文物志／深圳市文物管理委员会编 .—北京：文
物出版社，2005.1

ISBN 7-5010-1653-4

Ⅰ. 深…　Ⅱ. 深…　Ⅲ. 文物－概况－深圳市

Ⅳ. K872.653

中国版本图书馆 CIP 数据核字（2004）第 085167 号

深 圳 文 物 志

深圳市文物管理委员会编

主　　编　董小明

执行主编　吴曾德　周　军　黄崇岳

文物出版社出版发行

北京五四大街 29 号

http://www.wenwu.com

E-mail：wwyk@wenwu.com

北京圣彩虹制版印刷技术有限公司

2005 年 1 月第一版　2005 年 1 月第一次印刷

787×1092　16 开　印张 23

ISBN 7－5010－1653－4/K·853

定价：148 元

编 撰 委 员 会

名誉主任 梁道行

主　任 陈　威

副主任 董小明

委　员（以姓氏笔画为序）

王璧	王乃栋	邓晓薇	叶扬	冯琪	刘涛
李龙章	何小培	杨耀林	周英	周军	范小乐
黄中和	黄崇岳	彭庆元	彭全民	赖德劭	

主要撰稿人（以姓氏笔画为序）

王军	王效究	叶扬	孙霄	史红卫	刘涛
刘均雄	伍扬	吴曾德	李龙章	李培洁	杨耀林
张亚东	张小兰	张冬煜	陈海先	利国显	周英
周军	范小乐	郭学雷	姚树宾	高爱萍	段亚平
翁松龄	黄小红	黄中和	黄诗金	黄崇岳	彭全民
程建	赖德劭	暨远志	潘慧琳		

主　编 董小明

执行主编 吴曾德 周军 黄崇岳

凡　例

一、本志内容为记述深圳市文物、博物馆及其事业发展状况的专志。

二、本志的基本结构分为章、节、目。全志由《文博机构》、《地下古遗址和遗迹》、《古窑址与窖藏》、《墓葬》、《历史建筑》、《古城（寨）、烟墩、炮台》、《馆藏文物》、《文物保护与文物安全》等八章及《深圳市文博工作大事记》组成。

三、本志记述的文物是以本市第一、二次文物普查的资料（文字和实物资料）为基础，并择其要者。

四、本志记述的时间概念，文物为上至约五千年前的新石器时代中期，下至20世纪80年代后的改革开放时期。博物馆、纪念馆及其馆藏文物的记述时间截至2002年底。

五、由于本地在先秦阶段处于夏、商、周各王朝的势力范围之外，故凡涉此阶段时间概念的表述，均加"时期"二字，意为相当于中原这一段时期。秦汉以后则不加"时期"二字。

六、为使各区的文物一目了然，在编排上将各区文物相对集中。虽不标出区名，但都按南山区、福田区、罗湖区、盐田区、宝安区、龙岗区（由西向东、先特区内后特区外）的顺序编排条目。各区内的各街道办事处和各镇则按由西向东、由南至北编排。

序

梁 道 行

　　我作为土生土长的深圳人民的儿子，深深挚爱着这方热土。既为辉煌的现代文明欢欣鼓舞，又为厚重的历史文化无比自豪。面对着沉甸甸的凝聚着全市文博工作者23年心血的《深圳文物志》，感触良多。

　　本书展示了深圳市文物工作的丰硕成果，为今后本市文博事业的发展提供了宝贵的资料和经验。同时，它以无可辩驳的事实，证明了深圳有七千年的社会发展史，有六百年可歌可泣的反外来侵略史，有一百多年不屈不挠的革命斗争史，有二千年的移民史，以及颇具特色的海洋文化和移民文化。还有1839年的九龙海战揭开了中国近代史的序幕，1900年孙中山领导的三洲田起义打响了资产阶级民主革命的第一枪，……这一切充分说明，深圳虽然不是文物大市，但却有丰厚的历史文化积淀，绝不是什么"文化沙漠"。

　　现代文化不该是无源之水，无本之木。它应是历史文化的继承、发展和升华。在深圳经济、社会高速发展以及向国际化城市迈进的今天，重视保护和合理利用历史文化遗产，有着重要的现实意义和深远的历史意义。

　　毋庸置疑，以文物为载体的中国优秀历史文化及其优良传统，是"先进文化"的重要组成部分，对建设现代文化起着基础和推动的作用。当代深圳是个新移民城市，移民文化是深圳文化的特色和优势，古代的移民文化加现代移民文化，有利于促成深圳城市特点的形成。它们又是"以德治国"中"德"的重要内容，用以进行爱国主义、革命传统教育和陶冶情操，对精神文明建设有着不可替代的作用。历史文化又是文化旅游的主打资源，对进一步发展我市的旅游事业有着不可替代的作用。保护和利用好历史文化遗产，是一个城市文明的标志之一，也是能否成为国际化城市的标准之一。通观世界上的国际化城市，概莫能外。

　　然而，在深圳经济特区建设之初，一些历史文化遗产遭到了无法弥补的破坏，教训惨重。但这也从另一个角度促使各级领导和广大人民群众对文物工作的高度重视，从而使"保护文物，人人有责"的观念深入人心。我深信，在邓小平理论和"三个代表"思想的指导下，在总结过去文物工作成果和经验的基础上，努力贯彻和落实《中华人民共和国文物保护法》及其《实施细则》，必将开创我市文物工作的新局面。

2003 年 7 月

目　次

概　述

　　在市委、市政府的重视和领导下，深圳市的文博工作者历经 22 年的不懈努力和艰苦奋斗，文物保护和博物馆事业得到飞速发展。并随着考古调查、发掘和研究工作的开展和深化，深圳的地上、地下历史文化遗产以其从未有过的清晰面貌，展现在世人面前。

　　毫无疑问，深圳是一座迅速崛起的现代化城市，是因改革开放以来的建设成就而辉煌，然而它的根却深深扎在具有丰厚文化底蕴和悠久历史积淀的热土上。

一

　　深圳拥有约 150 余处的先秦文化遗址，证明约有七千年的社会发展史。有宝安西乡铁仔山的东晋至明清时期墓葬群的发现和发掘，列入 2000 年"全国重大考古新发现"。有南山西丽屋背岭商时期墓葬群的发现和发掘，被列为 2001 年"全国十大考古新发现"。深圳拥有一千多年的城市发展史、六百多年的南头古城和国家重点文物保护单位大鹏古城的城堡史。深圳拥有 1324 处古建筑。还有在中国近代史上具有深远影响的两次重大历史事件的见证——1839 年的九龙海战等 7 次战斗以全胜战绩拉开了鸦片战争的序幕、孙中山领导的 1900 年三洲田起义打响了资产阶级武装革命的第一枪。有东江纵队司令部旧址，反映了东江纵队在抗日战争中立下的不朽功勋。有清代各时期的近 200 座城堡式客家围和许多广府式村落及民居，体现了自古以来的移民文化是深圳文化的特色和优势。这些丰富的内涵，极大地提升了深圳历史文化的地位。

（一）先秦时期

　　1983—1984 年的第一次文物普查就发现了先秦文化遗址 103 处，2000 年底结束的第二次全市文物普查又新发现 54 处。而且在内涵方面（无论是新石器时代还是青铜时代）呈现出古越族土著文化的鲜明地方特色。此外，以咸头岭遗址为代表的新石器时代中期文化，以屋背岭墓葬区为代表的商时期文化，以大梅沙遗址为代表的春秋时期文化，以叠石山遗址为代表的战国晚期文化，在珠江三角洲乃至整个岭南地区，都具有典型意义。它们有的填补了岭南考古编年的空白，有的被专家命名为考古学文化，有的被列为全国十大考古新发现，其重要性和重大学术价值是不言而喻的。

1．新石器时代文化

考古资料表明，早在距今 6700 年前的新石器时代中期，人类就已经在深圳这块土地上繁衍生息。深圳境内发现和探明了近 40 处新石器时代的遗址，它们主要分布在海边沙丘和较大河流两旁的山岗上。其中新石器时代中期遗址有 6 处，其余均为新石器时代晚期。我市考古工作者重点科学发掘了龙岗区大鹏镇咸头岭新石器时代中期的沙丘遗址、龙岗区葵冲镇大黄沙新石器时代中期沙丘遗址、盐田区大梅沙 1 区新石器时代中期沙丘遗址、龙岗区坪山镇夹圳岭新石器时代山岗遗址等。

位于大鹏镇叠福村的海边沙堤上的咸头岭遗址，面积约 13000 平方米，文化层厚 40－60 厘米。1981 年发现，1985 年、1989 年、1997 年三次发掘共 1241 平方米。遗址内出土了大量的陶质生活用具，以夹砂灰陶为主，有少量制作较为精细的泥质白陶和灰陶。器类有釜、罐、盘、盆、钵、碗、器座等。纹饰以绳纹为主，还有划纹、水波纹、编织纹，个别器物有赭红色陶衣。还出土锛、斧、凿、铲、刀等磨制石器 74 件，打制石器 16 件和 98 件天然工具。咸头岭遗址的发现和发掘，引起了国内有关专家的高度重视，他们认为该遗址的文化面貌在珠江三角洲新石器时代中期沙丘文化遗址中具有代表性，从而命名为"咸头岭文化"。这就意味着深圳的新石器时代中期文化不仅在广东省占有重要地位，而且在全国的同时代文化中也享有一席之地。

2．夏商周时期文化

进入了相当于中原地区的夏商周时期后，尤其在春秋战国时期，深圳地区已跨入了青铜时代，人口大量增加，社会生产力也明显提高。这可从两方面得到印证：

其一，我市考古工作者在深圳地区发现了 60 多处这一时期的文化遗址，数量较之新石器时代为多，而且各区均有发现。遗址数量的增加和分布面积较广，说明此时本地区人口增多，而且各处都有先民居住。

其二，全市第二次文物普查时，在南山区的西丽镇地区和宝安区的石岩镇地区共发现了 34 处这一时期的文化遗址，且每个遗址的面积都在 10000 平方米以上。在不大的范围内，遗址如此密集而且面积较大，正是族群数量增多及每一个族群人口增长较快的证明。

从遗址的类型和所发现的文物来看，当时人类的生产和生活方式可分为两类：一类是以捕捞为主的居住在深圳东部和西部海边，如商时期的盐田大梅沙村遗址，春秋时期的盐田大梅沙 2 区遗址等。另一类是以种植为主的居住在深圳中部和北部沿河流两岸的山岗坡地上，如商周时期的南山西丽屋背岭墓葬区，战国时期的叠石山遗址等。

　　1999 年发现的位于南山西丽屋背岭村屋背岭山顶的商时期墓葬区，于 2001 年 4 月试掘，2002 年正式发掘。发掘面积共 1400 平方米，共发现商时期墓葬 94 座，皆为竖穴土坑墓。随葬品以陶器为大宗，有釜、豆、罐、钵、尊、壶、杯、纺轮等。纹饰为拍印的曲折纹、方格纹、卷云纹、云雷纹、菱形格纹、复线菱格带凸点纹等。石器以小型石锛为主。还有少量的玉矛、玉玦、水晶块等。墓葬约可分为三期，第一期为新石器时代晚期至商早期，二、三期从商中期至西周早期。该墓葬区的二、三期材料，丰富了珠江三角洲和港澳地区商时期文化内涵，对这个时期的社会发展、墓葬布局及葬俗等有了新的认识，也为中国商时期边疆考古作出了贡献。

　　盐田大梅沙海边遗址（市级文物保护单位），发现于 1982 年，1992 及 1993 年分两次发掘，发掘面积 2405 平方米。遗址分两区，1 区为新石器时代中期，2 区为春秋时期，发现了 10 座墓葬。均为长方形竖穴，方向北偏东。长 2.3－4.5、宽 0.8－1.71 米。有的在近墓底中间挖一个直径和深度约 20 厘米的小坑。除 2 座墓无随葬品外，其余共出土随葬品 39 件，其中（在 6 座墓中出土）有 11 件青铜器（剑、矛、钺等，以兵器为主）、21 件陶器（瓮、罐、盘、钵、杯、豆等）、7 件石器（斧、锛等）。有 6 座墓随葬呈“品”字形排列的陶豆。另外，随葬青铜器的不随葬陶纺轮。编号为 M6 的随葬品最多，共出土 4 件青铜器、3 件陶器和 2 件石器。说明此时财富多寡差别较大，男女分工明确，族群之间可能还经常发生争斗。该遗址是广东发掘面积最大的沙丘遗址，发现的墓葬和青铜器数量在广东沙丘遗址中也是空前的，为研究此时期的社会状况及古越族民俗等提供了不可多得的宝贵资料。

　　位于南山西丽茶光村南面的叠石山战国晚期遗址，面积约 30000 平方米。1987 年 4 月发现，同年 10 月发掘，揭露面积 330 平方米。出土 8000 多片陶片，种类有罐、瓮、尊、盒、碗、豆、钵、壶、簋、鼎等。纹饰有夔纹、米字纹、方格纹、回字纹、云雷纹、菱形格纹、重圈纹等。另有石锛等石器 5 件，锸等青铜器 2 件。该遗址的发现和发掘，提供了夔纹陶器在广东地区存在的下限时间，更重要的是出土 4 件铁斧，为广东地区早期铁器的使用及来源等问题的研究，提供了珍贵的实物资料。

（二）两汉至唐宋时期

　　深圳的历史在此时期有三大变化：一是至少从西汉中期开始，文化面貌已从土著文化变为与中原趋于一致。二是城市的建立和发展。据文献记载，东晋咸和六年（331年），东官郡郡治和宝安县县治同设于今南山区南头一带。这两大变化使深圳的经济与社会步入了快速发展的阶段。三是唐代建立了屯门镇，驻军 2000 人，从此确立了古代深圳成为广东地区军事重镇的地位。另外，在南山区南头古城附近及与之紧邻的宝安区西乡一带，发现和清理了12座汉墓、22座东晋墓、88座南朝墓，它们是深圳经济和社会发展的佐证。

1. 汉代墓葬

在南山区南头古城附近及与之紧邻的宝安区西乡一带发现的12座汉墓，其形制可分为长方形竖穴土坑墓、长方形砖室墓、"中"字形墓、"卜"字形墓等，与中原墓葬形制完全一样。无论西汉或东汉墓，出土的罐、鼎、壶、碗、盆、杯、尊、熏、灯、灶、案、井等，其组合和形制也与中原相同。其中，在东汉墓中出有"熹平四年"（175年）纪年砖、人面印纹砖（类似汉画像石中用于驱邪的蹶张图）和乘法口诀砖。而乘法口诀砖为全国汉墓中首次发现，这为研究中国数学史提供了珍贵的实物资料。

2. 东官郡城的遗迹——濠沟

据崇祯十二年（1639年）张二果著的《东莞县志·建制沿革》载："晋成帝咸和六年（331年），分南海（为四郡）立东官郡，治宝安（在东官场北，即城子岗，即东莞守御千户所。邑有宝山，故名）。领县九（宝安、怀安、兴宁、海丰、海安、海阳、绥安、海宁、潮阳。宝安即今东莞县，怀安即今归善县，与兴宁、海丰俱属惠州府，海安即旧高兴，故地今高州府界，海阳、绥安、海宁、潮阳今俱属潮州府）。"另一说领县六，为宝安、欣乐、兴宁、海丰、海阳、绥安。此说比较可靠。因此，东官郡包括了今广东的东南和东北及闽东南部分的广大地区。其郡治和宝安县的县治同设在今深圳市南山区南头古城一带。所以迄今有明确记载的深圳城市历史已有一千六百多年。

2002年，为配合南头古城周边环境的整治，在古城南门外广场进行了大规模的考古发掘，发现了东晋时期的濠沟。濠沟只发掘了一部分，东西长110米，与南头古城南城墙外的明代护城河基本平行。其西边因未发掘，尚不知其长度和走向，而东头则呈直角向北拐了38米，被明代的护城河打破。濠沟面宽5.6－6米，底宽1－1.6米，深2.2－2.6米，坡度为45°。在濠沟的5－7层出土了不少此时期的器物。按上述引文中东官郡治的方位，此濠沟可能为东晋古城的护城濠。因此，只要基本摸清濠沟的走向，就可确定东官郡城的方位。若此濠沟只是给水或排水沟，从其长、宽和深度推测，也应与东官郡城有关。

3. 东晋墓葬

在南头古城附近和宝安区西乡清理了22座东晋墓。西乡铁仔山古墓地中出土了3座东晋纪年墓，分别是晋元帝司马睿的"大兴二年"（319年）、"大兴四年"和晋明帝司马绍的"太宁二年"（324年）。皆在晋成帝司马衍咸和六年即公元331年之前。纪年的内容为"大兴二年六月"、"大兴四年辛巳岁宜封侯"、"太宁二年岁甲申宜子孙"等。需指出的是，西晋永嘉年间（307—313 年）发生了所谓的"五胡乱华"后，大量汉民南迁。这是我国历史上第二次移民高潮。史籍虽然没有移民深圳的记载，但是，基于迄今深圳还未发现西晋墓，而从东晋初年墓的形制及出土的陶瓷器、铁器、铜镜及装饰品等又都与中原同步这两点来看，应不排除此时不少北方移民进入深圳的可能性。这 22 座墓葬至少表明，深圳南头一带在公元 331 年前后人口增长较快，经济、文化也有相当的发展，这为深圳地区曾一度能够成为粤东南地区政治、经济、文化的中心和军事重镇的根本原因。

4. 南朝墓葬

在南头古城附近及宝安区西乡一带清理了 88 座南朝墓。墓葬形制可分为竖穴土坑墓和"日"字形、"十"字形砖室墓，其中以分前、后室的"日"字形墓为多，以分前、中、后三室并带左、右耳室的"十"字形墓为大。一般砖室墓都有墓道，前室有渗水井，墓外有砖砌排水沟。出土青瓷器的种类有鸡首壶、碗、钵、盘、杯、碟、四系或六系罐、盂、砚、滑石猪和蝉等。由此可见，南朝时期是深圳历史上的一个重要发展阶段。

5. 宋朝墓葬、石塔、窖藏铜钱

宋代墓葬共清理了 10 余座。墓葬形制可分为长方形竖穴土坑墓和瓦室墓（即长方形竖穴土坑内用瓦片叠砌墓圹）两种，后一种较为精致。棺木及人骨架腐朽无存，仅见散落铁棺钉。随葬品主要有陶、瓷罐和碗、碟、盏、魂坛及铁刀、铁剪、银簪、铜镜、陶砚、石砚、铜钱等。

其中位于福田区莲花山西北坡的黄默堂居士墓（省级文物保护单位），建于南宋淳祐八年（1248 年），从未进行过修葺。墓后部有一道半圆形护墙，祭台为石作须弥座，墓碑嵌于六边形墓塔（上部已毁）的正面。其须弥座和单层墓塔的形制有唐代遗风，而一般民间居士使用墓塔这样的葬制，目前在全国似为孤例。

建于南宋嘉定十三年（1220 年）的龙津石塔（市级文物保护单位），位于宝安区沙井镇沙四村。为红砂岩雕成，葫芦形塔顶，正方形塔身。塔身正面和左右两侧各有一个佛龛，正面佛龛浮雕半身佛坐像，左龛上部仅浮雕双手合十，其下阴刻 4 行 12 字咒语经文；右龛上部也只浮雕一手执宝剑，其下阴刻 4 行 16 字咒语经文。背面刻"嘉定庚辰立石"。正方形须弥座四角浮雕竹节角柱。

黄默堂居士墓和龙津石塔是深圳目前发现的地面上最早的建筑。

窖藏铜钱先后发现了 10 余处，其中可认定两宋时期的窖藏有 7 处，分布在宝安区和龙岗区。其中出土最少的为 10 公斤，最大的一宗是 1995 年 10 月在宝安区松岗镇沙埔尾村发现的 4000 公斤窖藏铜钱，有秦"半两"和汉"五铢"，而绝大部分为两宋钱币。

（三）明清时期

这是深圳历史上最重要的时期。深圳军民在抗击倭寇、葡萄牙殖民主义、英国殖民主义的斗争中，在中国历史上写下了可歌可泣的光辉篇章。这时期的地上文物古迹遗存甚多，第二次文物普查共发现古建筑 1324 处（有的一处是一个村庄），其中 99% 属于这一时期。主要种类有城址、民居、祠堂、庙宇、牌坊、塔阁、私塾（书院）、桥梁、古井等。它们中最重要的是明洪武年间建立的东莞千户守御所城和大鹏千户守御所城，即南头古城和大鹏古城。而大鹏古城史称"沿海所城，大鹏为最"。而且在我国 18000 公里的海岸线上，是保存下来的最好的明清海防军事城堡之一。民居大致可分为客家式、广府式、广府客家混合式及中西合璧式等，它们烙下了来源于不同地方的移民所带来的本土文化特色以及各文化之间的交融、变迁的历史印记，为研究深圳自古以来的移民文化，提供了不可多得的实物资料。

1.南头古城（城垣为省级文物保护单位）

现存的南头古城即东莞守御千户所（与深圳大鹏所城同年筑建），始建于明洪武二十七年（1394 年）。前述东晋东官郡郡治和宝安县县治均设在此。隋开皇九年（589 年）废东官郡，宝安县改属南海郡，县治仍在这里。前述的屯门镇署也设在这里。唐至德二年（757 年）宝安县改名为东莞县，县治从南头迁到涌（今东莞）。明隆庆六年（1572 年），时任广东参政兼提刑按察司副使的刘稳，向朝廷奏请恢复南头县。万历元年（1573 年）朝廷准予设置新县，从原东莞县分出民户 7608 户，男女共 33971 口，定名新安县，县治仍设在这里。刘稳将东莞所城修葺一新，修建了县署和学宫等。新安县的地域大致包括今天的香港地区和深圳市的大部分。清康熙五年（1666 年），新安县被裁，并入东莞县。康熙七年新安复县，县治仍在南头城。鸦片战争后，香港、九龙、新界被英国强占，新安县境域被划走了三分之二，但新安县治仍保留。民国三年（1914 年），为避免与河南省新安重名，恢复古名宝安县，县治仍在南头城。可见南头古城是深圳城市历史的见证。

古城呈不规则的长方形，城垣范围东西长为 680 米，南北宽为 500 米。城墙用黄泥沙土夯筑，内外包砖。现除北城墙尚存一段高低不等、断断续续的城墙遗迹外，余已无存。1997 年找到了北门，搞清了城墙基础结构。其余三门中，西城门被毁，东城门虽存但已改为石块构筑，惟南城门保存完好。城内道路有六纵三横共九条，俗称"南头九街"，现仍保存部分市井门楼。城内尚保存部分有重要历史价值的建筑，如纪念文天祥的信国公文氏祠、东莞会馆、报德祠、育婴堂等。还有 39 处明清时期具有岭南及南洋建筑风格的民居。

2.大鹏古城（全国重点文物保护单位）

大鹏古城位于今龙岗区大鹏镇鹏城村。据清康熙《新安县志》记载：大鹏所城"内外砌以砖石，周围三百二十五丈六尺，高一丈八尺，面广六尺，址广一丈四尺。门楼四，敌楼如之，警铺一十六，雉堞六百五十四。东西南三面环水，濠回三百九十八丈，阔一丈五尺，深一丈。"城内的官员有正千户一员、司吏一员、副千户一员、武官三员、驻军223名。清初改"大鹏守御千户所城"为"大鹏所防守营"，官兵 500 名。康熙四十年（1704 年）改"大鹏所防守营"为"大鹏水师营"，兵员增至 931 名。这时大鹏水师营已是一个管辖珠江外洋东部海路的海防军事机构。在海上要塞设立九营汛：东涌口、水陆塘、大屿山、红香炉、盐田、关湖塘、老大鹏、上沙塘、下沙塘，与南头的新安营遥相呼应。此后，新建炮台四座：沱泞炮台、佛堂门炮台、南头炮台和大屿山炮台。道光十九年（1839 年）将大鹏改营为协。大鹏守御千户所在抗击倭寇和英殖民主义的入侵中，发挥了重要的作用。堪称英雄城堡。

城内有 3 条主要街道，分别为东门街、南门街、正街（西门至南门街相交）。明清时代城内建筑有左营署、县丞署、参将府、守备署、军装局、火药局、关帝庙、赵公祠、华光庙、天后宫、晏公庙等。现县丞署、关帝庙、赵公祠、晏公庙等基址尚存。东、南二城门仍保留明代原样，北门清末已塌毁。城内还有建于清嘉庆、道光年间的"振威将军第"，即广东水师提督赖恩爵府第、福建水师提督刘起龙"将军第"等，规模宏大。还有许多清代民居也保存完整。

3.龙岗客家围

"聚族而居"的客家围屋或围楼，是客家民系的重要特征。客家源于中原地区的汉族，客家围继承了中原的夯筑技术，以及殿堂式和带碉楼（坞壁）的城堡式建筑的传统。在赣、闽、粤客家地区形成圆楼、方楼、四角楼和围龙屋等规模宏大的防御性很强的建筑形式。而龙岗客家围的建筑形式可谓集各地客家建筑之大成，主要是粤东地区的围龙屋与四角楼的结合，并特别强化了城堡的防御功能。故我们可称之为"城堡式围楼"，以区别于其它地方的客家围屋。

它的主要特征是前有月池（半圆形池塘）和禾坪（晒谷场）。围楼前开有一大门、两小门，大门两侧为二层的倒座，其后是长条形的前天街。中轴线上置上、中、下"三堂"为宗祠，"三堂"两侧附两横或四横屋，其后为长条形的后天街和后围楼（原型为半月形围龙屋）。一圈围楼的四角建有碉楼即角楼，有的在后围楼中间还建有高大的望楼（龙厅顶），有的四周围楼屋顶连成通道，称"四角走马楼"，而其内部给、排水设施齐全。这种带月池、禾坪、围屋、碉楼且宗祠与住宅合一的城堡式客家围楼，给人以气势雄伟、壁垒森严的感觉。客家围强调"天圆地方"、"阴阳合一"及与自然和谐，讲究风水和龙脉的走向。这是在农业社会中血缘聚族而居，不断迁徙，在和自然与社会斗争中滚动发展的产物。其建筑技术和形式，屋内的堂联、壁画、灰塑和雕刻等，保存着以反映儒家思想为主的丰富的中原传统文化，是研究民族传统文化和客家社会历史与民俗风情的宝库，具有很高的历史、科学和艺术价值，是深圳历史文化的重要组成部分。

龙岗地区现存较大型的客家城堡式围楼有 100 多座。令人瞩目的是，占地面积达25000 平方米，建筑面积近 15000 平方米，号称"九厅十八井，十阁走马楼"（八碉楼二望楼）的龙岗罗氏鹤湖新居，以及同等规模的坪山曾氏大万世居（两处均为省级文物保护单位），分别建于清嘉庆和乾隆年间，可称为赣、闽、粤客家围之冠，是不可多得的珍贵历史文化遗产。鹤湖新居已辟为全国最大的客家民俗博物馆。

4. 广府式民居

今深圳的西部是广府民系的聚居地。广府民居以单门独户的单元房为多（俗称"斗廊式"或"大齐头"），在明清沿海比较动乱的时代，广府人在村周围筑围墙（客家为围屋），四角修碉楼，可称为围村。

典型的广府围村，民居多用青砖垒筑，其前无月池和禾坪，宗祠偏在一隅或建在围外，中轴线的末端一般设神庙。围墙内是以巷道隔为若干横排，每一横排又分成若干单元。每一单元一般为二进一天井布局，罩式大门，天井的一侧或两侧有廊庑（作厨房、厕所）。正房一般为三开间的一层或二层，底层明间一般一隔为二，前为客堂，后为卧室或供祖神。

祠堂皆为单独建筑，多为三开间二进或三进布局，其重要特征是大门口置有抱鼓石和塾台（客家祠堂无此设置）。有的望族祠堂规模较大，如宝安区沙井镇新桥村始建于乾隆年间的曾氏大宗祠（省级文物保护单位），占地 1014 平方米，为五开间三进布局，由前堂、牌楼、中室、后堂组成，石牌坊用雕琢细腻的花岗石砌筑，坊柱前后用鼓石相护，坊上横额楷书"大学家风"。祠内墙壁均有人物故事彩绘，雕梁画栋，颇为精美。

位于深圳市内罗湖区笋岗村始建于明初的何氏"元勋旧址"（省级文物保护单位），为岭南名贤何真的旧居，是深圳现存最古老的广府寨堡式围村的典型建筑。

5. 广府、客家混合式民居

因民系间经济文化的交流和融合，往往出现包括语言、风俗和建筑在内的"你中有我，我中有你"的复杂情况。但有相对的主次之分，很少有绝对的"平分秋色"的一半对一半的状况。所谓广府与客家混合式民居，有两种形式：

其一，是以广府式民居为主，吸收客家式民居的某些因素。如南山区西丽塘朗村老围，始建于明嘉靖年间，现存建筑为清代重建。其围墙内有六条横巷与进门楼后的纵巷交叉，多为一间一套或二间一套单元式住宅。船形式屋脊。且郑氏宗祠在西北角，不在中轴线上，这是广府式民居的重要特征。但围前又有禾坪和大月池，显然是客家民居的配套设施。又如在龙岗区原广府民系（现已客家化）陈氏与客家民系刘氏等混合居住的新生村内，建有广府式的刘氏彭城世居，但门前也有禾坪和月池。

其二，是以客家式的围楼或围屋为主，吸收了广府民居的某些因素。它主要表现为典型的客家围屋内，住房却由传统围龙屋的通廊式单间，变为广府式单元套房，即为一天井、两廊、一厅、两房的组合，增添了舒适性与私密性。龙岗在乾、嘉以后建筑的围楼，许多都属于这种情况。

6. 中西合璧式民居

深圳毗邻港澳地区，与东南亚各国交通往来便利，有大量的居民因种种原因而移居海外而使深圳成为"华侨之乡"。经过几代人的开拓和发展，华侨们便带着西方较先进的技术和文化回来探亲或居住，于是便出现一批中西合璧的民居或学校，开中西文化交流之先河。现存最早的是位于宝安区沙井镇新二村建于道光四年（1824年）的康杨二圣庙，其琉璃屋脊雕饰西式建筑和人物。一般所谓中西合璧式，往往是广府或客家民居的格局，而外观形式和装饰是西式的。

位于龙岗区坪地镇新屋场村的萧氏八群堂（因有八子而得名），为斯里兰卡华侨萧毓阗建于1932年前后。平面为带角楼的客家围屋式布局，是三堂两横加外围。三堂皆用大跨度的圆拱取代传统的木作梁架，承重墙用客家传统的三合土夯筑，门、窗、椽、檩均用木作，柱、梁、板用钢筋混凝土浇注。而外围东西两端有五层角楼各一座，其中东角楼顶层外观为哥特式风格，西角楼外观为巴洛克式风格。集客家、广府和西洋建筑特点于一身，是不同民系和不同国家建筑文化的融合，独具匠心，充分体现出中国人的聪明才智，是不可多得的历史文化遗产。

从深圳的各式民居，可见其丰富的文化内涵，生动而具体地反映出深圳移民文化的特色，以及颇为深厚的深圳历史文化的源流。可以说，深圳是研究在国内外久负盛名的客家民系和广府民系的历史文化、民情风俗以及中西文化交流的典型地区，其影响波及港澳地区和东南亚与世界各国，无疑具有不可替代的重要历史地位。

（四）近代深圳

深圳是一座英雄的城市。除上述在抗击倭寇和葡萄牙殖民者的斗争中曾作出的巨大贡献外，深圳近代史上又发生了两件大事，并都对中国历史产生过重大影响。第一件是1839年的九龙海战拉开了鸦片战争的序幕；第二件是1900年孙中山领导和发动的三洲田武装起义，打响了资产阶级革命从改良主义真正走上了武装革命的第一枪。中国共产党成立后，在其领导下的宝安县农民运动和工人运动开展得轰轰烈烈，尤其是东江纵队在广东的抗日战争和解放战争中，发挥了巨大的作用，立下了不可磨灭的卓越功勋。

1. 中英街界碑（省级文物保护单位）

中英街是由梧桐山流下的小河河床淤积而成，原名"鸬鹚径"。

英国殖民主义者在割据香港和九龙后，又于1898年8月强迫清政府签订了《中英展拓香港界址专条》和《香港英新租借合同》。1899年英国实际接管新界，即九龙半岛界线街以北、深圳河以南包括大屿山等230多个岛屿在内的广大地区，总面积达971.4平方公里。同年3月18日，在"鸬鹚径"上树立了界碑，东侧为华界沙头角，西侧为英界沙头角。1941年12月，日本帝国主义侵占了香港，以阻碍交通为名，将中英街3至7号界碑拔除，并改名为中兴街。抗日战争胜利后，恢复中英街旧名，并于1948年4月，中英街双方在沙头角举行隆重的重竖界碑典礼。现存1至7号碑刻有"光绪二十四年　中英地界第×号"字样。

中英街及界碑是旧中国贫弱落后，清王朝腐败无能和帝国主义疯狂侵略中国的历史见证；是中国革命胜利和改革开放，香港回归祖国，实行"一国两制"和"一街两制"，以及中国迈向繁荣富强的历史见证。具有丰富历史文化内涵的中英街，是中国乃至世界仅见的历史文化现象，具有独特的意义。中英街界碑已列为省级文物保护单位，街头建有"3·18"警示钟亭和回归广场，中英街历史博物馆已成为广东省和深圳市爱国主义教育基地。

2. 孙中山领导的三洲田庚子首义遗址

1900年（庚子年）孙中山领导首次武装起义的旧址有两处：一处位于盐田街道办事处西北山坳的三洲田村。它是义军的训练基地，司令部原设廖氏祖屋，后迁马峦村罗氏大屋。1958年因兴修水库将三洲田村淹没，只在水库干涸期部分村落遗址才会露出地面。另一处位于龙岗区坪山镇马峦村的罗氏大屋，是后期司令部所在地和东路起义军出发地。它是一座面积2040平方米的客家围屋，围墙正面开一正门和两侧门，中轴线上为一开间的前、中、后三室，即罗氏宗祠。围内由三横三纵的单层排屋组成，保存基本完好。

孙中山、郑士良等人在1895年广州起义失败后，便策划新的反清武装起义。经联络准备，1900年4月，决定选择三洲田作为起义地点。不久便开始招兵买马，以义合小铺为据点，设立拳馆训练队伍。仅 4 个月时间，便发展到六七百人，成为起义的主力军。光绪二十六年（庚子）农历闰八月十三日（1900 年 10 月 6 日），义军在今深圳盐田区的三洲田举行祭旗起义，高呼"打倒列强！推翻清廷鞑虏！"把矛头直指腐朽的清王朝。以黄福为元帅，郑士良、何松为参谋，黄耀庭、廖庆发、林海山为先锋，分两路出发。东路从马峦村、金龟洞出禾岗，打新圩，直扑镇隆，在佛子坳伏击清军，大捷；西路从横岗出沙湾攻打兰花庙，大获全胜；而进一步攻打深圳、南头却受阻。东路义军在永湖、崩冈圩连战皆捷，势如破竹，22 日乘胜进入三多祝，在白沙扎营，队伍迅速发展到二万人，声势浩大，其中不少是富有革命传统的当地客家人。后因形势急剧变化，原拟突击至厦门时获得接济的计划无法实现，后援不继，陷入困境。孙中山电令郑士良"可自决进止"，义军不得不解散，剩下千余洋枪手分水陆两路返回三洲田，于 11 月 7 日宣布最后解散。

三洲田庚子首义虽败犹荣，它真正打响了资产阶级民主革命的第一枪，是资产阶级民主革命进入武装斗争阶段的历史性转折点。它用血与火的战斗唤起了民众，是辛亥革命成功的前奏。

3. 省港大罢工接待站遗址（市级文物保护单位）

1925 年 6 月 19 日，反抗英帝国主义的省港大罢工爆发。同日在深圳圩（今东门老街）南庆街 22 号思月书院（即张氏宗祠，市级文物保护单位），设立香港罢工工人接待站，由中华全国总工会委员、中共广东区委监察委员会副书记、罢工特派员梁桂华任站长。罢工委员会领导成员陈郁率领一批工人武装从香港回广州后，也回到深圳接待站负责安排运送罢工工人的工作。深圳是广九铁路进入内地的首站。罢工期间，接待站每日需接待几百上千经深圳去广州的罢工工人。同时，须筹集经费援助罢工。

7 月 5 日，深圳商会、学会、农会、工会成立"对外协会深圳分会"，有各界代表数百人，其中有 40 余乡的农民代表。推选李耀先等 9 人为分会委员，支持和推动省港罢工运动的发展。

罢工委员会组织武装力量对香港实行全面封锁。深圳地区处于封锁的第一线，派人在边界线日夜巡逻。为加强封锁力量，省港罢工委员会派纠察队和铁甲车队开赴深圳，沿边境水陆布防。中共宝安支部领导郑奭南兼罢工委员会特派员，组织宝安农民自卫军配合纠察队和铁甲车队封锁香港。8 月 29 日，驻罗坊村的纠察队员陈锡，阻止奸商偷运粮食入港，突遭对面山上英军开枪扫射，壮烈牺牲。英帝国主义的暴行激起深圳人民和罢工工人的无比愤怒，为此举行了盛大的追悼会，工人领袖邓中夏为吊唁陈锡烈士发表慷慨激昂的演说，中华全国总工会电慰宝安农民协会，抗议英军暴行。

省港大罢工的胜利发展，使港英当局极为恐慌，纠集军阀残余 1000 多人，出动飞机军舰，于 11 月 4 日凌晨进攻驻扎今葵冲镇沙渔涌的铁甲车队和纠察队。我军只有 100 多人，浴血奋战，在毙伤敌人 200 多名后，胜利冲出重围，粉碎了英国殖民主义武装反封锁、破坏省港大罢工的阴谋。

1926 年 10 月 10 日省港大罢工胜利结束。深圳既是罢工工人的中转站，又是封锁香港、支援罢工斗争的前线，深圳人民为省港大罢工作出巨大的历史性贡献。

4．中共宝安县第一次代表大会旧址

1928 年 2 月 23 日，中共宝安县委召开第一次全县党员代表大会，会址原定周家村，后改在松岗燕川村素白公祠。

宝安县是广东省较早建立共产党组织的地区之一。1924 年下半年，中共广东区委派遣广州农民运动讲习所学员、共产党员黄学增、龙乃武，以国民党中央农民部特派员的身份来到宝安。他们首先在沙井、松岗一带农村开展农民运动，并积极从事建党工作。1925 年上半年，在周家村等地建立了党小组。1925 年 7 月中旬，中共宝安县支部成立。为了推动国共合作，他们还参加改组国民党宝安县党部的工作。1926 年上半年，中共宝安县第一届委员会成立，县委机关设在南头城关口村的郑氏宗祠。全县 7 个区中除 6、7 区外，各区都相继建立了党的区委会。

党的中心工作是开展农民运动和武装斗争，从 1925 年下半年至 1926 年，有 6 个区建立了区农民协会，94 个乡有乡农民协会，会员达 13759 人。县、区、乡各级农会还组织起了农民自卫军，县还建立了农民自卫军模范队，队部设在县委机关所在地郑氏宗祠，进行政治和军事训练。从此以反对苛捐杂税、打倒贪官污吏和恶霸地主、进行减租减息为主要目标的农民运动蓬勃开展起来。农民自卫军首先打击反动地主武装沙井民团，以后还围攻县政府，在斗争过程中有 6 位农民自卫队员英勇牺牲。

在党的领导下，宝安成为广东省农民运动开展得最好的县份之一。

5．东江纵队司令部旧址

随着世界反法西斯战争形势的变化，苏联红军在欧洲获胜，美、英在太平洋加紧对日军进攻。中共中央指示广东人民抗日游击总队改称为"广东人民抗日游击队东江纵队"，于 1943 年 12 月 2 日正式成立。司令部设在今龙岗区葵涌镇土洋村教堂内，司令员曾生、政治委员林平、副司令兼参谋长王作尧，政治部主任杨康华，下辖第二、第三、第五、惠阳、宝安、护航、港九等 7 个大队，思想政治素质和战斗力进一步提高。

1944 年 8 月，中共广东省临时委员会和军政委员会为贯彻党中央的指示精神，在葵涌土洋村教堂东纵司令部召开联席会议，史称"土洋会议"。决定加强军事建设，由战略防御转向战略反攻，掀起广东全省抗日武装斗争的新高潮。

土洋会议一年后，东江纵队进一步巩固和扩展了东莞、宝安、惠宝边抗日根据地和港九抗日游击基地，并越出东江向四面八方扩展。在北面，相继创建了罗浮山、北江东岸抗日根据地，英（德）清（远）边和始兴抗日根据地，并向粤赣湘边推进；在东面，相继创建惠东和海陆丰抗日根据地以及东江上游抗日游击基地，并与韩江纵队取得联系。在此基础上建立了6个县的抗日民主政权，部队发展到9个支队、4个独立大队共11000多人。

东江纵队在抗日战争中，英勇顽强，战功卓著。据不完全统计，其对日伪作战1400余次，毙伤日伪军6000余人，俘虏和接受投诚3500人，缴获各种枪支6500余支、各种炮25门，并在3万平方公里的解放区里，建立了路西东（莞）宝（安）行政督导处（今松岗燕川村陈氏宗祠）、路东行政委员会、惠东行政督导处、博罗县抗日民主政府、海丰县抗日民主政府、北江东岸抗日委员会等6个县级抗日民主政权。为了中华民族的解放，东江纵队有2500多名指战员英勇捐躯，烈士的鲜血染红了华南广大地区，气壮山河，永垂不朽。

1944年7月5日，中央军委致电给东江纵队和海南的琼崖纵队指出："你们在华南沦陷区组织和发展敌后抗日的人民军队和民主政权，至今已成为广东人民解放的旗帜，使我党在华南的影响和作用日益提高，并成为敌后三大战场之一。"1945年5月，朱德总司令在党的"七大"所作的军事报告——《论解放区战场》中，将东江纵队和琼崖纵队与八路军、新四军并称为"中国抗战的中流砥柱"。这是对东江纵队的高度历史评价，他们有不可磨灭的历史功勋，这也是作为东江纵队根据地的深圳人民的无上光荣。

6. 营救香港文化人旧址

白石龙村的广东人民抗日游击队总部（天主教堂）及樟坑村等处，曾是我党在抗日战争中营救香港文化人返回内地作短暂休整的地方。

1941年12月8日，太平洋战争爆发。日军越过深圳河向南进攻香港。12月25日英军投降，曾、王两部组成两支武工队尾随日军挺进港九。当时香港有大批在国内遭受国民党迫害的知名文化界人士和爱国民主人士，日军入侵香港使他们处境危险。

周恩来急电廖承志设法营救他们到东江游击区。曾、王两部遵照上级指示，开辟经九龙交通站的东、西两条输送内地的交通线。1942年元旦之夜，廖承志、连贯和乔冠华等由武工队护送走东线，经九龙到企岭下海湾，登上护航队武装船渡过大鹏湾，在沙渔涌上岸，经田心转到坪山根据地的石桥坑，曾生在那里迎接他们。1月9日午夜，邹韬奋、茅盾等20多位文化界知名人士，经九龙由武工队护送走西线，从落马洲渡过深圳河，在赤尾上岸，到达根据地的宝安白石龙村，受到林平、曾生、王作尧和军民的热烈欢迎。休整后即转赴内地解放区。

经过 6 个月的艰苦工作，胜利地从香港日军魔爪下营救出各界爱国进步人士 800 多人，全部安全到达阳台山抗日根据地和坪山游击区。其中有知名的爱国民主人士和文化界精英何香凝、柳亚子、茅盾、邹韬奋、胡绳、夏衍、胡风、千家驹等 300 多人。他们从东江抗日根据地再转向大后方。茅盾曾说："这是抗战以来，简直可以说是有史以来最伟大的抢救工作。"它为我党保留了文化建设的骨干力量，具有深远的历史意义。这是东江抗日部队特殊的贡献和光荣历史。

二

1949 年中华人民共和国成立以前，深圳境内没有进行文物考古工作。1956 年，广东省文化局的考古工作者在原宝安县境内进行了考古调查，并于南头九街西门外鹦哥山南坡等地发现了一批新石器时代到商周时期的遗址，这是深圳境内文物工作的开始。然而从 1956—1979 年的 23 年间，深圳地区的文物考古工作一直没有新的进展。

深圳经济特区成立以后，深圳的文物工作可分为三个阶段：

第一阶段（1981—1989 年）

1981 年 10 月 17 日，经深圳市人民政府批准成立深圳经济特区博物馆（深圳市博物馆的前身），隶属市文化局，全民所有制单位（正科级），编制 5 人。它是深圳经济特区建设初期八大文化设施之一，也是深圳第一家文博单位。该馆担负起深圳市的文物管理、考古调查和博物馆的筹备建设工作。

初期，他们配合广东省博物馆考古队，先后发掘了蛇口赤湾和鹤地山新石器时代晚期沙丘遗址、小梅沙新石器时代沙丘遗址以及南头红花园、大王岗、桂庙岗西坡的古墓地。1983—1984 年，深圳博物馆考古队为配合深圳市城市基本建设，组织了深圳市第一次文物普查，共查明古遗址 103 处，古墓葬 234 处，古建筑及历史纪念建筑 68 处，近现代史迹和革命旧址 97 处，旧海关和税站、界碑等 12 处。提请市政府公布了 3 批共 36 处市级文物保护单位。在深圳大规模开发建设中，提请市政府多次下发了加强文物保护工作的通知。还配合广深高速公路的建设进行了考古调查和发掘，并先后发掘了大黄沙新石器时代遗址、咸头岭新石器时代遗址、叠石山战国时期遗址等。还举办了文物普查训练班和出土文物展览。维修了多处市级文物保护单位。编撰了《深圳市文物志》初稿（油印本），为我市的文物工作打下了坚实的基础。1988 年 11 月 1 日，深圳市博物馆建成开馆，当年举办了《古代深圳》、《近代深圳》、《今日深圳》等 7 个展览。1989 年举办了 27 个展览。

第二阶段（1989—1994 年）

为了加强对文物工作的领导，1989 年 7 月 26 日，经深圳市人民政府批准成立深圳市文物管理委员会（以下简称市文管会）。市文管会为深圳市文物事业行政管理的最高机构。市文管会主任由市委宣传部部长兼任，成员为各相关局委的负责人。市文管会牌子挂在市博物馆，由该馆兼管市文管会的日常工作。

在这期间，召开了全市第一次文物工作会议，贯彻了第一、二次全国文物工作会议精神，联合法制局等单位，开展了声势浩大的《中华人民共和国文物保护法》宣传活动，进行了测绘等文物"四有"工作。发掘了大梅沙春秋时期遗址、向南村商周时期遗址等。为建立深圳市文物商店和文物鉴定组作了许多前期准备工作。

深圳毗邻港澳，海、陆、空进出境通道较多，是我国最大的陆路口岸城市，因此非法倒卖、走私文物活动较为猖獗。为保护祖国文物，深圳市文物管理部门配合海关、公安、工商等部门严厉打击了非法倒卖、走私文物活动。仅从1990—1992年的3年间，配合各执法部门鉴定收缴文物59次，查获文物1600余件，其中有春秋时期的青铜鉴、汉代错金银铜带钩、唐代鎏金杯等一级文物。从1988年到1994年，深圳市文物工作者配合九龙海关，收缴的走私文物上万件，占全省破获走私文物案件的30%，举办了缉私文物展览。

第三阶段（1994—2002年）

随着文物事业的发展，为了加大对文物管理工作的力度，经市政府研究决定，于1992年12月12日成立深圳市文物管理委员会办公室（以下简称市文管办），归属市文化局领导，负责深圳市文物管理工作。1994年5月，市文管会和市文管办在市文化局挂牌对外办公。从此，他们以全面贯彻落实中央提出的"保护为主、抢救第一"和"有效保护、合理利用，加强管理"的方针和原则为己任，在建立市、区、镇三级文物保护网络、文物普查、市级以上文物保护单位的申报、文物"四有"、文物维修、文物鉴定、考古发掘、文物安全、博物馆文物征集和保管、陈列展览与社会宣传教育、文物市场、打击文物走私、文物与考古研究等方面，做了大量的工作，并分别于1995、1997、2000年召开了深圳市文物工作会议，对深圳市文博事业的发展，有效发挥了管理、推动和指导作用。

1990年，新设立的南山区成立了区文物管理委员会办公室（副处级），这是第一个区级文物管理机构。截至2001年12月，全市6个区均成立了文物管理委员会及其办公室。

2000年8月1日，经沙井镇人民政府批准成立宝安区沙井镇文物管理委员会办公室，是沙井镇文物保护和管理的专门机构，设在镇委宣传文化部，配专职文物干部2人。这是第一个镇级文物管理机构。它们的成立，标志着深圳市、区、镇三级文物管理网络的初步形成。

全市文物管理机构和博物馆的从业人员，由最初的 5 人，发展到现在的 200 余人。在专业人员中，具有正高职称的 6 人，副高职称的 17 人，中级职称的 20 余人；博士 2 人，硕士 7 人，大学本科 38 人。这支高素质的专业队伍，在建设和发展深圳文博事业中已充分发挥出应有的作用。

1999 年 9 月 25 日—2000 年 12 月 31 日组织了全市第二次文物普查。在 2020 平方公里的范围内，经过一年零三个月的艰苦调查、勘探和试掘，取得丰硕成果：新发现地下古文化遗址 54 处、古文化遗物采集点 50 处、地面古建筑 1324 处。这为我们进一步做好深圳市的文物保护工作，保障文博事业的持续发展，奠定了坚实的基础。

1998 年，市政府审核通过并公布了第 4 批 6 处市级文物保护单位。经申报，2002 年 7 月，广东省人民政府公布第四批省级文物保护单位中深圳有 9 处。现 42 处市级以上文物保护单位中，有 1 处为全国重点文物保护单位，10 处为省级文物保护单位。

1999 年，宝安区文物管理委员会及其办公室审核通过了宝安区第一批区级文物保护单位。2000 年，龙岗区、福田区、盐田区和南山区文物管理委员会及其办公室分别审核通过了各区第一批区级文物保护单位。同年，沙井镇文物管理委员会及其办公室审核通过了沙井镇第一批镇级文物保护单位。同年，沙井镇万丰村委公布了万丰村第一批村级文物保护单位。至此国家、省、市、区、镇、村这 6 级文物保护单位齐全。

市财政、市宣传文化基金、区财政和镇财政，每年都拨出大量经费，对部分因年久失修、岌岌可危的古建筑进行维修。据不完全统计，从 1981 年以来，按照修旧如旧的原则，已对 40 余处古建筑进行了维修。并在维修基础上，成立了若干专题性博物馆和纪念馆。

这时期还先后发掘了大梅沙村商周时期遗址、铁仔山从东晋至明清的墓葬、屋背岭商周时期墓葬，收获颇丰。对于建立深圳市先秦时期考古编年作出了巨大贡献，也推动了深圳市先秦时期历史文化的研究。

博物馆事业也得到了极大发展。从 1981 年至 2002 年，深圳的博物馆由 1 家发展到 16 家，市、区、镇、村各级均有博物馆，而且办馆方式多样化，有公立、私营、民办及公私合办等。其种类有综合性的历史博物馆、地志性的历史博物馆、专题性的历史博物馆、专题性的革命纪念馆、民俗类博物馆、古生物博物馆、村史博物馆等，各具特色。博物馆的三大基本职能工作（文物收藏、陈列与研究）也不断完善。他们推出了一大批雅俗共赏的展览精品，《今日深圳》展览荣获 1997 年"全国十大文物精品展"称号。从 1989 年以来深圳市博物馆平均每年举办和引进各种临时性的展览 40 个左右。2000 年全市博物馆系统举办的展览超过 50 个。私立的玺宝楼青瓷博物馆和公私合办的古生物博物馆，不仅填补了我国专题性博物馆的空白，而且在陈列上也有自己的特色。

利用博物馆对广大观众进行爱国主义教育、革命传统教育和科学知识教育，是深圳市各博物馆的首要职责。1999 年深圳各博物馆接待观众 39 万余人，2000 年则增至 52 万余人。党和国家领导人江泽民等亲临市博物馆参观，并挥毫留墨。联合国秘书长加利、新加坡总理吴作栋、美国前总统尼克松、美国前国务卿基辛格等 70 多个国家和地区的领导人都曾参观过深圳市博物馆。

在 80 年代初博物馆藏品极少。至 2002 年，在各级人民政府的帮助和支持下，各博物馆通过征集、收购、调拨和考古发掘等手段，使馆藏数量已达 34000 余件。其中玺宝楼青瓷博物馆所藏的青瓷数量多且等级高。深圳博物馆的青铜器和彩陶的藏品位居广东省文博系统前列。

开展文物研究，认识文物价值，是充分发挥文物作用和提高民族自豪感的重要环节。深圳市的文物考古研究人员先后编撰出版了《深圳古代简史》、《深圳近代简史》、《深圳经济特区创业史》、《香港，让历史告诉未来》、《深圳特区史》、《馆藏文物精华》、《深圳考古的发现与研究》、《深圳博物馆开馆十周年纪念文集》、《南粤客家围》和《深圳文博论丛》等著作及几百篇学术论文，为推动深圳市文博事业的发展做出了积极贡献。

文物安全始终处于文物工作的首位。文物工作者对防火、防盗、白蚁防治等工作常抓不懈，通过"组织落实，健全制度，定期检查，责任到人"等措施，并坚持"人防、物防、技防"，且以"人防"为主的原则，扎扎实实地做好每一项工作。从 1988 年正式建立第一家博物馆开馆起，连续多年创"文物安全年"，保证了深圳市文博事业的健康、顺利发展。

为加大反走私文物的力度，1996 年，经市政府批准，成立了深圳市文物鉴定组，专门负责对缉私、罚没、流散、销售及馆藏文物的鉴定。鉴定组成立以来，协助海关、公安、工商等部门鉴定 160 余次，查获非法倒卖、走私文物 4500 余件，古生物化石 2 万公斤，其中不少属珍贵文物，达到国家文物二、三级标准。

今天，深圳的文化发展战略定位在"现代文化名城"这个目标上，这完全符合"先进文化前进的方向"。正因如此，才更要珍惜历史文化。历史文化和现代文化犹如一条大河，是源与流的关系，更是后浪推前浪的关系。纵观深圳文博事业 20 年的从无到有、从弱至强的发展历程，我们相信在中共深圳市委、市政府的领导下，在文博战线广大干部群众的努力下，深圳市的文博事业必将迎来更加美好的明天。

第一章　文博机构

深圳市的文博机构主要有文物管理机构、博物馆和文物商店。自 1981 年 10 月 17 日成立了深圳经济特区博物馆（深圳市博物馆的前身）以来，经 22 年的发展，现在全市文博机构共有 27 个。

市级 4 个：深圳市文物管理委员会及其办公室、深圳市博物馆、深圳市文物鉴定组、深圳市文物商店。

区级 12 个：6 个区的文物管理委员会及其办公室、南山区南头古城管理处、南山区南头古城博物馆、南山区天后博物馆、南山区陈郁故居纪念馆、盐田区中英街历史博物馆、龙岗区东江纵队纪念馆。

镇级 7 个：宝安区沙井镇文物管理委员会及其办公室、宝安区松岗镇中共宝安县一大旧址纪念馆、宝安区松岗镇抗日纪念馆、龙岗区龙岗镇客家民俗博物馆、龙岗区葵冲镇东江纵队司令部旧址纪念馆、龙岗区大鹏镇大鹏古城博物馆、龙岗区大鹏镇华侨纪念馆。

村级 1 个：福田区皇岗村皇岗博物馆。

私立博物馆 2 个：罗湖区玺宝楼青瓷博物馆、罗湖区华夏墨宝园博物馆。

公私合办博物馆 1 个：罗湖区古生物化石博物馆。

第一节　管理机构

深圳市的文物管理机构是由市、区、镇各级文物管理委员会及其办公室组成。

1. 市级文物管理机构

深圳市文物管理委员会

深圳市文物管理委员会（以下简称市文管会）是深圳市文物事业管理的最高机构。主任由分管文化的副市长兼任，委员均为市政府相关职能部门的负责人。市文管会的主要职责：一是文物工作的宏观指导及重大问题决策；二是协调和解决文物工作重点难点问题。

1989年7月26日，经深圳市人民政府批准正式成立市文管会及其办公室，主任李伟彦，副主任苏伟光，成员9人。市文管会牌子挂在市博物馆。

1991年5月30日，由于部分市文管会成员工作变动，经市人民政府同意，调整和充实了领导和委员，成员增至19人。主任李伟彦，副主任云蔚成。该委（局）社会文化处负责深圳市日常文物行政事务，深圳市博物馆承担深圳市文物调查、保护、考古发掘等业务工作。

随着深圳文物事业的发展，为加强对文物管理工作的领导，经市人民政府研究决定，于1992年12月12日成立市文物管理委员会办公室，归属市文化局领导，负责深圳市文物管理工作。

1994年5月、1996年4月、1999年7月，市人民政府又3次调整市文管会领导和成员，先后由副市长李容根、袁汝稳、卓钦锐兼主任，副主任为董小明。

深圳市历届文物管理委员会组成情况一览表

届别	时　间	主　任	副主任	成　　员			人　数
1	1989年7月	李伟彦	苏伟光	王规心　罗　章　罗国生 杨水桐　刘冠华　陈瑞生 黄兰娣			9
2	1991年5月	李伟彦	云蔚成	潘衍明　胡为高　黄水桂 黄伟祥　王规心　杨水桐 朱流星　王忠信　金　明 邵汉青　赖马带　宋枝旺 方秀生　曾绍荣　范俊君 张灵汉　李冠利　杨　华 黄崇岳			21
3	1993年5月	李容根	董小明	潘衍明　吴井田　陈禹山 钟育新　黄伟祥　庞鸿成 王规心　孙　彪　朱流星 梁惠波　孙　枫　陈　彪 程文献　周冀中　王江生 范俊君　王刚毅　何伟雄 罗敬群　黄志光　李南生 吴曾德　黄中和　黄崇岳			26

届　别	时　间	主　任	副主任	成　　员			人　数
4	1996 年 4 月	袁汝稳	董小明	潘景阳　潘衍明　吴井田 陈禹山　钟育新　黄伟祥 庞鸿成　王规心　孙　彪 林春梅　梁惠波　孙　枫 陈　彪　翟云彪　周冀中 王江生　黄争鸣　王刚毅 何伟雄　罗敬群　杨观友 李南生　吴曾德　黄中和 黄崇岳			26
5	1999 年 7 月	卓钦锐	董小明	王　毅　支国祯　庞鸿成 林春梅　孙　彪　罗　蒙 伍秀琼　陈　彪　翟云彪 周冀中　王江生　黄争鸣 杨观友　李华楠　池雄标 罗敬群　李南生　吴曾德 黄中和　周　英　王　璧 杨耀林　刘影周　吴井田 文　玄　钟育新　麦庆泉 熊　力			30

深圳市文物管理委员会办公室

1989 年市文管办设在市博物馆内，编制 3 人，由该馆馆长黄崇岳兼主任。

1992 年 12 月 12 日，经深圳市机构编制委员会批准正式成立深圳市文物管理委员会办公室（以下简称市文管办），归属市文化局领导，事业编制 7 名，经费由市财政全额管理。吴曾德为主任，黄中和为副主任。

1996 年 9 月 18 日，深圳市机构编制委员会批准成立市文物鉴定组，编制 6 名，归市文管办领导。

1998 年 1 月 25 日，市编委《关于市文化局所属事业单位"八定"方案的批复》，又进一步明确市文管办归属市文化局管理，事业编制 13 名，领导职数 3

名。吴曾德为主任，黄中和、周英为副主任。现在在岗 12 人中，博士 1 人，研究生 1 人，本科 5 人，大专 4 人；研究员 2 人，副研究员 4 人，高级工程师 1 人，馆员 1 人。

市文管办成立以来，在市文化局的直接领导下，加强了对深圳市文博工作的宏观管理，初步形成了市、区、镇、村四级文物保护网络。讨论、制订了 1995—2010 年文博事业发展规划。结合深圳实际，草拟了《深圳市文物保护管理条例》。开展了第二次深圳市文物普查。公布了一批市、区、镇级文物保护单位。将大鹏古城申报为全国重点文物保护单位，新增了 9 处省级文物保护单位。维修古建筑 40 余处。组织多项大规模田野考古发掘工作，将铁仔山东晋至明清时期墓葬群的发现和发掘，申报成为"2000 年全国重大考古发现项目"之一；将屋背岭商时期墓葬群的发现和发掘，申报成为"2001 年全国十大考古新发现"之一。大力支持扶植个人、企业、集体和公私合作创办博物馆，组织协调全市各级博物馆配合市里的中心工作，举办内容丰富、形式多样的陈列。全市博物馆年均办展 40 余个（包括引进的展览），接待观众 50 余万人次。尤其是在深圳经济特区成立 15 和 20 周年及"5.18"国际博物馆日时，举办各种活动，充分发挥了各博物馆在两个文明建设中的作用。同时还注重文物征集、馆藏文物登记、业务培训等基础性建设工作。发展了民间收藏活动和古玩市场。配合海关、工商、公安打击文物走私，查获禁止出境文物 4500 余件。狠抓了各项文物安全工作。

深圳市文物鉴定组

深圳市文物鉴定组于 1996 年 9 月 18 日经深圳市机构编制委员会批准正式成立，属市文物管理委员会办公室领导，事业编制 6 名，由市财政实行全额拨款。

其主要职责是根据《中华人民共和国文物保护法》，加强对社会文物的管理，对出土、缉私、罚没、流散、销售、征集及馆藏文物进行鉴定、定级。

鉴定组成立以来，完成了市文化局、工商局、公安局、深圳海关联合起草的《深圳市文物监管物品市场管理办法》的发布工作。建立了深圳市第一座由市文物、公安、工商、海关统一管理的文物监管物品市场——深圳古玩城。成功地举办了文物鉴定培训班和文物监管物品经营人员上岗培训班。配合深圳海关各关口初步验关达 300 余次，鉴定物品约 100000 余件，查获各类非法倒卖文物、走私文物 4500 余件，古生物化石 20000 余公斤。开展社会文物鉴定咨询服务 500 余次。

2. 区级文物管理机构

南山区文物管理委员会

1992 年 7 月，南山区人民政府批准成立了南山区文物管理委员会。主任黄水桂，副主任熊敏学，成员 14 人，下设办公室。这是深圳市第一个区级文物管理机构，它的成立标志着本市文物保护网络建设之开端，也标志着南山区的文物管理工作纳入了正规化的管理轨道。

其后由于主管文物的区领导和文管会成员的工作变动，经南山区人民政府决定，于 1996 年和 1998 年两次调整了区文物管理委员会领导和成员。

南山区文物管理委员会办公室

1992 年 7 月，南山区人民政府批准成立南山区文物管理委员会办公室（副处级），事业编制 5 人。主任张一平。1997 年 10 月，区人民政府免去张一平区文管会副主任和文管办主任职务，任命齐运通为区文管办副主任。1998 年 8 月，区人民政府决定撤销区文管办成立文管科，归口区委宣传部（文体局）领导，负责人周保民。2001 年 6 月，经南山区人民政府批准恢复南山区文物管理委员会办公室（正处级），负责人彭庆元。

南山区文管办在区委、区政府的领导和支持下，于 1995 年对建于明永乐年间的赤湾天后宫进行了重建。1997 年在修复后的天后宫内成立了天后博物馆，这是第一家区级博物馆。同时还维修了市级文物保护单位"信国公文氏祠"（内设"文天祥生平事迹展"）及东莞会馆、南头古城南门楼及北门楼、赤湾烽火台等。1999 年 11 月，整修了市级文物保护单位"陈郁故居"，并举办了"陈郁同志生平事迹展"，现已对外开放。

1997 年配合市文管办，对南头古城北城墙和南城墙遗迹进行了考古发掘。出土了明代建筑构件、瓷器、铁器等大量文化遗物，找到了南头古城的北门，基本上搞清了南头古城的范围、建筑结构和年代。

1999 年 8—12 月，市、区两级文物部门在南山区进行了深圳市第二次文物普查的试点工作。1999 年公布了陈郁故居等 4 处区级爱国主义教育基地。2002 年12 月，改事业单位为行政事务编制，编制 5 人，周保民任主任（深南人任〔2002〕57 号）。

南头古城管理处

1997 年 7 月，南山区人民政府办公室下文成立"南山区新安故城管理处筹建办公室"。同年 9 月，南山区机构编制委员会下文，正式成立"南山区新安故城管理处"，定编 3 人，全额拨款事业单位。伍杨任管理处主任。2001 年 2 月，新安故城管理处更名为"南头古城管理处"，现有工作人员 12 名。

南头古城管理处成立以来，在南山区委、区政府的领导下，主抓了南头古城的文物保护与管理工作。1999 年 7 月，南头古城管理处协调配合规划国土、城建等部门完成《南头古城文物保护规划》、《南山区南头古城——深南大道临街地区控制性详细计划》，从而把古城保护及规划管理工作向正规化和科学化的方向推进了一大步。自 1999 年 5 月开始，南头古城管理处与南山区城市建设中心合作组织编制《南头古城南门外广场保护性改造方案》。南山区人民政府审核批准此方案后，即拨款 8000 万元，用以拆除南头古城南门外 3000 多平方米的违章建筑。

2000 年 10 月，南头古城管理处配合市文管办申报南头古城为省级文物保护单位。2002 年 7 月，广东省人民政府公布南头古城垣为省级文物保护单位。

2001 年 3 月，在市文管办的指导下，开展了南头古城南门外的考古试掘工作。同年 10 月，与市博物馆考古队组成南头古城联合考古队，对南头古城南门外进行正式发掘，发现东晋壕沟和明代护城河各一条，出土大量古代文物和一批日本军国主义侵华的证物。

福田区文物管理委员会

1998 年 5 月成立，主任吴井田，副主任庄仁顶。福田区机构编制委员会在福编〔1998〕5 号文中，同意由福田区文化局加挂"深圳市福田区文物管理委员会"牌子，但不设人员编制，分管副局长余茂奎，文物工作由福田区文化局文化科兼管。现有兼职人员一名，具体负责人为范小乐。

福田区文物管理委员会成立以来，积极做好了梅林深圳革命烈士纪念碑、莲花山黄默堂墓、黄思铭公世祠 3 处市级文物保护单位的维修保护工作，还支持和协助筹建皇岗村博物馆，组织和开展深圳市第二次文物普查福田区的工作，申报莲花山黄默堂墓为省级文物保护单位以及皇岗庄氏宗祠等 7 处区级文物保护单位。

罗湖区文物管理委员会办公室

在 2001 年 12 月 20 日之前，罗湖区的文物工作由区文化行政部门直接管理，在文化科（室）设置专人负责日常工作。具体负责人先后有邓晓薇、黄仁武和张璐。2001 年 12 月 20 日，经区机构编制委员会批准（罗编字［2001］31 号）同意区委宣传部（文体局）文化科加挂区文物管理委员会办公室牌子。

罗湖区文化和文物干部配合市文物部门做了大量工作。2000 年 9—11 月，配合市文物普查队进行深圳市第二次文物普查罗湖区的普查工作。经过普查，摸清了文物遗址，特别是历史建筑的分布情况。在此基础上，将普查成果分类登记，建立档案，与有关街道办事处签订文物保护协议，建立了三级文物保护网络。

盐田区文物管理委员会

1998 年 11 月 3 日，盐田区人民政府批准成立盐田区文物管理委员会，由区委常委、宣传部长、区文体局局长熊力任主任，区各有关部、委、办、局和一镇、两街道办事处负责人为文物管理委员会成员。

盐田区文物管理委员会办公室

1998 年 10 月 6 日，盐田区人民政府批准成立盐田区文物管理委员会办公室，设在区文体局，无编制。主任冯琪，副主任孙霄，日常工作由中英街历史博物馆承担。

盐田区文管办成立以来，制订了全区文物普查计划，并于 2000 年 8—9 月组织和参与了深圳市第二次文物普查盐田区的普查工作；印制了盐田区《文物资料汇编》；与市文物管理委员会办公室、市博物馆一起组织和参加了大梅沙村遗址的考古发掘；2000 年 12 月，组织并召开了区文物管理委员会全体会议，审议了三洲田孙中山庚子首义遗址、中英街古井等五处区级文物保护单位名单；组织实施了沙头角天后宫的修复工程；组织举办了《"3·18"中英街警示日纪念活动》。

宝安区文物管理委员会

1995 年 11 月 17 日，宝安区人民政府批准成立宝安区文物管理委员会。副区长钟育新兼主任，副主任何朋先，成员均为区人民政府建设、规划、计划、财政、公安、工商等有关职能部门的领导。文物管理委员会办公室设在区文体局，负责处理日常工作。

宝安区文物管理委员会办公室

1995年11月17日批准成立，设在区文体局文化科，由王乃栋任主任。1996年6月27日，宝安区机构编制委员会同意区文化局文化科加挂"深圳市宝安区文物管理委员会办公室"牌子。

1999年，宝安区在深圳市率先申报并由区政府公布了4处区级文物保护单位，完成了宝安县第一次党代会旧址、宋陈朝举墓的维修工作，并经专家验收为优良工程。2000年，配合市文管办进行了铁仔山古墓区大规模的抢救性发掘和完成了深圳市第二次文物普查宝安区的普查工作。

龙岗区文物管理委员会及办公室

1996年7月23日，龙岗区人民政府批准成立龙岗区文物管理委员会，由曹建良副区长兼主任，后由副区长麦庆泉兼任。文管会下设办公室，办公地点设在区文体局。分管副局长先后有张波良、孙向科、何小培、温石详。日常工作由文体局文艺科组织开展，科内有1个文物专干编制。

区文管会及文管办成立以后，组织和协助筹建了4个博物馆：大鹏古城博物馆、客家民俗博物馆、东江纵队司令部旧址纪念馆和东江纵队纪念馆。协助维修了东江纵队司令部旧址、大鹏古城及鹤湖新居等国家、省、市级文物保护单位。配合完成了深圳市第二次文物普查龙岗区的调查。参与了咸头岭等古代遗址的考古发掘。审核通过了龙岗区第一批区级文物保护单位等。

3．镇级文物管理机构

宝安区沙井镇文物管理委员会

2000年8月1日，经沙井镇人民政府批准成立沙井镇文物管理委员会，刘红瑛任主任，曾毅宏、赖为杰为副主任。下设办公室，负责日常工作。

宝安区沙井镇文物管理委员会办公室

2000年8月1日，经沙井镇人民政府批准成立沙井镇文物管理委员会办公室。设在镇委宣传文化部。主任赖为杰，配专职文物干部两名，负责本镇文物管理的各项具体工作，落实文物保护责任制，做好文物保护单位的安全防范工作，开展宣传和维护等工作。

沙井镇文管办成立以来，进行了全镇地上文物的普查，发现古村落 4 个，各种类型的古建筑 90 余处。并于 2000 年 6 月 30 日经镇政府批准，公布南宋龙津石塔等 20 处文物古迹为镇级文物保护单位，率先在深圳市设立镇级文物保护单位，同时完成了"四有"工作。2000 年 8 月 31 日，召开了沙井镇第一次文物工作会议。

第二节　博物馆

博物馆是艺术和知识的殿堂，是广大人民群众接受终身教育的课堂，是对外交往的桥梁，是展示深圳历史文化和 20 年改革开放史的窗口。1981 年以前深圳没有博物馆，1996 年前深圳只有一座市博物馆。1996—2002 年，深圳新建成特色各异、体制不同的博物馆（纪念馆）16 座。历年来，在文物征集、陈列和科学研究方面成绩卓著。这一切离不开各级政府的重视和支持，也是文博系统广大干部群众无私奉献和辛勤劳动的成果。各博物馆在促进深圳两个文明建设中都发挥了应有的作用。

1. 市级博物馆

深圳博物馆

深圳博物馆位于同心路口，北倚风景秀丽的荔枝公园，南临繁华的深南中路，西邻市委市政府，交通十分便利。该馆占地面积约 3.7 万平方米，建筑面积近 1.4 万平方米。主体为展览大楼，建筑面积 9000 平方米，陈列面积约 4000 多平方米。大楼为 4 层古堡式建筑，外表以米黄色瓷砖镶嵌，大门两侧灰色花岗岩上雕刻古代"耕战图"。32 个不同规格的展室围绕中央大厅呈回廊式排列，观众可乘中央大厅装有的 3 部观景电梯直达顶层并盘旋而下。是一座以地志性为主的包括历史、艺术、人文和自然在内的综合性博物馆。

1981 年 10 月 17 日，经深圳市人民政府批准成立深圳经济特区博物馆，隶属市文化局，是深圳经济特区建设初期 8 大文化设施之一。全民所有制单位，编制 5 人，副馆长黄爱英主持工作。1983 年黄慕超先后任副馆长、代馆长，聘请莫稚任顾问。1984 年 3 月 13 日市编委下文，同意博物馆设立办公室、陈列部、保管部、群工部、考古部，事业编定为 45 人。1984 年 8 月杨耀林为副馆长，与莫稚、李衍垣组成三人领导小组。1985 年 6 月邢凤麟任馆长。同年 10 月，市编委同意增编至 70 人。1987 年 12 月黄崇岳任馆长。1989 年 6 月市编委批准博物馆升格为正处级单位，设五部一室（增加保卫部）。以后张敏（正处级调研员）、杨耀林、吴曾德任副馆长。现任馆长王璧、副馆长杨耀林。1988 年 11 月 1 日建成开馆。截止 2002 年底，该馆编制 90 人（全额 80 人，自筹 10 人），其中博士 1 人、硕士 7 人、研究生 2 人、本科 23 人、大专 20 人。在业务人员中，研究馆员 4 人、副研究馆员 12 人、馆员 21 人、助理馆员和实习馆员 18 人。

其主要职责是：负责本馆的陈列、宣传、保管、研究和文物安全，承担深圳市的考古调查和发掘等。馆内机构有办公室、展览部、保管部、群工部、研究部、电化部、经营部、考古队和保卫科等。

在陈列展览方面，《古代深圳》、《近代深圳》、《今日深圳》、《野生动物标本展》和《海洋生物》等为该馆的基本陈列，同时平均每年还举办和引进各种临时性的展览 40 多个。通过《古代深圳》使观众了解到深圳有六千多年左右的历史和一千六百多年左右的城市史。它源远流长的移民文化和灿烂的古代文明，在中国古代文明史上占有重要一页。《近代深圳》展示了深圳是一座富有革命斗争传统的城市，歌颂了深圳人民在反抗外来侵略和为争取民主自由的解放战争中的英雄史迹。《今日深圳》反映了深圳作为全国改革开放的实验场、"窗口"和"排头兵"，在中国改革开放史中占有独特的、不可替代的地位和优势。

在接待观众方面，建馆以来平均每年接待海内外观众 35 万人次，总共 400 万人次左右。党和国家领导人江泽民、温家宝等亲临该馆视察，并挥毫留墨。联合国秘书长加利、新加坡总理吴作栋、美国前总统尼克松、美国前国务卿基辛格等 70 多位国家和地区的领导人都曾前来参观。

在文物征集和收藏方面，集腋成裘，蔚成规模。截至 2002 年底，馆藏文物总数已达 24069 件。其中青铜器、彩陶的收藏已初步形成系列，并在数量、品种和等级上位居全省前列。

在考古发掘方面，从 1984 年以来，该馆考古队先后发掘了大黄沙新石器遗址、咸头岭新石器遗址、南山屋背岭商时期墓葬群、南山向南村商周时期遗址、大梅沙村商周时期遗址、大梅沙春秋战国遗址、叠石山战国晚期遗址、铁仔山古墓群、南头古城南门广场东晋至明清遗址等，出土了石器、玉器、青铜器、铁器、纪年砖等大量精美的文物，为研究深圳古代史提供了弥足珍贵的实物资料。

在科学研究方面，该馆的研究人员编撰出版了《深圳古代简史》、《深圳近代简史》、《深圳经济特区创业史》、《香港，让历史告诉未来》、《深圳特区史》、《馆藏文物精华》、《深圳考古的发现与研究》、《深圳博物馆开馆十周年纪念文集》、《南粤客家围》等著作及近百篇学术文章，为推动深圳市文博事业的发展做出了积极贡献。

1995年5月，被深圳市委、市政府命名为市级爱国主义教育基地。

2. 区级博物馆

天后博物馆

位于南山区赤湾天后宫（市级文物保护单位）内。成立于1997年。馆长先后为徐尚黎、周保民。属自筹自支性事业单位，无编制。聘用管理人员20人，内设办公室、群工部、后勤部和保卫科。

天后博物馆是以天后信仰为依托的专题性民俗类博物馆，是收藏和研究天后文物和天后文化的重要机构。

该馆的基本陈列为《天后文物展》、《南山历史文物展》。

陈郁故居纪念馆

位于南山区南头陈屋村陈郁故居（市级文物保护单位）内。2000年10月正式对外开放。是一座专题性纪念馆。负责人张亚东。全额事业单位，编制1人。

该馆负责本馆陈列展览的调整、有关陈郁同志文物的征集、故居的维修和文物的安全以及陈列展览的日常开放和宣传讲解工作。

基本陈列为《陈郁生平事迹展》。展览以陈郁同志一生所经历的各个历史时期的重要事件为主线，分为3个部分：第1部分为解放前陈郁同志的革命活动，如参加香港海员大罢工、省港大罢工以及解放战争等内容。第2部分是陈郁同志起居室的复原，以实物为主。第3部分展现了解放后陈郁同志为社会主义建设、特别是为中国能源工业的发展所做出的贡献。展现了陈郁同志在战争年代为革命献身以及和平年代为人民服务的精神。陈郁故居现收藏有书信、文件、书籍、家具、照片等馆藏文物23件。

2000年7月，经中共南山区委批准，陈郁故居为区级爱国主义教育基地。

南头古城博物馆

位于南山区南头古城南门广场。馆址为建于1950年的新中国第一届宝安县人民政府办公楼。由市文化局在2002年11月8日批准成立。全额事业单位，与南头古城管理处两块牌子一套人马，编制 3 名，归口南山区文管办管理，馆长伍杨。

该馆属地志博物馆，主要收藏、展示和研究南山区的历史文化。现藏青铜、陶瓷、玉石等出土文物 2000 多件。基本陈列有《南头古城历史展》、《2001 年度全国十大考古新发现——屋背岭商时期墓地发掘成果展》，全面展示深圳一千六百多年的城市发展史，充分阐明南头古城是深、港、澳地区的历史源头。

南头古城博物馆与南头古城垣（省级文物保护单位）、信国公文氏祠、育婴堂等 6 处市级文物保护单位一并开放，将成为观众参观、游览、进行爱国主义教育的重要场所。

中英街历史博物馆

该馆位于沙头角镇内中英街一号界碑的东侧。博物馆展楼总建筑面积 1688 平方米，共分为 5 层：1 层为迎宾大厅，2、3 层为中英街历史陈列厅，4 层为临时展厅，顶层为观景台，可鸟瞰大鹏湾和香港新界自然风光。

1995 年 1 月，经沙头角镇人民政府批准成立中英街历史纪念馆（中英街历史博物馆的前身），归沙头角镇文化站管理。当时的馆址设在镇文化站二楼。无事业编制，聘请管理人员 1 人。展室面积 30 平方米，展览内容为《中英街的故事》。

新馆落成后，1998 年 12 月 28 日，经盐田区人民政府批准成立中英街历史博物馆。是一座专题性地志博物馆。1999 年 5 月 1 日正式开馆。该馆为全额事业单位，归区委宣传部（文体局）管理，人员编制 6 名，实有人员 5 人，其中本科 1 人，大专 2 人。业务人员中有副研究馆员 1 人、馆员 1 人、助理馆员 1 人、实习馆员 2 人。馆长孙霄。

该馆负责中英街文物的保护、收藏和研究工作，积极开展爱国主义和革命传统教育，受区文物管理委员会委托，负责全区文物保护、开发和利用工作。

该馆的基本陈列为《中英街历史》，再现了中英街古代史、英帝国主义者侵略和霸占香港的罪恶史以及沙头角人民迎接解放、进行社会主义建设和改革开放、促进社会主义精神文明建设、欢庆香港回归祖国等重大历史事件。

为纪念深圳特区成立 20 周年和孙中山领导的三洲田起义 100 周年，该馆还专门推出了《孙中山与三洲田首义展》。它通过大量生动的照片和实物，反映了三洲田起义的壮举，歌颂了以孙中山为代表的革命党人不怕牺牲的奉献精神。除了基本陈列外，该馆还引进了《深港人民一家亲》大型图片展。

从 1995 年以来，中英街历史博物馆共接待观众 10 万人次，国家领导人杨尚昆、李鹏、万里等都曾亲临该馆视察。

馆内现收藏有 907 件近现代历史文物、民俗文物以及千余幅珍贵的照片资料。其中，近现代文物的收藏最具特色。

该馆还参与了中英街历史文化景点策划、设计工作，参与了深圳市第二次文物普查盐田区的文物普查工作。

此外，馆外陈设的警示钟提醒人们牢记中英街屈辱的历史，并与中英街界碑相互映衬，成为中英街新的一景。

中英街历史博物馆在丰富深圳市的旅游文化、加强精神文明建设方面发挥着越来越重要的作用。

1995 年 5 月，"中英街"被深圳市委、市政府命名为市级爱国主义教育基地。2000 年 4 月，该馆被广东省委宣传部和省文明办命名为省级爱国主义教育基地。

东江纵队纪念馆

位于龙岗区坪山镇东纵路石灰陂村。占地面积 5000 平方米，建筑面积 1500 平方米。

该馆由深圳市东江纵队老战士联谊会倡议并筹建，中共坪山镇委、坪山镇人民政府全力配合，并得到了深圳及省内外东江纵队、粤赣湘边纵队联谊会老战士、深圳革命老区广大人民群众、深圳市工商界、港澳爱国人士、海外侨胞鼎力赞助和大力支持。馆舍于 2000 年 5 月建成。同年 12 月 2 日正式开馆。负责人黄伟。现归口龙岗区文管办管理。编制 5 名。馆长魏星。

基本陈列为《东江纵队史迹展》。由 658 幅（件）珍贵历史照片和历史文献、70 件革命文物、15 幅革命历史题材的油画、14 幅动态光电作战示意图和一座刻有 6700 多位烈士的英名碑等组成。整个展览分为"抗日救亡"、"武装准备"、"组队抗敌"、"突围东移"等 13 部分，展示了南粤儿女在抗日战争、解放战争和社会主义建设时期奉献牺牲的革命精神。

2001 年 12 月 2 日，被命名为市级爱国主义教育基地。

3．镇级博物馆

中共宝安县第一次代表大会纪念馆

它位于宝安区松岗镇燕川村素白陈公祠内。该祠为三开间两进布局，建筑面积213.44平方米。

1928年2月23日，中共宝安县委召开第一次代表大会。会议地址原定在燕川周家村，后因情况变化，临时改在此祠内举行。出席会议的代表19人，选举出了中共宝安县第三届委员会。2000年，对该旧址进行了维修。2000年10月25日，该馆正式成立并对外开放。负责人孙明。

基本陈列为《宝安革命风云录》。它通过大量图片和实物，生动翔实地展现了1922—1928年中国共产党在宝安县的革命活动。整个展览分为中共宝安县党组织的建立、工农革命运动的高涨、反对国民党反动派的斗争、中共宝安县第一次党代会、宝安人民的革命武装斗争等5部分。展览所反映的内容，在宝安革命史上占有光辉的一页。尤其是中共宝安县委第一次代表大会，对于后来宝安县境内的武装斗争和土地革命起了重要的指导作用。

宝安抗日纪念馆

位于宝安区松岗镇燕川村北巷6号的泽培陈公祠，即建于1944年中国共产党在广东省成立的第一个抗日民主政权——东宝行政督导处旧址内。1999年宝安区政府将其公布为区级文物保护单位。该馆于2001年6月29日正式对外开放。负责人孙明。

基本陈列《宝安抗日烽火展》由"日寇南侵广东"、"惠东宝人民抗日游击队武装的诞生"、"东江纵队的成立及其武装斗争"、"东宝行政督导处"、"抗日战争的胜利"等五部分组成，通过100多张珍贵的历史照片和图表、浮雕、油画、实物及沙盘模型，反映了宝安人民为抗战胜利作出的巨大贡献。

东江纵队司令部旧址纪念馆

位于龙岗区葵涌镇土洋村东江纵队司令部旧址（省级文物保护单位）内。旧址为建于1912年的意大利式天主教堂，建筑总面积400平方米，分为主体建筑和附属建筑两部分，中间有走廊相通。

1998年5月4日正式对外开放。归葵涌镇文化站管理，无编制，负责人王进。

1944年1月至1945年5月，东江纵队司令部设于此，东纵历史上著名的"土洋会议"就在这里召开。

基本陈列分为"东江纵队史迹展"和复原陈列两部分。史迹部分通过119件东纵战士战斗、生活、日用品等实物以及大量的照片、文献资料，展示了东江纵队"南域先锋"、"海外蜚声"、"艰苦风范"的革命精神和战斗历程。复原陈列通过曾生司令员当时工作和生活用过的部分实物，再现曾生同志在艰苦的条件下，率东纵英勇抗日而成为"为民先锋"的史实。

1995年5月，被市委、市政府命名为市级爱国主义教育基地。

客家民俗博物馆

位于龙岗区龙岗镇罗瑞合村的鹤湖新居（省级文物保护单位）内。

该馆成立于1996年。1997年9月5日正式对外开放。归属龙岗镇镇政府。编制5人，加上临聘人员，现有工作人员14人。内设机构有办公室、展览部。馆长先后为田玉龙、罗煌生。

以客家围屋为依托建立的博物馆，意味着客家民居的布局、结构和建筑风格等也是博物馆的重要展示内容。馆内收藏各类客家文物328件，种类有家具、劳动工具、生活用品、字画及族谱等。陈列有《客家生活起居室陈列》、《客家劳动工具展》、《客家民俗风情展》等。

大鹏古城博物馆

位于龙岗区大鹏镇大鹏古城（全国重点文物保护单位）。

1996年9月18日，经深圳市文物管理委员会办公室批准成立大鹏古城文物保护管理所，负责大鹏古城的管理和维修。为进一步加强大鹏古城的管理，发挥它的爱国主义教育功能，1996年5月，经大鹏镇人民政府批准成立大鹏古城博物馆。目前该馆（所）为两块牌子，一套人马。编制3人。其中本科1人，大专1人；中级职称1人，初级职称2人。馆长翁松龄。

1999年，该馆（所）在市文物管理部门的帮助下，修复了大鹏古城的南城门楼和东城门楼，再现了明代初年军事所城的风貌。2000年，又修复了赖府书房。

该馆以大鹏古城的结构布局、城门城楼、府邸民居、街道巷坊、木雕石刻、名人墓葬为主要展示内容，并利用修复的赖府书房、赖恩爵将军府第等举办陈列展览。如《大鹏民俗展》和全面系统地介绍了大鹏古城600年和大鹏镇6000年历史的《鹏城春秋展》（分"源远流长"、"海防重镇"、"抵御外侮"、"鹏城人物"4个部分），还有介绍刘起龙将军生平的《刘起龙将军史迹展》。几年来该馆接待观众达10余万人次，取得了良好的社会效益。

该馆共征集和收藏各类文物200多件，其中不乏文物精品。如省港大罢工会员证、刘起龙将军的功名碑、赖恩爵将军家族墓中出土文物等。

为更好的使观众了解大鹏古城的历史，该馆的研究人员还编印出版了图文并茂的《大鹏所城》一书。

1995 年 5 月，被市委、市政府公布为市级爱国主义教育基地，并将其列为"深圳一日游"的景点之一。

大鹏华侨纪念馆

大鹏华侨纪念馆坐落在龙岗区大鹏镇迎宾南路，是全国惟一的镇级华侨纪念馆。总建筑面积 2500 平方米，高 3 层，颇具欧式风格。

1998 年开始筹建，2000 年 7 月竣工并正式对外开放。全额事业单位，编制 3 人，馆长先后为曾锦荣、翁松龄。

大鹏镇是深圳著名的侨乡，有香港同胞、海外侨胞 14000 多人，社团组织 5 个。半个世纪以来，他们支持和帮助家乡的建设事业，向大鹏镇捐款达 6000 多万元。为全面反映大鹏镇香港同胞、海外侨胞关心和帮助家乡建设所作的巨大贡献，镇政府建立了纪念馆。

馆内分 5 个展厅。通过《大鹏华侨史展》、《大鹏革命斗争史展》、《建设成就展》、《各行政村村史展》以及《国土规划展》等，充分反映了香港同胞、海外侨胞血浓于水的亲情。

大鹏华侨纪念馆从开放以来，累计接待国家、省、市各级领导及港澳同胞、海外侨胞、社会知名人士、学者、学校师生、游客等达 1 万多人次，取得了良好的社会效益。

如今，大鹏华侨纪念馆已成为镇委、镇政府对外宣传的阵地，对青少年进行爱国主义教育的基地。

2002 年 8 月，该馆划归大鹏古城博物馆管理。

4．村级博物馆

皇岗博物馆

位于福田区皇岗村中心广场附近。是由皇岗股份公司投资 2000 万元人民币，以皇岗村具有 200 余年历史的庄氏宗祠为蓝本建成的大型仿古建筑，占地面积 3000 平方米，建筑面积 1700 平方米。

该馆成立于 1996 年 8 月 26 日。归皇岗股份公司管理。

该馆基本陈列为《皇岗的昨天、今天与明天》。着重展示皇岗村史、改革创业和发展史、皇岗村的风情以及皇岗的美好前景，表现皇岗人奋发图强、艰苦创业的精神。它充分反映了皇岗村在改革开放 20 年中，在走向共同富裕的道路上发生的巨大变化，是深圳农村改革开放成就的一个缩影，是进行爱国主义教育的重要场所。

5．私人博物馆

玺宝楼青瓷博物馆

位于罗湖区宝安南路 2095 号。建筑面积 2000 多平方米，其中展厅面积 560 平方米，标本鉴赏厅 560 平方米。

1997 年 12 月 1 日经深圳市文化局批准成立。1998 年 11 月正式对外开放。该馆由馆主吴克顺创办和管理，并聘用员工 20 人。

该馆为国内外惟一的以系统收藏、陈列、研究中国古代青瓷的专题性博物馆。基本陈列为《历代青瓷展》，整个展览按照时代顺序从商周至元明清并结合青瓷的发展演变阶段，将陈列分为"初创期"、"发展期"、"鼎盛期"和"衰落期" 4 个部分，全面展示中国古代青瓷的风采及其发展脉络。

馆内系统收藏了商周至元明清三千多年来中国历代青瓷典型器物 2000 余件、名窑瓷片 2000 多片。其中不乏珍品，如东晋"吾有心"铭文鸡首壶、南宋修内司官窑六棱瓶等。经多位国内著名的青瓷研究和鉴定专家鉴评，认为这些藏品具有较高的历史和艺术价值。

该馆还设有茶座、化石观赏厅、陶艺制作、书画斋、南北曲艺厅、彩打扫描、仿膳食苑等 19 个配套服务设施和项目。

开馆以来，共接待海内外观众 5 万多人次。

华夏英杰墨宝园博物馆

位于深圳市罗湖区北斗路文锦综合楼。展厅面积 800 多平方米。

该馆于 2002 年 1 月 28 日试开放。同年 6 月 18 日正式批准成立。由馆长陈慧群创建、管理，并聘用员工 12 人。

馆内收藏和展示了党和国家领导人、老将军、科学家、艺术家等社会各界知名人士的书画作品 2000 多幅，其中包括珍贵的将军书画真迹作品 213 幅，有部分作品已是老将军们的绝笔。另外还收藏了与之相关的实物、资料等。它们不仅具有较高的历史价值和艺术价值，同时具有丰富的精神内涵，是进行爱国主义和革命传统教育的宝贵教材。

6.公私合作博物馆

深圳古生物博物馆

位于深圳市仙湖植物园内。该馆馆舍由石块堆砌而成，依山而建，远观如同一只巨型恐龙骨架。造型奇特，气势磅礴。博物馆与耸立在馆前的化石森林连成一体，十分壮观。

该馆由市政府投资建设，化石收藏家张和先生提供化石标本，双方合作建成。2001年4月29日正式对外开放。馆长张和，副馆长傅小平。

该馆是以收藏、陈列、研究古代动物、植物化石标本为主的专题性、科普型博物馆。整个展览大厅分为两层。一层以动物化石为主（其中有复原的恐龙化石，并配有可活动并能吼叫的电动机械恐龙），展示生物进化，闻名世界的"张和兽"化石的复制品也在此展出。二层主要以各类植物和昆虫化石为主。整个展览动静结合，具有知识性、趣味性、参与性，可从中得到深刻的启迪。

该馆共收藏各类化石标本6000多件。除张和先生的藏品外，植物园还通过馆际交流，收藏了2000余件。

该馆已成为深圳市重要的科普教育基地。

第三节　文物商店

深圳市文物商店

位于福田区银湖路金湖路口的深圳画院大楼一层。经营面积140余平方米。

成立于1993年5月。该店是深圳市文化局下属的文化事业单位（自筹自支）。编制30人，现有员工6人。经理先后有萧湄燕、于德江、王效究。

店内分画廊和古玩店两个部分。珍藏有明代张宏《山水中堂》、清代高其佩《志在天爵猎鹰图轴》、唐代花釉执壶、清乾隆冬青釉青花番莲天球瓶、清代黄玉雕十八罗汉笔筒等各类书画、陶瓷、玉器、工艺珍品500余件。

该店成立以来，一直本着顾客至上、信誉第一的原则，所售商品均附有证书，保证品质。因此该店与海内外广大文物收藏家、著名专家学者及国内各大文博机构保持着良好的合作关系。在市文化局的领导下，在国内文博界和海内外文物收藏界朋友的支持下，深圳市文物商店已逐步形成了格调高雅、经营门类齐全、商品质量上乘的国有文物商业机构。

第二章　地下古遗址与遗迹

深圳地下古遗址与遗迹十分丰富，从新石器时代一直到明清时期的都有发现。考古资料表明，深圳市发现最早的人类文化遗址为距今约 6700 年的新石器时代中期的大黄沙遗址和咸头岭遗址。深圳新石器时代和青铜时代遗址分布的共同特点为：一是分布在海拔 30 – 60 米的低山丘陵上，二是分布在避风的海湾沙丘上。从汉代至明清，由于中国历史上多次移民高潮，中原地区人口不断流入深圳地区，人口数量增加，而移民带来的先进文化、先进农耕技术和先进生产工具，促进了深圳地区的经济发展，从而使它曾为粤东南广大地区的政治、经济中心和军事重镇，遗留下较丰富的地下遗址和遗存。

第一节　新石器时代遗址

深圳目前发现的新石器时代遗址约 40 处，其中比较可靠的属于新石器时代中期遗址有 6 处，余皆属新石器时代晚期。未见新石器早期遗址。深圳新石器文化具有浓郁的地方特色。由于地理环境的影响，形成以沿海沙丘遗址为主的捕捞渔业文化和以山岗遗址为主的采集种植业文化。

1. 新石器时代中期遗址

南山村月亮湾遗址

位于南山区南山村月亮湾荔枝园内。遗址东隔冲沟遥望大南山，西接荔湾大道，濒临大海，北通过冲沟直到蛇口，南至月亮湾花园。冲沟从大南山而下，绕过遗址东面和北面直奔大海。沟内常年流水，深可没膝，水源主要是泉水和山上流水。遗址长 160 米，宽 150 米，总面积约 20000 平方米。1999 年深圳市第二次文物普查时发现。

通过地面调查和钻探、试掘，该遗址的地层堆积情况如下：

第一层，耕土层，灰黑色粗沙土。厚 27～28 厘米。包含遗物为近代瓷片、陶片及大量石英岩石块。

第二层为文化层，灰黄色细沙土层。厚 22～24 厘米。出土的文化遗物中，以夹砂黑陶为主，泥质红陶次之。绝大多数为素面，少量有绳纹。有一片泥质陶片上有镂孔。陶片的火候较低且易碎。可辨器形少，仅有罐、豆等。

石器仅见石锛一件，石质为灰色石英岩。长、宽、厚为 5.6×4.5×1.1 厘米。通体磨制，上窄下宽，单面刃。刃部锋利，制作精细。出土新石器时代的夹砂灰陶片和泥质红陶片及少量石器。

第三层，红褐色砂质黏土层，内含石英细颗粒。厚 20～24 厘米。本层除出土少量大小石英块外，没有发现文化遗物。

该遗址是深圳山岗遗址中时代早、面积大、保存情况较好的一处，应重点保护。

小梅沙遗址

位于盐田区小梅沙度假村东北面，北靠梧桐山，与九龙半岛隔海相望。文化遗物分布在长约 350 米、宽约 200 米的沙丘上，沙丘高出海平面 8 米。1980 年广东省博物馆调查发现并试掘。发掘面积 60 平方米。

地层堆积共三层：

第一层，沙土层，厚 1 米。人工堆积。

第二层，耕土层，灰黄色细沙土，厚 1-1.4 米。未见文化遗物。

第三层为文化层，黄褐色细沙土，厚 40 厘米。出土少量文化遗物，如夹砂粗陶片、彩陶和打制刮削器等。陶片以夹砂黑陶居多，表面抹白色陶衣，手制，火候低。纹饰以绳纹为主，其余为划纹、贝印纹、栉齿纹等。

在修复的陶器中，最重要的一件是圈足彩陶盘，通高 8.6 厘米，口径 23.6 厘米，盘深 5.4 厘米，足径 20 厘米。直口、深腹、圜底、圈足。圈足上镂孔，外涂陶衣，赭色彩绘，纹饰有条纹、波浪纹、双沟纹。

因当地基本建设，遗址现已不存。

大梅沙遗址 1 区

位于盐田区大梅沙海边沙堤上。东南临大鹏湾，余皆环山。北面有一条山涧溪水流经沙滩入海。海滩有两级沙堤，遗址位于第二级沙堤。1982 年深圳市第一次文物普查时发现。1992 年深圳博物馆进行发掘，发掘面积共 2405 平方米。

遗址分两个文化区：1 区属新石器时代中期遗存；2 区属青铜时代遗存，大約在春秋时期。

1区地层堆积分二层：

第一层，表土层，灰黄色沙土，厚 20－35 厘米。含有少量的绳纹和方格纹陶片。

第二层为文化层，灰褐色沙土，厚 30－80 厘米。出土遗物甚少，仅有陶片 380 片和石器 11 件。陶片均属灰陶系，夹砂陶占绝大多数，泥质陶仅两片。纹饰以绳纹为主，占 64.7%，其次为素面，占 17%，还有划纹、叶脉纹、水波纹等。个别器物着红色陶衣。复原陶器有小釜和器座各 1 件。石器以磨制为主，石料是石英岩和砂岩，器类有锛、斧、刀、拍、砺石等。除了文化遗物外，还发现一座红烧土灶和 2 处红烧土堆。灶呈正方形圆角，内凹为马蹄状，灶体大小为 90×90 厘米，高 20 厘米，灶壁宽 25×30 厘米，灶口宽 15 厘米。内填土为棕红色，土质松软。

1区遗存碳 14 测定标本年代为距今 6895±85 年（经树轮较正）。

大黄沙遗址

位于龙岗区葵涌镇。西北距该镇 0.6 公里，南临大海，东侧有葵涌河自北向南蜿蜒入海。发掘者因此处黄沙堆积较厚，故名大黄沙。遗址面积 10000 平方米。1981 年深圳特区博物馆在葵涌镇进行考古调查时发现该遗址。1988 年 5—6 月和 1989 年 6—7 月，深圳市博物馆与中山大学人类学系对该遗址进行了两次试掘，发掘面积 182 平方米。

该遗址地层共有五层：

第一层，表土层，厚 18－30 厘米。

第二层，扰土层，厚约 20－60 厘米。

第三层，黄色沙层，厚 30－60 厘米。含少量新石器时代文化遗物。

第四层，灰色沙层，厚 26－70 厘米。发现新石器时代文化遗迹与遗物。

第五层，黄色沙层，厚 48－152 厘米。发现少量新石器时代文化遗物。文化遗迹仅有红烧土面和经火烧的灰沙层。遗物分陶器和石器两类。陶器多碎片，完整器和可复原器仅 10 件。陶质分夹砂和泥质两类，以夹砂为主，约占总数的 82%。泥质陶又可分红陶和白陶两类。器类有釜、罐、盘、圈足盘、盆、钵、碗、器座等。石器 93 件，有斧、锛、拍、砺石、敲砸器等。

大黄沙遗址第五层碳 14 测定标本年代为距今 5600±200 年（树轮较正 6225±260 年）。因当地基本建设，遗址现已无存。

下洞村遗址

位于龙岗区葵冲镇下洞村前，濒临大鹏湾。海拔 6 米。遗址长 120 米，宽 30 米，面积 3600 平方米。1984 年深圳市第一次文物普查时发现。

地层堆积分二层：

第一层，表土层，黄色沙土，厚 1 米。

第二层为文化层，灰黄色沙土层，厚 60 厘米。在第二层中出土陶片和石器。陶片以夹砂粗陶为多，纹饰以绳纹为主，并有划纹、贝印纹。此外还发现一块彩陶片。石器 2 件，为石锛和石网坠。

该遗址文化遗物与咸头岭遗址相似。

因当地基本建设，遗址现已无存。

咸头岭村遗址

位于龙岗区大鹏镇咸头岭村的海边沙堤上。西南至东北长 120 米，东南至西北长 110 米，遗址面积约 13000 平方米。1981 年深圳特区博物馆在考古调查中发现。1985 年、1989 年及 1997 年分别进行过三次发掘。发掘面积共 1241.5 平方米。

遗址堆积分两层：

第一层，松软的黄褐色沙质土，厚 25－40 厘米。出土绳纹陶片和现代瓷片、铁器等遗物，属近现代扰乱层。此层下南部有一条东西走向的扰乱沟，北部有一扰乱坑，均打破二层。

第二层为文化层，灰褐色沙为主，含极少量土，松散。深 25－75、厚 10－40 厘米。出土大量陶器和石器。陶器属灰陶系，夹砂陶占 96％以上。泥质陶很少，分白陶和灰陶两种，制作均非常精细。纹饰以绳纹为主，还有划纹、水波纹、编织纹、几何形压印纹等。泥质陶通常饰以精美的几何形压印组合纹饰。个别器物着赭色陶衣。器类有釜、罐、盘、圈足盘、盆、钵、碗、筒形器、器座等。釜、罐的口沿全部为侈口，表现出较原始的特征。石器共 188 件，其中磨制石器 74 件，打制石器 16 件，天然工具 98 件。石料为石英岩、砂岩和板岩。磨制石器的种类有锛、斧、刀、凿、拍、铲、圆饼等。打制石器主要是砍砸器。天然石料工具有敲砸器、砧、砺石、杵等。

咸头岭遗址是珠江三角洲地区新石器时代中期沙丘遗址中最重要的一处。遗址的年代距今约 7000 年。

2. 新石器时代晚期遗址

虎地山遗址

位于南山区蛇口办事处虎地山南坡，南临深圳湾，背依小南山。遗址范围约1500平方米。1980年广东省博物馆文物调查时发现。1984年深圳市第一次文物普查时复查。

地层堆积不详。采集的陶片有几何印纹陶和夹砂陶，纹饰有重圈纹、编织纹等。石器共3件，种类有锛、镞。锛分长身和短身两种。镞为柳叶形扁镞。

鹤地山遗址

位于南山区蛇口办事处鹤地山东北的古沙洲，南距深圳湾100米。海拔8米。遗址长100米，宽80米，面积8000平方米。1980年广东省博物馆进行了考古发掘，发掘面积45平方米。

地层堆积共三层：

第一层，表土层，灰黄色或灰色粗沙土层，厚50-80厘米。

第二层，灰褐色粗沙土，厚20-40厘米。内含春秋时期的几何印纹硬陶和软陶及磨光石器。陶器以灰陶居多，红陶较少。纹饰以夔纹、云雷纹、方格纹为多，也有乳钉纹、重圈纹等。器形多为炊器，如罐、釜之类，以罐为多，共11件。石器仅有2件石矛。

第三层，厚40-60厘米。出土新石器时代晚期的几何印纹粗陶、软陶和磨光石器。陶器以夹砂黑陶为主。纹饰以编织纹、曲尺纹居多。完整的陶器有罐、釜、钵、尊、器座。石器19件，其中磨光石器18件，石质为砂岩、石英砂岩、石英岩、板岩、燧石等。种类有锛、斧、凿、磨杵、镞、戈、耳坠和残石器等，以斧、锛为多。

该遗址的时代应为新石器时代晚期和春秋时期。

因当地基本建设，遗址现已无存。

赤湾村遗址

位于南山区蛇口办事处赤湾村西面沙丘，背依马鞍山，东靠大南山，西临小南山，南面伶仃洋。遗址长约100米，宽约50米，面积5000平方米。1980年广东省博物馆进行了考古发掘，发掘面积50平方米。

地层堆积共二层：

第一层，表土层，灰色细沙土，厚 20－25 厘米。

第二层为文化层，厚 50－60 厘米。出土遗物丰富，主要有夹砂红陶、黑陶和几何印纹陶、磨光石器。陶器多为残片，有夹砂粗陶和几何印纹软陶两种，其中夹砂粗陶占 88.4％。纹饰以绳纹、篮纹、编织纹为主，约占总数的 89.6％。其次为划纹、方格纹和贝划纹等。可辨器形有罐、釜、尊、豆、器座。还有炉座、炉箅和炉壁。石器 10 件，种类有锛、刀、镞、环、砺石、磨盘和残石器等。

该遗址的时代应为新石器时代晚期并延续至殷商时期。

因当地基本建设，遗址现已无存。

内伶仃岛南湾遗址

位于南山区蛇口办事处内伶仃岛南湾沙丘。遗物主要分布在南湾东部山前的沙丘上。遗址长 60 米，宽 20 米，面积 1200 平方米。1984 年深圳市第一次文物普查时发现。

陶片较少，为几何印纹陶，饰云雷纹、曲折纹。石器仅见 1 件长身石斧。

因当地基本建设，遗址现已无存。

鹦歌山遗址

位于南头古城北面的鹦歌山上，濒临深圳湾，广深公路从遗址的南端由东至西经过。遗址长 200 米，宽 80 米，面积 16000 平方米。1956 年 8 月由中山大学历史系第五调查组发现。1984 年深圳特区博物馆复查。

鹦歌山南坡较集中出土大量陶片和少量石器。其中，夹砂粗黑陶饰绳纹、条纹，泥质灰陶饰方格纹、曲折纹、叶脉纹等。石器为有肩锛 2 件、梯形锛 2 件和亚腰形网坠 1 件。

因当地基本建设，遗址现已无存。

白泥山遗址

位于南山区南头白泥山。遗址长约 100 米，宽约 50 米，面积 5000 平方米。1956 年广东省博物馆文物调查时发现。

因水土流失，地层不详，遗物多破碎且暴露于地表。采集的文化遗物有陶片和石器。陶片有夹砂黑陶、红陶、泥质灰陶和几何印纹硬陶。纹饰有绳纹、划纹、方格纹、刻划纹、夔纹、云雷纹等。石器有石斧、残石器等。

该遗址的年代应为新石器时代晚期延续到春秋战国。

因当地基本建设，遗址现已无存。

白石岭遗址

位于南山区沙河白石洲白石岭山岗。1985 年深圳市第一次文物普查发现。地层、分布范围不详。

采集的文化遗物有夹砂黑陶和泥质陶片 30 多片。

因当地基本建设，遗址现已无存。

大马岭村遗址

位于南山区西丽镇长源大马岭村后的山丘。山顶海拔 68.82 米，山下海拔 36 米，山丘南坡下有大沙河流过。遗址长 90 米，宽 60 米，面积 5400 平方米。1999 年深圳市第二次文物普查时发现。

遗物分布于海拔 45-55 米范围内的山丘西坡。地表为红黄色沙土质，遗物直接裸露，主要是陶片，分夹砂黑陶和泥质橙黄陶两类，均为素面。

蒙仔梯山遗址

位于盐田区蒙仔梯山上。1956 年广东省博物馆文物调查时发现。因开筑公路，破坏较甚，地层及分布范围不详。

采集的陶片有夹砂黑陶和泥质灰陶，纹饰有绳纹、曲折纹、方格纹。石器有石斧、石锛。

因当地基本建设，遗址现已无存。

墨鱼坳山遗址

位于盐田区墨鱼坳山上。1956 年广东省博物馆文物调查时发现。地层、范围不详。

采集的陶片有夹砂粗陶，饰绳纹、曲折纹。泥质红陶饰方格纹、编织纹。几何印纹陶饰云雷纹、篦纹。石器有石斧、石锛、石环及残石器。另有陶纺轮。

因当地基本建设，遗址现已无存。

更鼓岭村黄策捕鱼山遗址

位于宝安区新安街道办事处铁岗水库区更鼓岭村南黄策捕鱼山北坡。遗址东西长 150 米，南北宽约 50 米，面积 7500 平方米。1956 年广东省博物馆文物调查时发现。2000 年深圳市第二次文物普查时复查。

由于水土流失，地层堆积毁坏，文化遗物暴露在地表。种类有陶片和石器。陶片以素面夹砂黑陶为多，红陶、灰陶次之。纹饰有曲折纹、方格纹、篦纹等。可辨器形有陶罐 7 件、红陶钵 1 件。石器有石斧 2 件、石铲 1 件。此外，还发现夔纹硬陶片。

该遗址的年代应为新石器时代晚期至春秋战国时期。

该遗址现被铁岗水库淹没。

更鼓岭村钓鱼山遗址

位于宝安区新安街道办事处铁岗水库更鼓岭村西南，东距黄策捕鱼山遗址 50 米。遗物在钓鱼山的北坡暴露，遗址南北长约 50 米，东西宽约 30 米，面积 1500 平方米。2000 年 5 月，深圳市第二次文物普查时发现。

由于长期水土流失严重，地层保存不好。采集的陶片有夹砂粗红陶、粗黑陶、几何印纹软陶、夔纹硬陶。纹饰以篮纹、方格纹为多，也有曲折纹、条纹。可辨器形有罐。未发现石器。

其时代应为新石器时代晚期至春秋战国时期。

江雀薮村蚌地山遗址

位于宝安区新安街道办事处铁岗江雀薮村南三合水支流两岸，北距金坑山遗址 100 米，西面有黄策捕鱼山遗址。遗址高出河面约 50 米。1956 年广东省博物馆调查时发现。1983 年和 1984 年深圳博物馆曾两次复查。2000 年深圳市第二次文物普查时再复查。

遗物有陶片和石器。陶片以泥质灰陶、红陶为多，其次为夹砂粗红陶、夹砂粗黑陶。纹饰有曲折纹、叶脉纹、篮纹、云雷纹、方格纹等。器物有陶纺轮和陶豆等。石器共发现 193 件，种类有石斧、有肩石斧、石锛、有肩石锛、石凿、石刀、石戈、石镞、敲砸器、石杵、石环、石管等。还有极少量春秋战国时期的夔纹硬陶片。

该遗址已被铁岗水库淹没。

江雀薮村金坑山遗址

位于宝安区新安街道办事处铁岗江雀薮村南面三合水两条支流中间，其西面为较宽的冲积平地，东、北两面为重峦叠嶂，南面过三合水支流约 100 米处为蚌地山遗址。该遗址高出河面 45 米。遗址南北长 200 米，东西宽 150 米，面积30000 平方米。1956 年广东省博物馆文物调查时发现。2000 年深圳市第二次文物普查时复查。

文化遗物分布于金坑山南坡。山坡上部遗物有夹砂灰陶，火候低。纹饰以方格纹为主，还有弦纹。石器则较多，有石锛 8 件、石环 1 件、残石器 4 件等。山坡下部多见几何印纹陶，纹饰以方格纹为多，还有弦纹、篦纹、夔纹。

该遗址已被铁岗水库淹没。

黄麻布村大王黄田山遗址

位于宝安区西乡镇黄麻布村东大王黄田山。遗址长 150 米，宽 100 米，总面积 15000 平方米。2000 年深圳市第二次文物普查时发现。

该遗址未经试掘，地层堆积状况不明。遗物有夹砂灰黑素面陶 20 余片，器形有罐等。磨制石斧 1 件，制作粗糙，长 6 厘米，宽 4.2 厘米，厚 2.2 厘米。

九围村高排凹山遗址

位于宝安区西乡镇九围村东北高排凹山。遗址面积约 9000 平方米。2000 年深圳市第二次文物普查时发现。

地层堆积情况不明。遗物有素面夹砂灰、黑陶片等，无可辨器形者。

岗面山遗址

位于宝安区西乡镇西乡中学北面的岗面山上。遗址南北长约 60 米，东西宽约 50 米，面积 3000 平方米。1985 年深圳市第一次文物普查时发现。

遗物分布于岗面山东坡，文化层距地表约 0.5－1 米。陶片以夹砂灰陶为主，还有夹砂黑陶、夹砂红陶和泥质灰陶。纹饰以篮纹、方格纹为主。陶器大部分为手制，局部慢轮修整。可辨器形有釜、罐、盆等。

因当地基本建设，遗址现已无存。

灶下村遗址

位于宝安区福永镇灶下村，南距福永镇 3 公里，西距珠江口 2 公里。遗址东西长约 150 米，南北宽约 40 米，面积 6000 平方米。地层堆积不详。1984 年深圳市第一次文物普查时发现。

陶片有夹砂绳纹黑陶。可辨器形有釜、圈足盘等。石器仅见残石斧。

因当地基本建设，遗址现已无存。

下角山遗址

位于宝安区福永镇西北下角山北坡，广深公路从遗址东部通过，西距珠江口1.5公里。山体海拔为35米。1985年深圳市第一次文物普查时发现。

因长年雨水冲刷，陶片零星散落于地表，分布范围不详。陶片有夹砂陶。纹饰有篮纹、回纹等。可辨器形有圜底罐、盘、钵及器座等。

因当地基本建设，遗址现已无存。

罗租村罗租果场遗址

位于宝安区石岩镇罗租村罗租果场内。遗址面积约8000平方米。2000年深圳市第二次文物普查时发现。

该遗址未进行试掘，其地层堆积情况不详。遗物有红褐色泥质印纹硬陶。纹饰有方格纹、夔纹、复合纹等。器类有夹砂素面黑、褐陶罐等。石器有石铲、石锛等3件。

该遗址时代从新石器晚期至战国时期。

该遗址面积较大，内涵丰富，破坏不严重。

清湖村飞鹅岭遗址

位于宝安区龙华镇清湖村。遗址东西长约80米，南北宽约40米，面积3200平方米。1985年深圳市第一次文物普查时发现。2000年深圳市第二次文物普查时复查。

遗物多在水土流失严重及崩塌地带采集，地层堆积不详。陶片均为几何印纹软陶，纹饰有曲折纹、篮纹。石器有锛、凿、砺石。

因当地基本建设，遗址现已无存。

清湖村鹅冠山遗址

位于宝安区龙华镇清湖村西北低矮山岗上。遗址长约8米，宽约5米。无文化层堆积。1984年深圳市第一次文物普查时发现。

遗物有陶片，为几何印纹软陶。纹饰有方格纹、云雷纹、曲折纹等。石器为数件风化严重的长条形石凿等残器。

因当地基本建设，遗址现已无存。

清湖村早禾岭遗址

位于宝安区龙华镇清湖村东。遗址长约 200 米，宽约 50 米，面积 10000 平方米。1984 年深圳市第一次文物普查时发现。

由于水土流失，遗物暴露于地表。遗物有夹砂粗陶片和大量几何印纹软陶片。纹饰有方格纹、云雷纹、曲折纹、叶脉纹、篮纹等。可辨器形有陶罐、纺轮。石器有 5 件，其中锛 3 件、凿 1 件、环 1 件。

因当地基本建设，遗址现已无存。

瓦窑排村东埔山遗址

位于宝安区龙华镇青松瓦窑排村，神径河及其支流从遗址南、东面流过。遗址长约 200 米，宽约 50 米，面积 10000 平方米。1984 年深圳市第一次文物普查时发现。

因雨水冲刷，遗物暴露于地表。陶片陶胎较薄。可辨器形有罐、钵、盘等。纹饰以曲折纹为主，方格纹、叶脉纹、云纹次之。石器共 31 件，有锛 13 件、镞 5 件、穿孔石铲 1 件、矛 1 件、砺石 2 件、水晶尖状器 1 件及残石器 8 件。

该遗址的年代应为新石器时代晚期至春秋时期。

因当地基本建设，遗址现已无存。

瓦窑排村羊梅坑山遗址

位于宝安区龙华镇瓦窑排村西的羊梅坑山山坡上，两边为神径河及其支流。遗址范围约 2000 平方米。1984 年深圳市第一次文物普查发现。

因受雨水长年冲刷，遗物暴露于地表。仅发现零星夹砂绳纹粗陶片及残石锛。

因当地基本建设，遗址现已无存。

松村后背山遗址

位于宝安区龙华镇松村。遗址长约 50 米，宽约 10 米，面积 500 平方米。1984 年深圳市第一次文物普查时发现。

由于长年雨水冲刷，遗物暴露于地表，地层堆积不详。遗物均为夹砂粗陶。石器有石镞、残石器等。

因当地基本建设，遗址现已无存。

陂兰村斜岭山遗址

位于宝安区龙华镇陂兰村斜岭山西，大沙河从遗址东面流过。遗址长约 30 米，宽约 10 米，面积 300 平方米。1984 年深圳市第一次文物普查时发现。

由于长年雨水冲刷，遗物暴露于地表。遗物有夹砂粗陶和泥质陶。泥质陶饰三角纹、编织纹。石器仅见砺石。

因当地基本建设，遗址现已无存。

弓村遗址

位于宝安区龙华镇三联弓村，南面为观澜河上游支流弓村河。遗址长 50 米，宽 40 米，面积 2000 平方米。1985 年深圳市第一次文物普查时发现。

地层堆积不详。陶片纹饰有曲折纹、篮纹、编织纹、复线弦纹和水波纹。完整器物仅有陶罐 1 件。

因当地基本建设，遗址现已无存。

东庵村乌背岭遗址

位于宝安区观澜镇东庵村东南面，东靠观澜河。遗址高出河面约 20 米。遗物主要分布在山坡西部，遗址长 400 米，宽 60 米，面积 24000 平方米。1984 年深圳市第一次文物普查时发现。

由于水土流失，地层堆积不详。陶片以几何印纹陶居多，饰云雷纹、曲折纹、叶脉纹、篮纹、漩涡纹等。石器有双肩石锛和梯形石锛各一。

因当地基本建设，遗址现已无存。

燕塘村禾窑口山遗址

位于宝安区松岗镇燕塘村罗田水库禾窑口山。附近大小山岗连绵，山前有宽广的稻田，中有溪流穿过。1956 年广东省博物馆文物调查时发现。1984 年深圳市进行复查。2000 年深圳市第二次文物普查时再次复查。

遗物多暴露于地表，陶片以泥质灰陶为多，有少量夹砂粗黑陶。泥质灰陶的纹饰有方格纹、曲尺纹，泥质黑陶饰绳纹。还有印纹硬陶，纹饰有方格纹、篮纹。石器有石斧 10 件、锛 4 件、凿 2 件、残石器 7 件。

该遗址属新石器时代晚期并延续到春秋时期。

因当地基本建设，遗址现已无存。

燕塘村大石寨山遗址

位于宝安区松岗镇燕塘村罗田水库大石寨山。其山坡陡峭，山顶较平坦。1956年广东省博物馆文物调查时发现，1958年复查。2000年深圳市第二次文物普查时再复查。

因水土流失严重，遗物多暴露于地表。种类有陶片和石器。陶片分泥质白陶和泥质灰陶两种。纹饰有曲折纹、叶脉纹、条纹、方格纹、漩涡纹等。石器均为磨制，有锛1件、斧6件、凿1件、残石器3件。

燕塘村铁公坑山遗址

位于宝安区松岗镇燕塘村罗田水库铁公坑山上。其山势陡斜，山顶平坦。1956年中山大学和广东省博物馆调查时发现。1983年深圳特区博物馆进行复查。2000年深圳市第二次文物普查时再次复查。

遗物多暴露在地表上。主要是陶片和石器。陶片有素面夹砂粗黑陶，有饰曲折纹、弦纹的泥质灰白陶，有饰方格纹的泥质红陶，有饰篦纹、漩涡纹、方格纹、夔纹的灰色印纹硬陶。石器均为磨制，有石斧1件、锛1件、凿2件、残石器7件。

该遗址属新石器时代晚期并延续到春秋战国时期。

因当地基本建设，遗址现已无存。

燕塘村锦擎山遗址

位于宝安区松岗镇燕塘村罗田水库区锦擎山。分布范围不详。1956年广东省博物馆文物调查时发现。1984年深圳市第一次文物普查时复查。

由于水土流失，遗物多暴露在地表。遗物有方格纹泥质灰陶片。石器仅见石锛1件。

因当地基本建设，遗址现已不存。

红星村威岗山东北遗址

位于宝安区公明镇红星村威岗山东北部。遗址长110米，宽100米，总面积11000平方米。2000年深圳市第二次文物普查时发现。

遗物中有较多的泥质印纹硬陶、少量素面夹砂红褐陶及磨制石器等。印纹硬陶为灰色，纹饰有方格纹、菱形纹等。可辨器形有罐等。石器有镞等。

该遗址面积较大，堆积较厚，内涵丰富。

红星村威岗山东南遗址

位于宝安区公明镇红星村威岗山东南部的一座小山丘上。遗址南北长150米，东西宽120米，总面积18000平方米。2000年深圳市第二次文物普查时发现。

遗物中有较多的夹砂素面红褐陶及泥质印纹灰陶。纹饰有夔纹、叶脉纹、方格纹、菱形纹等。另有磨制石器等。

该遗址时代从新石器晚期至商周时期。

光明农场鹅颈山遗址

位于宝安区光明农场东周乡鹅颈山第一台地上。1956年广东省博物馆文物调查时发现，1958年复查。

因水土流失严重，故分布范围不详。遗物零散暴露于地表。陶片有泥质灰陶和几何印纹陶，纹饰有曲折纹、方格纹、叶脉纹等。石器仅石镞1件。

因当地基本建设，遗址现已无存。

南联村遗址

位于龙岗区龙岗镇南联村南部一座小山坡上，机荷高速公路从遗址的西部自南向北穿过。海拔74.1米，相对高度约50米。2000年9月深圳市第二次文物普查时发现。

整个遗址保存较好，但因上部堆积较厚，杂草茂密，无法进行钻探，所以地层堆积情况不明。在调查时采集石锛1件，平面呈梯形，平顶，单面平刃，通体磨制光滑，体长6.7厘米，宽4.6厘米。

夹圳岭遗址

位于龙岗区坪山镇沙湖村委南部山地上，东、西、南三面为低山丘，山地南部是一条古河道，北部山脚下临同富公路，北距坪山河约0.7公里。海拔90.35米，相对高度约70米。遗址东西长约400米，南北宽300米，面积120000平方米。2000年深圳市第二次文物普查时发现。

遗址主要位于山地的北坡和西坡，北坡现已修整为梯田式并种满荔枝树，文化层遭到不同程度的破坏。在荔枝园内采集有大量的碎陶片及石斧、石凿、石锛、砺石等。陶片以夹砂黑陶为主，泥质灰陶较少，有少量泥质黑陶。在这些陶片中夹砂素面陶最多，泥质陶纹饰有绳纹、方格纹、米字纹、云雷纹、夔纹、叶脉纹、弦纹等。器形有罐、器座、豆等。

西坡地层保存较好，山坡上植被茂密，杂草丛生。经钻探和试掘，堆积共二层：

第一层，表土层，土色黄灰，土质松软，内含大量石块，少量炭灰。厚15－28厘米。

第二层，黄褐色土层，质地较松，内含少量炭粒、红烧土粒、石、砂粒等。厚约20－40厘米。二层下为红褐生土，含较多粗砂粒。

在西坡试掘的七条探沟内，除两条探沟没有文化遗物外，其余5条探沟都在二层内出土有夹砂黑陶片和小石凿、石环、陶纺轮等遗物。完整的遗物有：石锛1件，平面形状呈梯形，平顶，双面平刃，刃部锋利，体长6.8、宽3.5－5.2厘米。石凿2件，一件平面呈梯形，一面微鼓，刃部内凹，体长6、宽3.5－4.8厘米；另一件形体较小，制作精细，磨制光滑，平面呈梯形，平顶，单面平刃，体长2.8、宽1.5－2.4厘米。砺石1件，平面呈不规则形，四面均有竖向加工所留下的凹槽，凹槽深浅不等，大小不一。石环1件已残，横断面近似三角形，磨制较细，光滑。陶纺轮1件，夹砂灰陶，形体较小，平面呈塔形，中间细圆孔，直径2.6、厚1.5厘米。

上洞村东南遗址

位于龙岗区葵涌镇土洋上洞村的东南面沙堤上。沙堤东西长800米，南北宽60米，海拔8米。遗物分布在沙堤东部，遗址面积约400平方米。1984年5月由深圳博物馆进行考古发掘，发掘面积100平方米。2000年9月深圳市第二次文物普查时复查。

地层堆积共3层，第2层为文化层，黄灰色沙土，厚80厘米。出土大量新石器时代的夹砂粗陶片和少量几何印纹陶片及磨光石器。从出土陶片看，夹砂粗陶以灰色为多，也有红色，表面多挂黄色陶衣。几何印纹陶为灰色和红色软陶。夹砂灰陶的纹饰以粗绳纹为主，还有划纹、编织纹。可复原器物很少，可辨器型有罐、釜、钵、盆、盘、器座和炉箅等。泥质陶也以灰色为主，其次是红陶、白陶。纹饰以曲尺纹、方格纹居多，器形有罐、釜、碗、杯、豆、盘等。有细砂岩石器8件，多磨光，种类有有段石锛、石凿、砺石等，多为短身和带段石器。

因当地基本建设，遗址现已无存。

庙角山遗址

位于龙岗区葵冲镇东庙角山西坡。遗址南北长约 100 米，东西宽约 80 米，面积 8000 平方米。1984 年深圳市第一次文物普查时发现。

地层堆积不详。陶片以夹砂粗陶为主，饰绳纹、篮纹。几何印纹陶则有曲折纹、方格纹。石器有石斧、石锛和石网坠。

因当地基本建设，遗址现已无存。

水沥村遗址

位于龙岗区葵冲镇水沥村前。遗址长 50 米，宽 20 米，面积 1000 平方米。1984 年深圳市第一次文物普查时发现。

地层堆积二层：

第一层，表土层，黄色细沙，厚 80 厘米。

第二层，文化层，灰黄色沙，厚 60 厘米。出土夹砂粗陶和几何印纹陶，纹饰以绳纹、篮纹为主。未见石器。

因当地基本建设，遗址现已无存。

下沙村金沙湾遗址

该遗址位于龙岗区大鹏镇下沙村的东北部大鹏湾的金沙湾北岸，金沙大道西。有一条小河从遗址的中部由南向北穿过。该遗址属典型的沙丘遗址，保存一般，面积约 10000 平方米。2000 年 9 月深圳市第二次文物普查时发现。

经钻探和试掘，地层堆积可分作二层。

第一层，耕土层，厚 25 厘米。

第二层，红色沙土层，厚 30－50 厘米。出土有少量新石器时代遗物和明清瓷片。新石器时代遗物有陶网坠 2 件，均为泥质红陶，椭圆形。一件中间穿圆孔，完整，体长 4.5 厘米，最大直径 2.4 厘米；另一件已残，中间穿圆孔，残长 3.4 厘米。还有残石环一件，横断面呈长方形，磨制光滑，宽 1.5 厘米。陶片均为夹砂黑陶片，素面，较薄。

西冲口遗址

位于龙岗区南澳镇西冲口鱼塘附近，东边是小山丘，其上种满果树，北边是新建的一座妈祖庙，南边是西冲的入海口。海拔约 3.2 米。遗址面积约 2000 平方米。2000 年 9 月深圳市第二次文物普查时发现。

根据钻探和试掘及采集的遗物，推测原遗址的中心部分可能在现在的鱼塘附近，从鱼塘的断壁上可以看到保留有厚约 30 厘米的文化层。

西冲口遗址试掘探沟两条，堆积可分三层：

第一层，耕土层，厚 10 厘米。

第二层，扰土层，厚 10－40 厘米，出土有大量的晚期陶、瓷片。

第三层，白沙土层，厚 40－50 厘米。

遗址上采集有大量战国时期陶片及少量新石器时代遗物，高领瓷口沿、罐口沿、陶纺轮、陶网坠等。陶片以夹砂黑陶为主，泥质灰陶次之，少量泥质黑陶。纹饰以方格纹居多，另有少量米字纹、编织纹、人字纹、刻划纹。陶算为夹砂红陶，厚胎，圆饼形，已残，一面稍鼓，中间能看到 4 个圆形孔，孔径约 2 厘米，厚 1.6 厘米。双耳罐为泥质灰陶，素面、圆唇、直口，唇处有凸棱一周，颈下部饰一桥形耳。陶网坠为泥质红陶，椭圆形，中空，体长 3.2 厘米，最大径 3.9 厘米。

西冲口遗址时代从新石器时代晚期到战国时期。

第二节　商周时期遗址

深圳的商周时期遗址约 60 余处。其中，以山岗遗址为多，沙丘遗址较少；商时期遗址较少，春秋战国时期遗址较多。从遗址分布来看，主要集中于今宝安区石岩湖和南山区西丽湖一带。在这两湖地区，遗址分布不仅密集，且面积大，一般在一万平方米以上，这表明该两湖地区在青铜时代，尤其到了春秋战国时期，已是人丁兴旺，生产力和经济已发展到一定水平。

1．商时期

向南村遗址

位于南山区向南村的沙堤上。东距深圳湾 1000 米，西离南头湾 1600 米。遗址面积约 10000 平方米。1996 年深圳博物馆进行考古发掘，发掘面积 1030 平方米。

地层堆积为三层：

第一层，表土层，厚25－40厘米，由建筑垃圾和回填物构成。

第二层，近代扰乱层，灰黑色沙土夹淤泥，内含不同历史时期的陶瓷片。厚25－80厘米。

第三层为文化层，灰黑色沙土夹淤泥，厚80－90厘米。出土大量文化遗物，分陶片、石器和骨角器三大类。陶片数量很多，约40000余片，均属灰陶系，夹砂陶占85％。纹饰以绳纹为主，还有曲折纹、方格纹、叶脉纹和云雷纹等。器类有釜、罐、尊、钵、盆、盘、圈足盘、器座、纺轮和网坠等。较为突出的特征是大部分器物口沿和圈足均呈瓦棱状，有几道凹槽。

出土石器64件，石料有石英岩、砂岩和花岗岩，器类有锛、戈、镞、环、网坠、杵等，磨制精良的有肩有段石锛是这时期的典型石器。

骨器12件，其中骨镞1件，角锥2件，其它为饰件。

向南村遗址是深圳地区出土文物较丰富的遗址之一，也是珠江三角洲地区商时期较重要的遗址之一。

长源村麻坑窝遗址

位于南山区西丽长源居委会西面的小山丘上，山丘海拔50米。东距长源居委会560米，北距长岭陂水库402.5米，南距大沙河52.5米，西到上面光村的直线距离为612.5米。遗物与遗迹分布在该山丘海拔40米的东南坡和西坡上。遗址分A、B、C三个区，总面积约30000平方米。1999年深圳市第二次文物普查时发现。

除A区栽种少量荔枝外，其余两区地表无植物。地表土壤为花岗岩风化而形成的红黄色砂质土，内含细小石英颗粒。由于雨水的冲刷，部分古代遗物直接裸露。

该遗址A区面积约18000平方米。发现商时期的陶片和石锛。陶片分泥质黄陶和泥质灰黑陶两种。纹饰有方格纹、叶脉纹、弦纹、网纹等。器形主要是罐。石器有石锛、石斧两种。

B区面积约9000平方米、C区面积约1800平方米。发现有商时期的陶片、陶器及磨石。陶片分夹砂陶和泥质陶两类。纹饰主要是叶脉纹。

上面光村东山遗址

位于南山区西丽福光居委会上面光村东山。该山为小山丘，海拔57.19米。大沙河从遗址东蜿蜒绕过南部向西流去。遗址西距福光居委会122.5米，东北距屋背岭遗址 227.5 米。遗物分布在山顶及半山坡上。遗址长 110 米，宽 90 米，总面积约 9900 平方米。1999 年深圳市第二次文物普查时发现。

该遗址地表土是花岗岩风化后形成的红黄色砂质土。遗物主要是陶片和石器。陶片有泥质陶和夹砂陶两种。器形大多为罐、豆、杯。纹饰为叶脉纹和曲尺纹。石器有磨石、石锛、石饼和石环。还发现有宋代青瓷片，其中有一件较完整的宋代瓷碗。

遗址的时代主要是商时期。该遗址面积大，破坏较轻。

福光村屋背岭遗址

位于南山区西丽福光居委会福光村后。山体呈马鞍形，海拔约 61 米。遗址西邻上面光村，南面和东南有大沙河流过，北面遥望长岭陂水库。遗址的分布范围从海拔 38 米直至山顶。遗址长 300 米，宽 130 米，总面积达 40000 平方米。1999 年深圳市第二次文物普查时发现。

山坡上栽种少量荔枝树，地表土壤为花岗岩风化的含石英颗粒的红黄色沙土。由于雨水冲刷，或人工翻土，部分遗物露出地表。遗物主要是陶片和石器两大类。陶片分泥质陶和夹砂陶两种，以泥质为主，夹砂次之。器形主要是罐。纹饰主要是方格纹、水波纹、回形纹、方格纹加菱形纹以及变形夔纹等。石器有 3 件石锛和 2 块磨石。石锛很小，青灰色，水成岩质，长 2.8 厘米，上宽 0.75 厘米，下宽 0.9 厘米，单面刃，磨制精细，刃部锋利。

该遗址的时代以商时期为主。

福光村麦地巷西山遗址

位于南山区西丽福光居委会南侧。遗址分布在一座呈馒头状的小山丘上。海拔 57.99 米。大沙河从山的西北方向流过。东北为小铁路。文化遗迹与遗物集中分布在海拔 35 米至 57.99 米之间的山西坡上。遗址长 220 米，宽 100 米，总面积 2 万平方米。1999 年深圳市第二次文物普查时发现。

近来在西坡及山顶种植荔枝。地表土为红黄色沙土。采集的遗物不多，仅有数块陶片，均为泥质陶，器形不明。纹饰为斜方格纹。

杨屋村后山遗址

位于南山西丽福光杨屋村村后的一座馒头形小山丘上。大沙河从山丘南部流过。海拔 57.73 米。文化遗物与遗迹分布于海拔 45 米以上的山体上。遗址长 150

米，宽 110 米，总面积 13000 平方米。1999 年深圳市第二次文物普查时发现。

山体西坡 44 米以下已被推平，盖建工厂。山体南坡下为杨屋村。山的北坡种蔬菜，其余为新栽的荔枝树。地表主要是花岗岩石风化后形成的红黄色沙土。部分文化遗物露出地表。遗物有陶片和石器。陶片主要是泥质陶，有灰陶和黄陶两种。前者多饰叶脉纹、曲尺纹，后者饰漩涡纹。器形多为罐。石器有石镞 1件，呈方柱形，三棱体，铤长 2 厘米，体长 2.2 厘米，尖部稍残，通身磨制精细。石环 1 件，磨制较粗糙，仅存 1/4。

大梅沙村遗址

位于盐田区大梅沙村北梅沙小学西侧的山前台地上。因区别于 1980 年在海边发现的大梅沙遗址而称"大梅沙村遗址"。两遗址相距约 500 米，前者在南，后者在北，均为沙丘遗址。遗址东西长约 180 米，南北宽约 60 米，总面积约10000 平方米。2000 年 9 月深圳市第二次文物普查时发现。2001 年春，为配合人工湖的建设，对该遗址进行了抢救性发掘。

该遗址地层情况如下：

第一层，表土层，为深灰色沙土。

第二层，清代文化层，浅灰色，土质松软，含少量青花瓷片。

第三层，宋代文化层，灰褐土，土质较硬，含三彩瓷片。

第四层，商周时期文化层，黄褐土，土质较松，含少量商周时期夹砂陶片。

出土遗物为陶器和石器。陶片有泥质、夹砂两种，以夹砂陶为主，胎质粗糙酥脆。陶色有褐胎红陶、红衣陶，灰陶、黑皮灰陶及黑褐陶等。纹饰以绳纹为主，其他有素面、划纹、叶脉纹、弦纹，回纹等。器形可见釜、盖，还有少量器物圈足、口沿、器底残片等。

发现和发掘商时期和春秋时期的墓葬 18 座。

该遗址为商周时期。

信宜村遗址

位于宝安区石岩镇信宜村西北石岩湖南侧山岗。遗址东西长约 250 米，南北宽约 210 米，面积 50000 多平方米。2000 年深圳市第二次文物普查发现。

采集到磨制石器 6 件，泥质印纹硬陶片 135 片，素面夹砂陶 6 片。纹饰以方格纹、菱形纹、夔纹、复合纹饰较多。可辨器形有豆，罐等。

对该遗址进行了试掘，地层分为三层：

第一层，耕土层，厚 10 - 15 厘米。

第二层，商时期文化层，红褐色沙质土，含小石英颗粒，厚 20 - 30 厘米。出土陶片 158 片，其中夹砂陶 114 片，泥质陶 44 片。夹砂以素面的灰、黑陶为主，泥制以灰、灰褐陶为多。纹饰有方格纹和菱形纹。夹砂陶火候低，且易碎。陶片可辨器形者少，仅有罐等。出土磨制石器 3 件，均为石锛。

第三层，新石器晚期文化层，深红色沙质土，含较大石英颗粒，厚 25 - 37 厘米。出土陶片 110 片及磨制石器 3 件。陶色以红褐、黑色为主，素面，陶片较薄易碎，器形为罐。石器有石铲和石锛。石质为灰色石英岩，磨制较精细。

该遗址从调查和试掘的情况看，以商时期的文化遗物为主，兼有新石器晚期的文化遗物，且有地层叠压关系，堆积丰富，分布面积大，文化内涵丰富，因此具有重要价值。

2．春秋战国时期

职业技术学院遗址

位于南山区西丽职业技术学院内，东距沙河西路 70 米，北距西丽水库 420 米，西距亚太国际学校 910 米，南距沙河 297.5 米。遗址长 420 米，宽 320 米，面积达 134400 平方米。1999 年第二次文物普查时发现。

遗址面积非常大，整个校园内都可拣到陶片。通过地面调查、钻探和试掘，地层堆积可分为三层：

第一层，耕土层。土色灰黑，粗砂质。最浅处为 10 厘米，最厚处为 25 厘米，平均为 17.5 厘米。本层包含物有近现代瓷片，硬质陶片等。

第二层，灰褐色沙土层，质较疏松。最深处 30 厘米，平均深度为 20 厘米，厚 25 - 37 厘米。文化遗物主要是印纹硬陶片。陶色以灰色为主褐色次之。纹饰有方格纹、方格纹和云雷纹、方格纹和叶脉纹、夔纹、菱形纹、菱形纹和篦点纹、弦纹、圆圈纹、刻划纹、篦点纹和云雷纹。以素面为主，约占总数的 69％，其次为方格纹，约占总数的 13.46％，再次为夔纹和菱形纹，各占总数的 4.9％。器形主要是罐。此层属于春秋战国时期。

第三层，红褐色沙土层，质硬。最深处为 32 厘米，最浅处为 16 厘米，平均深度为 24 厘米。此层出土少量夹砂黑陶片和水晶石块。夹砂黑陶片较薄易碎块小，均素面。无可辨器形者。此层属于新石器时代晚期。

该遗址时代主要为春秋战国时期。面积大，保存较好，且发现了与新石器时代相叠压的地层关系，应重点保护。

茶光村叠石山遗址

位于南山区西丽茶光村南面，东临大沙河。海拔约 50 米。南北宽 100 米，东西长约 300 米，面积 30000 平方米。1987 年 4 月深圳博物馆考古工作者配合广深高速公路建设进行考古调查中发现，同年 10 月发掘。

共挖探方（沟）14 个（条），揭露面积 330 平方米。地层堆积分三层：

第一层，扰土层，浅黄色夹粗沙土，含沙量较多，厚 28 - 48 厘米。内有近现代陶瓷片以及少量夔纹陶片。

第二层，黄褐色黏土，含沙量较少，厚 15 - 36 厘米。文化遗物大部分出自此层。

第三层，浅黄褐色黏土，厚 12 - 40 厘米。柱洞和灰坑开口于此层底部，出土陶片较少。发现建筑遗址 1 处，柱洞 49 个，直径 13 - 35 厘米之间，深 20 - 80 厘米之间，平面形状大致呈圆形。原发掘者推测为干栏式建筑。灰坑 1 个，平面略呈方形，口大底小，坑壁较整齐。口长 2.6、宽 0.9 米，底长 1.95、宽 0.34 米，灰黑色填土。

出土大量文化遗物，有陶片、石器、青铜器和铁器，尤其是 4 件铁斧意义重大，为研究广东地区早期铁器的使用和来源等问题，提供了珍贵的实物资料。陶片 8000 多片，以泥质硬灰陶为主，占 92.77%，泥制红陶次之，夹砂陶和釉陶极少。纹饰有方格纹、夔纹、回字纹、菱形纹、重圈纹、云雷纹、米字纹、篦点纹、弦纹、指甲纹等。陶器口沿及圈足内常见简单刻划符号。种类有罐、瓮、尊、盒、碗、豆、簋、壶、钵、鼎、器座等。石器 5 件，均为磨制。种类有石锛等。青铜器 2 件，种类有镭等。

叠石山遗址碳 14 测年数据为距今 2250±110 年（经树轮校正）。

九祥岭遗址

位于南山区西丽小学背后山岗上，东临大沙河。面积 13000 平方米。海拔约 60 米。1989 年深圳大学英籍专家谭世安先生及其助手鞠顺祥先生发现，并采集了 25 件陶豆和大量的几何印纹硬陶片。1990 年深圳博物馆复查。

该遗址的陶片纹饰主要为夔纹和方格纹、水波纹和重圈纹、菱形纹和重圈纹等纹饰。器形仅见罐、豆，其中豆有 30 余件。石器种类为小型的石锛、凿和玉环。

遗址为春秋时期。因修公路和当地基本建设，现已基本无存。

东湖公园松亭山遗址

位于罗湖区东湖公园松亭山。1958 年修建的深圳水库大坝以南，沙湾河从遗址所在的山岗东面 60 米处由北向南流过。遗址分布于海拔 12 - 20 米的山岗西坡。南北长 130 米，东西宽 30 米，总面积 3900 平方米。2000 年深圳市第二次文物普查时发现。

经试掘，地层可分为二层：

第一层，表土层，黄褐色泥土，含颗粒较大的砂石，厚 20 - 30 厘米。

第二层为文化层，黄色砂石泥土层，厚 40 - 50 厘米。出土遗物有陶片和石器。石器 2 件，使用痕迹不明显，可能为磨石。陶片分泥质陶和夹砂陶。泥质陶质较硬，饰拍印的粗麻布纹、方格纹、云雷纹、夔纹、回纹、篦点纹以及划纹（凹弦纹）。夹砂陶为素面。另有少量的铅釉陶片。器形有罐、盆、豆、簋等。

遗址时代为春秋战国时期。分布范围较大，内涵丰富。除 1984 年因山顶修建沉香阁使遗址部分遭破坏外，整体上保存情况良好。该遗址作为目前罗湖区所发现的第一个古代文化遗址，具有一定的学术价值和保存价值。

大梅沙遗址 2 区

位于盐田区大梅沙海边沙堤上。东南临大鹏湾，余皆环山，北面有一条山涧溪水流经沙滩入海。海滩有两级沙堤，遗址位于第二级沙堤。1982 年深圳市第一次文物普查时发现。1993 年深圳博物馆进行考古发掘，发掘面积共 2405 平方米。

遗址 2 区为春秋时期遗址，并发现 10 座春秋时期墓葬。地层堆积有二层：

第一层，表土层，灰黑色沙土，厚 35 - 55 厘米。无遗物。

第二层为文化层，厚约 50 厘米。此层根据土色又分二小层：上层白色沙土，下层灰褐色沙土。二层下为棕红色含浮石沙土层。

1983 年 5 月，深圳市人民政府公布该遗址为市级文物保护单位。

白花村碗窑水库遗址

位于宝安区白花村碗窑水库东北山岗。面积 5000 平方米。2000 年深圳市第二次文物普查时发现。

山岗现植相思树、荔枝树及菠萝等。该遗址未经试掘，其地层堆积情况不明。通过地面调查采集到较少量泥质印纹灰陶片及磨制石器等。陶片纹饰有绳纹、方格纹、叶脉纹等。无可辨器形者。

其时代属春秋时期。

白花村诚光砖厂遗址

位于宝安区白花村诚光砖厂东南山岗。遗址长约 80 米，宽约 65 米，总面积近 5000 平方米。2000 年深圳市第二次文物普查时发现。

采集到大量的泥质印纹硬陶，陶色为灰、灰褐两种。纹饰主要有方格纹、夔纹、复合纹等。可辨器形有豆、罐等。

该遗址时代属春秋战国时期。

更鼓岭村三角山遗址

位于宝安区铁岗水库更鼓岭村西南面 600 米处的三角山上，铁岗河上游三合水从山东坡流过。面积 2400 平方米。1956 年广东省博物馆文物调查时发现。1984 年深圳市第一次文物普查时复查。2000 年深圳市第二次文物普查时再次复查。

遗物主要有陶片和石器。陶片以灰色、红色硬陶片占大多数，还有泥质灰陶、红陶、夹砂粗黑陶、粗红陶，火候很高，器壁较厚，一般有 8－10 厘米，有的竟达 15 厘米，为轮制和模制，有的器表施一层微微发光的淡黄色陶衣。纹饰多几何印纹，以夔纹、雷纹、方格纹和乳钉纹为多，少量重圈纹、水波纹、篦纹、划纹。器形以敞口及圈足底为多，敛口平底较少，大多数在底部有各种刻划记号。可辨器形有豆 10 件、器座 1 件。石器 4 件，其中梯形石锛 3 件，有 1 件有中脊，较为特殊，还有长条形石锛 1 件。

该遗址属春秋时期。现已被铁岗水库淹没。

更鼓岭村槁寮山遗址

位于宝安区铁岗水库更鼓岭村东面的槁寮山北坡，遗址西面为更鼓岭村。面积 1200 平方米。1956 年广东省博物馆文物调查时发现。1984 年深圳市第一次文物普查时复查。2000 年深圳市第二次文物普查时再次复查。

地表为红褐色风化土。遗物主要出土于山北坡。全为几何印纹灰硬陶，纹饰以夔纹、雷纹为多，还有篦纹、方格纹、重圈纹。可辨器形有方格纹灰硬陶豆 1 件（其底部有刻划记号）、罐口沿 2 件。石器有砺石 1 件、扁平残石环 1 件。

该遗址属春秋时期。现已被淹没于铁岗水库。

黄麒麟山遗址

位于宝安区铁岗水库三合水西北岸 250 米处的黄麒麟山上，南距铁岗村 500米。遗址高出河面约 25 米。遗址南北长约 200 米，东西宽约 100 米，面积 20000平方米。1956 年广东省博物馆文物调查时发现。1984 年深圳市第一次文物普查时复查。2000 年深圳市第二次文物普查时再次复查。

遗物多在山顶部及东坡暴露，有灰陶、灰硬陶、夹砂粗灰陶、彩陶四种。以几何印纹灰硬陶占大多数。纹饰以夔纹、雷纹、方格纹为多，还有夔纹、雷纹、方格纹的组合纹以及少量的重圈纹、篦纹。可辨器形有豆、罐。有石器 2 件。

该遗址属春秋时期。现已被铁岗水库淹没。

江雀薮村死妹山遗址

位于宝安区铁岗水库西面 500 米处的死妹山上。其东为三合水，另三面环山。遗址高出三合水河面约 20 米。面积 12000 平方米。1956 年广东省博物馆文物调查时发现。1984 年深圳市第一次文物普查时复查。2000 年深圳市第二次文物普查时再次复查。

遗物与三角山遗址相类似，绝大部分为几何印纹灰硬陶，有少量夹砂粗红陶。纹饰以雷纹、方格纹、夔纹为多，还有少量双圈纹、篦纹、水波纹。可辨器形有双耳罐 1 件，浅腹，表面布满方格纹，底部有刻划印记；罐 1 件，灰色硬陶，腹的上部有两圈划纹及篦纹，附耳中各有仿青铜器物的乳钉 4 枚，其上有黯淡黄色且发光的陶衣。另有残石器 2 件。

该遗址属春秋时期。现已被铁岗水库淹没。

南下山遗址

位于宝安区铁岗水库西北面 600 米处的南下山上，三合水流经遗址南面。遗址高出河面 25 米。遗址南北约长 100 米，东西宽 50 米，面积 5000 平方米。1956年广东省博物馆文物调查时发现。1984 年深圳市第一次文物普查时复查。2000年深圳市第二次文物普查时再次复查。

遗物多在山岗中部暴露，有灰陶、红陶、灰硬陶、夹砂粗黑陶等，几何印纹灰硬陶占大多数。纹饰以米字纹为多，还有方格纹、水波纹等。器形可辨者有罐。石器有打制的石镞 1 件、残石片 1 件。

该遗址属战国时期。现已被铁岗水库淹没。

凤凰村林山遗址

位于宝安区福永镇凤凰村林山北部山岗南坡。遗址东西长 130 米，南北宽 80 米，总面积约 10400 平方米。2000 年深圳市第二次文物普查时发现。

采集到较多的泥质印纹陶片，均为灰陶。纹饰主要有方格纹、菱格纹及夔纹等。另外发现磨制石器 1 件，陶纺轮 1 件。

该遗址为春秋战国时期。

黎光村遗址

位于宝安区石岩镇黎光村南羊台山下山岗荔枝园内。遗址区地势平缓，背山面水，东西长约 110 米，宽约 45 米，面积 5000 平方米。2000 年深圳市第二次文物普查时发现。

采集到带肩石斧、石凿、石锛等磨制石器各 1 件及一些泥质印纹硬陶片。

该遗址属春秋时期，堆积厚，分布较广，且保存情况较好。

麻布村木炭山遗址

位于宝安区石岩镇麻布村木炭山荔枝园内。遗址东西长约 40 米，南北宽约 25 米，面积约 1000 平方米。2000 年深圳市第二次文物普查时发现。

采集到泥质绳纹灰陶数片及石镞 1 件。

该遗址属于春秋时期。

径贝老村猪场遗址

位于宝安区石岩镇上屋径贝老村东，石岩河北岸。遗址长 140 米，宽约 130 米，总面积约 20000 平方米。2000 年深圳市第二次文物普查时发现。

采集到较多的泥质印纹硬陶片，陶色分灰、灰褐两种。以素面为多，纹饰中以复合纹饰为主，另有方格纹、夔纹等。可辨器形有罐等。

该遗址属于春秋战国时期，堆积较厚，分布面积广，且保存状况较好。

径贝老村后山岗遗址

位于宝安区石岩镇上屋径贝老村后山岗荔枝林内。遗址长 150 米，宽 90 米，面积 13500 平方米。2000 年深圳市第二次文物普查时发现。

采集到大量泥质印纹硬陶片及磨制石器、玉环等。陶色以灰、灰褐为主，纹饰有方格纹、漩涡纹、夔纹、复合纹等。可辨器形的有罐等。

该遗址属春秋战国时期，分布面积大，保存较好，文化遗物丰富。

径贝老村麻布果场遗址

位于宝安区石岩镇上屋径贝老村麻布果场内。遗址东西长 180 米，南北宽 110 米，总面积约 20000 平方米。2000 年深圳市第二次文物普查时发现。

遗址区现为荔枝园，由于未经试掘，故地层堆积情况不明。遗物多见于路边，因雨水冲刷而裸露地表。采集到较多的泥质灰褐陶片。纹饰以方格纹、夔纹、复合纹饰为主。可辨器形有陶罐等。

该遗址属春秋战国时期。分布面积大，破坏不太严重。

石岩供水公司遗址

位于宝安区石岩镇石岩供水公司西北山岗荔枝园内。遗址面积约 2000 平方米。2000 年深圳市第二次文物普查时发现。

采集到一些泥质灰色、灰褐色印纹硬陶片。纹饰有方格纹、夔纹等。

该遗址属春秋战国时期。因植树修梯田，破坏比较严重。

黄麻埔村遗址

位于宝安区龙华镇大浪黄麻埔村东边高山岗西坡和北坡。遗址长 80 米，宽 40 米，总面积约 3200 平方米。2000 年深圳市第二次文物普查时发现。

采集到较多泥质印纹硬陶片，主要是灰陶。纹饰有方格纹、夔纹、复合纹饰等。可辨器形者有罐、壶等。

该遗址属春秋战国时期。

东庵村追树岭遗址

位于宝安区观澜镇东庵村南约 800 米处的追树岭北坡上。面积 5000 平方米。1984 年 7 月深圳市第一次文物普查时发现。2000 年 6 月深圳市第二次文物普查时复查。

遗物暴露于地表上。种类有陶片、石器和青铜器。陶片有素面夹砂粗陶片、几何印纹软陶和几何印纹硬陶。几何印纹软陶较少，纹饰以曲折纹、方格纹、篮纹为多，也有圆圈纹和云雷纹。几何印纹硬陶相当丰富，纹饰有夔纹、雷纹、方格纹、篦点纹及组合纹。器物有组合纹敞口、尖唇、圜底罐 3 件，夔纹、方格纹陶罐 2 件，素面硬陶豆 1 件。石器 25 件，有锛 7 件、斧 3 件、凿 2 件、铲 2 件、镞 4 件、穿孔石器 1 件、砺石 6 件。青铜器为人面纹青铜短剑 1 件。

该遗址主要属春秋时期，并含有少量新石器时代文化遗物。

因修公路，该遗址所在山岗已被推平，现已无存。

福民村西山岗遗址

位于宝安区观澜镇福民村西山岗东坡。遗址长 80 米，宽 15 米，总面积 1200 平方米。2000 年深圳市第二次文物普查时发现。

采集到灰色泥质素面、绳纹陶以及南朝时期瓷碗、豆、器耳、口沿及大量青绿釉瓷片等。

该遗址为春秋及南朝时期。

白花果场遗址

位于宝安区光明林果场南的白花果厂内山岗。遗址长约 200 米，宽约 100 米，总面积约 20000 平方米。2000 年深圳市第二次文物普查时发现。

采集到较多的夹砂素面红褐陶及泥质印纹硬陶，陶色分灰、灰褐、红褐三种。纹饰有方格纹、夔纹、复合纹等。还发现磨制石器 2 件。此外，地面还裸露大量的东晋青瓷、明清青花瓷及瓦片、陶片等。

该遗址时代主要属于春秋战国时期。

鲤鱼塘村遗址

位于龙岗区布吉镇上李朗村鲤鱼塘自然村的东部山岗上。山顶平坦开阔，其南部、北部为一条古河道，现已干涸，东距甘坑水库约 400 米，北临布澜公路。海拔 60 米，相对高度 20 米。遗址东西长 450 米，南北宽 200 米，面积约 90000 平方米。2000 年深圳市第二次文物普查时发现。

文化层一部分已遭到破坏，从一些断壁上可以看到文化层土色黄褐，质地松软，内含有炭粒、烧土粒、草灰、砂粒、碎陶片等，堆积厚度约 35 厘米。由于雨水的冲刷、耕种等原因，遗物多暴露于地表，随处可见。采集有大量的陶片，以泥质灰陶为主，质地坚硬，结构紧密。还有少量泥质白陶、泥质深灰陶、泥质红陶。可辨器形者有罐。纹饰有夔纹、方格纹、回字纹、双圈纹等。

时代应为春秋战国时期。

甘坑果场场部东遗址

位于龙岗区平湖镇甘坑果场场部东边的一个山丘西坡上。西距甘坑果场场部约 400 米，为一南北向条状山丘，海拔 80－90 米。遗址所处的西坡已被开垦成梯田，并种植果树。遗址的范围东到山丘顶，西至坡底，南至已开辟的果园边，北至山丘与果场公路相汇处。南北长 500 米，东西宽 150 米，面积约 7.5 万平方米。2000 年深圳市第二次文物普查时发现。

文化层厚约 1 米左右，内涵丰富。遗址上散布着大量的春秋战国时期的夔纹、方格纹、泥质灰陶片。器形有瓮、罐等的口沿残片。在遗址的中部开 2×5 米的探沟 1 条，地层堆积分作三层：

第一层，耕土层，土色黄花，土质松软，内含有少量石英粒，炭粒，黄土等。厚 20－50 厘米。

第二层，战国文化层，土色为灰土夹杂有黄褐土，土质较松，厚 25－55 厘米。内含有较多的泥质灰陶片。器形有罐、瓮。纹饰有夔纹、方格纹、弦纹、刻划纹等。

第三层为春秋战国层，土色黄褐，土质稍硬，结构紧密，厚 25－45 厘米。包含物大体同上层。出土大量的泥质灰陶片。出土遗物如下：

高领罐 1 件。泥质褐陶，圆唇、高直领、弧肩、鼓腹（下残）。颈下部饰一周戳印纹，肩部及上腹部饰夔纹，下腹饰斜方格纹。厚胎。径 16.5 厘米，残高 6 厘米。

盘口罐 3 件。泥质灰陶。敞口、宽沿。沿面内凹，圆唇外翻。沿下饰成组竖向浅凹弦纹，弦纹下部饰斜方格纹（下残）。沿内壁刻有波浪式浅凹槽。残高 7.9 厘米。

罐 2 件。泥质灰陶。宽折沿，唇部已残，鼓腹下残。口沿下部饰方格纹，颈下部饰多道细凹弦纹，弦纹上部又饰成组竖浅凹弦纹，肩饰夔纹。残高 6 厘米。

豆 1 件，绿釉色，敞口、圆唇、折腹，盘较深（下残）。口径 12 厘米，残高 3 厘米。

该遗址时代为春秋战国时期，保存情况尚好。

甘坑果场场部北遗址

位于龙岗区平湖镇甘坑果场场部以北山丘的西南坡上，海拔高度 90－100 米。该遗址紧靠甘坑果场场部，遗址所处的缓坡上已被开垦为梯田式果园，南部山坡下是一条东西向通往甘坑采石场的砂石公路，公路以南稍远处为甘坑水库。遗址东西长 300 米，南北宽 100 米，面积约 3 万平方米。2000 年深圳市第二次文物普查时发现。

文化层厚约 40 厘米，包含物丰富，高处保存较好，低处保存稍差。文化遗物多暴露于地表和一些断壁上。采集到大量的泥质灰陶片，纹饰有夔纹、方格纹、戳印纹等。可辨器形者有罐和器座。在遗址的中部山坡下开 1×2 米探沟 1 条（编号 T1）；在近山脊处开 1×2 米探沟一条（编号 T2）。

T1 堆积分两层：

第一层，表土层，黄褐色土，土质松软，自北向南呈斜坡状堆积。厚 20－40 厘米。无包含物。

第二层为淤土层，土色灰褐，质地细腻，自北向南呈坡状堆积。厚约 20 厘米。仅出一陶片。

二层下露出红褐色生土，土质较硬。

T2 堆积分两层：

第一层，表土层，灰花土，质地松软。厚 0－30 厘米。

第二层，战国文化层，土色灰褐，土质松软，堆积平坦。厚 30－40 厘米。出土大量陶片，均为残片，以泥质灰陶为主。纹饰有方格纹、夔纹、弦纹等。

遗址年代为春秋战国时期。面积较大，文化层较厚，包含物较多，保存较好。

爱联村蒲芦陂遗址

位于龙岗区龙岗镇爱联村南部一座独立的山上。北部为蒲芦陂水库，现已干涸，并开发成工业区。南部为较高山地，山地上植被茂密，野草丛生。西部、东部为干涸河滩。山岗海拔 43 米，相对高度约 15 米。遗址南北长 200 米，东西宽 80 米，面积约 16000 平方米。2000 年深圳市第二次文物普查时发现。

采集有少量泥质灰陶片，陶胎较厚，纹饰有米字纹、方格纹。

该遗址的时代应为战国时期。保存较好。

新香村金鱼岭遗址

位于龙岗区坪地镇六联村新香自然村的东部长条形台地上，西临龙岗河上游支流黄沙河。东部有一水塘，水塘以东为惠盐高速公路。台地上种果树，杂草丛生，土质为颗粒较粗的黄沙土。遗址南北长约 80 米，东西宽 50 米，面积约为

4000 平方米。1984 年深圳市第一次文物普查时发现，2000 年深圳市第二次文物普查时复查。

地表陶片较少。采集有少量方格纹、米字纹陶片。

该遗址时代为战国时期。保存较好。

冲街村遗址

位于龙岗区南澳镇东冲的冲街村海滩边。东临大海，西边是大湾仔，南边和北边全为山岗，山岗上种植果树。属典型的沙丘遗址。面积约 600 平方米。2000 年深圳市第二次文物普查时发现。

陶片和瓷片暴露在沙滩表面上。采集有战国时期泥质灰陶片、米字纹陶片及明清时期瓷片。器形有碗、盘等。

遗址时代为战国及明清时期。延续时间较长，保存较好。

第三节　唐至明清时期遗址

深圳目前没有发现具有可靠地层的唐宋时期遗址，仅在明清时期的遗址中捡到少量唐宋时期的陶瓷片，因而其文化面貌及内涵不详。明清时期的遗址虽较多，但均未经正式发掘。

罗租小学遗址

位于宝安区石岩镇罗租公园西侧。遗址长约 100 米，宽约 50 米，总面积约 5000 平方米。2000 年深圳市第二次文物普查发现。

遗址堆积较薄，在调查中采集到少量汉唐时期硬陶片及明清青花瓷片等。

石龙仔新围遗址

位于宝安区石岩镇水田村石龙仔新围柿树园内。遗址长约 200 米，宽约 100 米，总面积约 20000 平方米。2000 年深圳市第二次文物普查时发现。

其地表及断面上都有比较丰富的遗物堆积。瓷片有青瓷（釉面开冰裂纹）及明清青花瓷等。可辨器形有碗。陶片为泥质素面。另发现铜钱等。

遗址时代为明清时期。

浪口村遗址

位于宝安区龙华镇浪口村东北。遗址东西长约 100 米，宽约 50 米，总面积约 5000 平方米。2000 年深圳市第二次文物普查时发现。

该遗址分两层：

第一层，耕土层，灰褐色土，厚 13-26 厘米，包含砂粒，炭粒等。

第二层，红色沙土，厚 8-60 厘米，出土物有灰褐陶片、青花瓷片和铜钱 1 枚。

遗址时代为明清时期。

白花村遗址

位于宝安区光明街道办事处白花村新围。遗址长约 40 米，宽约 20 米，总面积约 800 平方米。2000 年深圳市第二次文物普查时发现。

该遗址虽未经发掘，但从其断面上观察可分三层：

第一层，黄褐沙土，厚 60 厘米，包含瓦片及植物根系。

第二层，灰褐沙土，厚 40 厘米，包含物有青瓷、白瓷片等。

第三层，红褐色沙土，厚 40 厘米，包含物为红色粗质瓦片等。

根据遗物特征分析，遗址时代应为唐宋至明清时期。

上李郎村遗址

位于龙岗区布吉镇上李郎村东部的山岗上。海拔高度约 45 米。遗址平面形状呈椭圆形，南北长约 60 米，东西宽约 40 米，面积约 2400 平方米。2000 年深圳市第二次文物普查时发现。

现已被开垦为菜园。文化层保存厚度约为 30 厘米，土色黄灰，土质较坚硬。采集到泥质灰陶片、白瓷片等。可辨器形者有白瓷碗、敛口罐等。

遗址时代为宋代。

牛始埔村西南岩岗遗址

位于龙岗区横岗镇牛始埔村西南部的一条古河道南岸的高岗上，距河床底部约 6-20 米，距北部深惠公路约 200 米，东临六约工业区。现该岗全被开垦为梯田。遗址东西长约 30 米，南北约 50 米，面积约 1500 平方米。2000 年深圳市第二次文物普查时发现。

文化遗物多暴露于地表和梯田的断壁上。采集到大量瓷片，少量陶片。器形有罐、碗、盘、陶支架等。瓷罐 1 件，小口高领，圆唇外翻，平底，鼓腰。上腹部饰酱釉。口径 6.2、底径 7.8、高 11.5 厘米。陶支架 1 件，圆柱形，上部有半圆形凹槽。

遗址时代为宋代。

牛眼岭村遗址

位于龙岗区坪地镇四方铺村牛眼岭自然村西南河岸台地上，其西部和北部为乡间小路，南临山丘。南北长约 50 米，东西宽约 30 米，面积约 1500 平方米。2000 年深圳市第二次文物普查时发现。

从断崖上可以看到文化层的堆积厚度约 70 厘米。地表瓷片较多，陶片少量。瓷片以青花为主，采集的陶、瓷片均为碎片，无法辨出器形。

该遗址的时代为明、清时期。遗址上有房屋建筑，遗址中心部位已被推去，保存极差。

西坑村遗址

位于龙岗区坑梓镇老坑村西坑自然村的西边山岗上。海拔 50 米。遗址四面环山，山势不高，均有斜坡，山坡上种植果树。山北边为一片菜地，山间有一条新辟的东西向道路。面积约 50000 平方米。2000 年深圳市第二次文物普查时发现。

遗址地表暴露出许多陶、瓷片。瓷片以青花瓷为主，器形有碗、盘、钵等。遗址时代为明、清时期。

大万村遗址

位于龙岗区坪山镇大万村西部台地上。海拔 42 米，相对高度约 20 米。遗址西部为坪山河，北临深龙公路，整个遗址坐落于河岸前的二级台地之上。遗址东西长约 400 米，南北宽约 300 米，面积约 120000 平方米。2000 年深圳市第二次文物普查时发现。

遗址上散落有质地坚硬的白瓷片、青花瓷片等。可辨器形者有小口罐、青花瓷碗等。

遗址时代为宋—清代。

白石岗村遗址

位于龙岗区葵涌镇白石岗村的东北部。海拔约 40 米。遗址的北部为一条已干涸的河道，河道以北为大片沼泽地，南部为山地。遗址长约 300 米，宽约 100

米，面积约 30000 平方米。2000 年深圳市第二次文物普查时发现。

遗址现为农田，南部一部分被现在村庄占用。经钻探，可分为两层：

第一层为表土层，土色黄褐，质地疏松，厚约 25 厘米。内含较多碎瓷片、石等。

第二层为文化层，土色浅灰，土质松软，厚约 20－30 厘米。内含有少量炭粒、草灰、红烧土粒等。

在地表采集到较多的瓷片，以白瓷为主，器形有碗、罐、盘等。

遗址时代为唐—清代。

新村岭村遗址

位于龙岗区葵涌镇新村岭村南部的小山丘上。海拔约 70 米。文化层堆积主要在山丘的南部，现在村庄的西北部。2000 年深圳市第二次文物普查时发现。

采集到质地坚硬的泥质白陶片、瓷片、釉陶片。可辨器形者有碗、大口罐、小口罐、瓮等。

遗址时代为清代。

龙歧村遗址

位于龙岗区大鹏镇龙歧村东南部的大亚湾西海岸的冲积沙丘，南面有一条小溪由西向东入海，遗址紧靠一小山丘。东西约 200 米，南北约 80 米，面积约 16000 平方米。2000 年深圳市第二次文物普查时发现。

遗址主要部分被民房所压。经考古钻探，文化层厚约 30－50 厘米。地面散布有夹砂陶片、瓷片等。器形有刻槽盆、瓶、罐、碗。

遗址时代为宋元时期。

水贝村遗址

位于龙岗区大鹏镇水贝村东北。海拔约 20 米。遗址西南有一条小河自西南向东流过，北部为山岗，遗址位于山前坡地上。东西长约 100 米，南北宽约 80 米，面积约 8000 平方米。2000 年深圳市第二次文物普查时发现。

文化层厚约 40 厘米。地表散落有泥质灰陶片、釉陶片、青瓷片、白瓷片等。可辨器形者有青花瓷碗、釉陶壶、大口罐等。

遗址时代为唐、宋时期并延续至清代。

较场尾村遗址

位于龙岗区大鹏镇较场尾村西北台地上，该台地属于大亚湾西北海岸的一级台地。遗址西北是一座小山丘，北部有一小溪。遗址东西长约110米，南北宽约80米，面积约8800平方米。2000年深圳市第二次文物普查时发现。

通过考古钻探可知遗址文化层厚度约为40厘米。地表散落较多的陶、瓷片。陶片有泥质红陶、灰陶。可辨器形者有青花瓷碗、酱釉罐、绿釉盘、碗。另外还发现圆形石饼1件，用途不详。

遗址时代主要为清代，少量遗物属宋代。

吓村遗址

位于龙岗区南澳镇南农村吓村东边偏北的山岗上。海拔约41米。遗址东、北、西三面环山，山势不高，有斜坡，南临大海。山岗上种植有农作物、果树等。面积约1500平方米。2000年深圳市第二次文物普查时发现。

遗物多暴露于地表，采集有少量的陶器和较多的瓷片。器形有碗、盘等。其中有新石器时代陶网坠1件，泥质褐陶，椭圆形，中空，半残，长3.3厘米。

遗址虽有新石器时代遗物，但主要为明清时期。

新大村七娘山遗址

位于龙岗区南澳镇新大村七娘山下。北边靠山，东边和南边为果园，西部有一条公路，地势较平，略倾斜。遗址的植被较好，有许多茂盛老树。面积约5000平方米。2000年深圳市第二次文物普查时发现。

采集较多的为青花瓷片，器形有碗、盘、罐等。其中明代青花瓷碗为敞口、圆唇、浅斜腹、矮圈足。底部稍厚，外壁绘牵牛菊花纹，青花呈色浅淡。口径13、底径7.6、高4.4厘米。清代青花瓷碗为敞口、圆唇。底部有乳突，外壁绘草叶纹。口径13、底径6.4、高6厘米。

遗址时代为明清时期。

水头沙村遗址

位于龙岗区南澳镇水头沙村内。遗址西依山，东南临海。面积约3000平方米。2000年深圳市第二次文物普查时发现。

遗址表面有许多瓷片，可辨器形者有碗、罐等。

遗址时代为清代。

高岭村遗址

位于龙岗区南澳镇东农村高岭村的山岗上。海拔约 211.7 米。遗址四面环山，山岗上种植果树，有泉水从山上流出。面积约 2000 平方米。2000 年深圳市第二次文物普查时发现。

目前此山岗还保留有以前人们曾居住过的房子。地表暴露有较多的清代瓷片，采集有瓷碗、盘等。其中可复原的青花瓷碗 1 件，敞口，圆唇外卷，浅斜腹。外壁绘双喜菊花纹，内壁素面。碗底部刻有"渭"字。口径 14.8、底径 7、高 7 厘米。

遗址时代为清代晚期。

第三章 古窑址与窖藏

深圳发现的古窑址较少。种类有陶窑、瓷窑和砖瓦窑。早在新石器时代的一些遗址中发现了类似陶窑的遗迹，如大梅沙村遗址的新石器时代地层中发现的红烧土坑，有专家认为是早期陶窑。但由于这一时期相关的考古资料较少，缺乏可比性，因而尚难定论。目前深圳发现的古窑址的时代主要集中在战国到宋代之间，窑炉类型分馒头窑和葫芦形窑两种。

深圳发现的古代窖藏物主要是钱币，还有锡祭器。时代在东汉至宋代之间，但以宋代为多。窖藏体有瓷罐和土坑两种。土坑的形状一般呈圆形或长方形。

第一节 古窑址

1. 战国时期窑址

甘坑水库北岸窑址

位于龙岗区平湖镇甘坑水库北岸中部一半岛状山丘的南端，紧靠水边，南距甘坑水库大坝约 500 米。海拔约 70 米。山丘上植被茂密，灌木丛生。2000 年深圳市第二次文物普查时发现。

因窑址所在地大部分已被水库蓄水所淹没，故其周围情况不详，未发现文化层堆积，仅发现一残陶窑，在窑的周围（包括水下）散布着米字纹和方格纹泥质灰陶片。

该窑残存部分平面形状为圆形，直径 110 厘米，厚约 5 厘米，高出地表 5 厘米。窑顶已塌毁，残存的部分应为火膛。为了解陶窑的结构、时代，对残存陶窑的东半部进行了清理。该窑为圜底，周壁经高温烧成黑褐色，质地坚硬。火膛内填土分两层：上层黄土为窑废弃后的堆积；下层黑灰土，质地松软，内含有大量草木灰、炭粒。这两层均未见陶片。火门位于火膛的东部。

窑址周围出土有陶罐，为泥质灰陶，尖圆唇，卷沿，颈以下残。颈部饰米字纹，残高 3.8 厘米。另外还有刻划符号的陶片 1 片，泥质灰陶，器外表饰方格纹，方格纹内有符号。

窑址的时代应为战国时期。

2. 南朝窑址

步涌窑址

位于宝安区沙井镇步涌小学西侧荒坡上。在此发现窑址 3 座，1984 年 9 月深圳博物馆清理发掘。

3 座窑均已残破不全。中间的一座窑用砖砌成椭圆形，窑壁砖呈红色，上饰大方格和菱形纹。窑内填土中发现有长条形和圆锥状的支垫窑具以及一些青瓷片。

这 3 座瓷窑的年代当为南朝。

岗头村窑址

位于宝安区沙井镇岗头村旁的岗头山南坡下。1984 年 9 月深圳博物馆在此发现窑址 2 座，并清理其中一座，编号为沙岗 Y1。

窑已塌毁，平面略呈半圆形。最短径 1.25 米，最长径 1.6 米，残高 0.23 米，窑壁厚 0.20 米。窑底平整。填土内有窑壁残块、红烧土块、锥状窑具及瓷片。出土锥状支烧窑具 100 多件、残瓷碗 2 个。在窑址旁不远处有数堆锥状支烧窑具堆积，其中夹杂少量的瓷片。

这 2 座瓷窑的年代当为南朝。

3. 唐、宋、元窑址

桂庙窑址

位于南山区桂庙西南面的南头至蛇口公路东侧。1981 年深圳博物馆发现并发掘。

窑平面呈葫芦形，结构类似龙窑，方向 90°。窑室顺坡挖筑而成，通长 12 米，从前到后分为窑门、火膛及前、后窑床等部分。窑壁有烧结的红烧土层，厚 0.12－0.25 米。窑顶塌落。窑内填土为沙土，内含残砖断瓦。窑底平整，用沙石铺垫。窑门高 1 米，宽 0.5 米。火膛长 1.56 米，宽 0.8－2.3 米，低于前窑床

0.3米，内有一层较厚的草木灰。前窑床平面呈椭圆形，长3.9米，宽2.3－2.9米，弧壁，残高1.2－1.6米。后窑床高出前窑床0.8米。后窑床长6.4米，最宽处3.36米，残高1.16－1.8米。前、后窑床之间以一宽1.2米，高1.1米的孔道相连。

该窑为宋代砖瓦窑。

横朗村前窑址

位于宝安区龙华镇横朗村前小溪下200米处。窑口已崩塌，尚存部分窑膛，填土内有宋代砖瓦。

该窑为宋代砖瓦窑。

横朗村窑址

位于宝安区龙华镇横朗村中。窑前已建楼房，尚有开采陶土后形成的水池，叫"碗泥池"，长50米，宽15米。窑址有坚硬的窑壁。

该窑为元代陶器窑。

中心岗窑址

位于宝安区沙井镇新桥广深公路侧边的山坡上。1984年10月深圳博物馆在此发现两座砖瓦窑。

1号窑窑室呈葫芦形，窑壁烧结的红烧土层厚0.10－0.15米，窑内填土中有许多残砖、瓦块。该窑还保留有窑口、火膛、窑床、火道、烟道、窑室等结构。

这两座窑为唐代砖瓦窑。

第二节　窖　藏

1. 汉代窖藏

禾镰坑铜钱窖藏

位于南山区沙河办事处禾镰坑。1984年6月深圳博物馆调查发现。

窖藏铜钱重约3.5公斤，约2800余枚。大部分保存尚好。可辨的有西汉五铢、西汉四铢半两、新莽货泉、东汉五铢，其中有三枚四出"五铢"钱，弥足珍贵。

该窖藏时代应为东汉。

南联石场铜钱窖藏

位于南山区沙河办事处南联石场。1985年6月深圳博物馆调查发现。

窖藏铜钱重约4公斤，约1000多枚。没有盛装物，一些铜钱粘结成一团，仍保留串起来的痕迹。可辨的有汉五铢、四铢半两、货泉、晋五铢，最晚为六朝五铢。

该窖藏时代应为南朝。

2．宋代窖藏

铁仔山铜钱窖藏

位于宝安区西乡镇铁仔山东坡。1984年7月当地农民取土时发现。

窖藏铜钱已大部散失，收集到的约有10公斤。多为宋代年号钱。

该窖藏时代应为南宋。

桥头村铜钱窖藏

位于宝安区福永镇桥头村。1984年当地农民发现。

窖藏现场已遭破坏，铜钱部分散失，收集了约120公斤。大部分是宋代钱币，其中有一枚北宋"靖康元宝"，颇为珍贵。

该窖藏时代应为南宋。

沙围村铜钱窖藏

位于宝安区松岗镇沙围村花果山。1995年9月当地农民取土时发现。

据说原有4000公斤，仅收回2000公斤。由于现场已遭破坏，窖藏情况不明。铜钱锈蚀相当严重。根据初步整理，有汉五铢、新莽货泉、唐"开元通宝"、"乾元重宝"、五代十国的"周元通宝"、南唐的"唐国通宝"、前蜀的"通政元宝"等。其中以两宋钱币占绝大多数，最晚为南宋淳祐十二年（1252年）的"淳祐元宝"。

该窖藏时代应为南宋。这是深圳地区第一次发现数量如此之多，品种、版别如此丰富的铜钱窖藏，在整个广东地区也不多见。此处窖藏为研究宋代深圳地区的社会经济与政治提供了宝贵的资料。

松柏山铜钱窖藏

位于宝安区沙井镇松柏山广深高速公路工地。1989 年 3 月施工时发现。

经整理，这批铜钱大多为宋钱，有少量"开元通宝"、"唐国通宝"。

该窖藏时代应为南宋。

松子岭铜钱窖藏

位于在松子岭土坡的西南部。1985 年 9 月 8 日，龙岗区坑梓镇许氏兄弟在距地表 40 厘米处，一个长 60 厘米、宽 40 厘米的土坑中，发现一铜钱窖藏。

铜钱串叠分层放置，每层放八串或九串。出土铜钱大多锈蚀，粘连在一起。经除锈处理，钱纹十分清晰。有"宋元通宝"、"太平通宝"、"淳化元宝"、"至道元宝"、"咸平元宝"、"景德元宝"、"祥符通宝"、"天圣元宝"、"庆历通宝"、"治平元宝"、"熙宁重宝"、"元丰通宝"、"绍圣元宝"、"元符通宝"、"崇宁重宝"、"大观通宝"、"政和通宝"、"宣和通宝"、"建炎通宝"、"绍兴通宝"、"乾道元宝"、"淳熙元宝"、"庆元通宝"、"开禧通宝"、"嘉定通宝"、"宝庆元宝"、"绍定通宝"等。此外，还有少量汉代五铢、唐代的"开元通宝"和南唐的"唐国通宝"等。

该窖藏时代应为南宋。

松仔岭铜钱窖藏

位于龙岗区坪山田心乡松仔岭。1985 年 10 月散星村村民在挖地搭棚时发现。

铜钱共 90 多公斤，埋于距地表 40 厘米的长方形土坑内。铜钱成串整齐排列，钱文清晰，保存完好。有汉代五铢、唐"开元通宝"、五代十国的"唐国通宝"，大部分是两宋时代的年号钱。

窖藏时代应为南宋。

土洋村铜钱窖藏

位于龙岗区葵涌镇土洋村海边沙丘。1982 年 12 月 1 日，该村渔民在断层中发现。

共有 74.5 公斤铜钱，藏于一密封的黄酱釉四耳罐（敞口卷唇、短颈、鼓腹渐收、小平凹底）内。其中有汉五铢、唐"开元通宝"、五代十国的"唐国通宝"、"周元通宝"、"正隆通宝"、宋代"太平天宝"、"淳化元宝"、"崇宁重宝"等四十多个年号的钱币，其中以宋钱为最多。

窖藏时代应为南宋。

3. 元代窖藏

白岗山铜钱窖藏

位于宝安区福永镇白岗山。1983 年 9 月 23 日基建时发现。

铜钱共重 52.5 公斤，埋藏在距地表 40 厘米处的一个直径为 25 厘米的圆形土坑内，排列有序。有东汉五铢、新莽货泉、隋五铢、唐"开元通宝"、五代十国年号钱等。以宋代年号钱最多，最晚的为元朝"至正通宝"。

窖藏时代应为元代。

4. 清代窖藏

湾下村锡祭器窖藏

位于南山区蛇口办事处湾下村。1986 年 5 月发现。

窖藏距地表 50 厘米。出土有锡尊、壶、杯、盘、灯盏。

窖藏时代应为清代。

第四章 墓 葬

本章所述的墓葬分为两个部分，即历年来考古工作者在深圳发现和发掘的从新石器时代至明清时期的古墓葬，以及深圳历史上有一定影响的历史人物墓。

第一节 古墓葬

深圳的古墓葬，先秦时期的墓葬数量较少。墓葬形制均为长方形竖穴土坑墓，墓坑较浅，墓穴较小。而且由于酸性土壤和年代久远等原因，人骨和葬具均朽而无存。

从已发现的两座新石器时代的墓来看，随葬品主要是陶制生活用具，未见生产工具，数量在1—5件之间。

商时期墓的随葬品数量和种类都有所增加。一般为3件，最多6件。种类有陶器、石器和玉石装饰品。

春秋战国时期的墓，随葬品有陶制生活用具、石质的或青铜的武器和生产工具。随葬品数量最多的有9件，最少的为1件，平均3件左右。数量上差异的扩大，说明财富多寡和地位高低的差别也日益明显。还出现了随葬武器的不随葬陶纺轮，随葬陶纺轮则不随葬武器的现象，这可能反映了男女性别的不同分工。

深圳的汉墓分为土坑墓和砖室墓两种。土坑墓墓室为长方形竖穴，带短斜坡墓道。砖室墓按平面形状可分为"日"字形、"中"字形和"卜"字形等，以"卜"字形为最大。墓室有单室和多室之分。随葬品以陶生活用具为主，还有少量的铜镜、铜钱和银、玉等装饰品。这一时期最重要的发现是出土了东汉"乘法口诀砖"。

深圳的东晋墓和南朝墓也分为土坑墓和砖室墓。土坑墓均为长方形竖穴。东晋砖室墓中有纪年墓，纪年砖一般砌在券顶内侧或墓壁上部内侧，纪年内容为东晋年号和吉祥语。砖室墓可分两型：Ⅰ型为长方形单室券顶墓，Ⅱ型为土填无顶长方形单室墓。随葬品有陶生活用具、铁剪刀、银装饰品及料珠等。

南朝砖室墓大小差异较大，最大的墓室长5.88米，宽1.08米；最小的长

0.96 米，宽 0.46 米。大型墓的墓室一般分前、后室，上有券顶。墓的后壁及左右壁用砖仿砌直棂窗，前室有砖砌渗水井，与墓门外的砖砌排水沟相通。排水沟长度一般长 12 米左右，个别长达 60 余米。小型墓为狭小的单室墓，叠涩顶。南朝墓的随葬品最多的有 17 件，最少的仅有 1 件，主要为青釉瓷器，种类有鸡首壶、杯、盅、钵、碗、碟、四系罐、盂等，还出砚台及滑石猪等。

深圳的隋唐墓寥寥无几，且缺乏可靠的断代根据，这是一个值得今后研究的课题。

宋墓均为长方形竖穴墓，其结构又可分土圹和用瓦片叠砌墓壁两种。随葬品较少，一般 4—5 件，种类有罐、碗、碟、盏、魂坛及铁刀、铁剪、银簪、铜镜、石砚、铜钱等。

明清墓分为有地面建筑的长方形竖穴墓和无地面建筑的长方形竖穴墓。除单人葬外，还流行夫妻合葬墓。明代墓的地面建筑以红砂岩构筑为主。清墓的地面建筑以三合土和青砖构筑。明墓随葬品一般为两个并排放置的酱釉四系瓷罐，清墓为两个青釉瓷罐，其上各扣一青花瓷碗。通常一个罐内置一青花酒杯，另一个盛稻谷。

1.新石器时代至战国时期墓葬

后海墓葬

位于南山区蛇口后海大龙须沙丘遗址内。1981 年深圳博物馆在该遗址发掘时发现一座。

墓葬为长方形竖穴土坑墓，残长 2.7 米，宽 1.2 米，东北方向。墓坑填灰黄色沙土。随葬品 4 件，有素面陶罐、陶盆、圈足折肩陶尊等。

墓葬时代为新石器时代晚期。

屋背岭墓葬群

位于南山区西丽镇福光村村后屋背岭的顶部，海拔高度 61 米。1999 年第二次文物普查时发现。

为进一步搞清该遗址的性质和内涵，2001 年 4—6 月，深圳市文物管理委员会办公室组织进行了考古试掘，发现了 13 座商时期墓葬和 3 座春秋墓葬。在商时期墓中出土了 40 件陶器、玉器和石器，在春秋墓中出土了 10 件陶器、石器和青铜器。2001 年 10—12 月，深圳市文物管理委员会办公室组织了由广东省考古研究所、深圳博物馆、南山区文物管理委员会办公室共同参加的屋背岭商周时期墓地的正式发掘。又发现商时期墓葬 81 座，春秋时期墓葬 3 座。在商时期墓中出土 180 余件石器和陶器；在春秋墓中出土 10 件青铜器、石器和陶器。

商时期墓葬均属长方形竖穴土坑墓，长度一般不超过 2 米，深度在 0.4 米左右。葬具和人骨架均已无存。

出土陶器中，釜、豆、罐、钵的数量较多，还有尊、壶、杯、器座、纺轮等。形制多样，富于变化。纹饰种类较多，菱形格纹、复线菱形格内带凸点或凸块纹、曲折纹、卷云纹、云雷纹、方格纹、复线方格内带凸点纹等。一般设在腹部以下，比较规整。豆多素面。

石器共 57 件，其中出土 32 件，采集 25 件。种类有锛、斧、铲、凿、镞、环、磨石等。

由于有四组墓（8 座）存在打破关系，也就是有明显的早晚关系，因此它们对整个墓群的分期和相对年代的界定起着至关重要的作用。据此并结合整个广东地区的发掘资料，屋背岭墓葬群可分为早、中、晚三期。

这三期的递变，主要表现在陶器的变化上。以豆为例：早期的豆以夹砂陶为主，泥质陶为次；夹砂陶豆的柄有粗细和高矮之分，黄色泥质软陶豆为大深盘，外撇矮圈足。中期的豆以泥质陶为主，有少量夹砂陶，黄色泥质软陶豆的盘较深，圈足由早期的外撇变成外卷，呈喇叭状。还新出现了高圈足豆。晚期不见夹砂陶豆，只有泥质陶豆。高柄豆减少，泥质灰陶矮圈足豆的陶土较细腻，较坚硬，豆盘烧造前多挤压成椭圆形，喇叭状圈足变高，器壁较厚。又新出现浅盘细柄带箍高圈足豆。

通过与广东、香港先秦时代遗址和墓葬材料的对比，发现屋背岭商周时期墓群与曲江石峡遗址、东莞圆周和村头遗址、龙川坑仔里遗址、珠海亚婆湾遗址、普宁池尾后山遗址、香港涌浪遗址、马湾遗址等出土的器物有相近或相似之处。如有流带把罐（壶）、大口尊、高柄竹节豆、凹底罐等，都是上述遗址共有的最具特征的典型器物，说明它们的时代相近。经初步研究，屋背岭遗址商周时期墓葬群中，其早期墓的时代约相当于新石器时代晚期至夏商之际，中期墓的时代约相当于商代中期，晚期墓的时代约相当于商代晚期至西周初年。

屋背岭遗址商周时期墓葬群的发现和发掘，被评为"2001 年中国考古十大新发现"之一。

大梅沙村墓葬

位于盐田区梅沙街道办事处大梅沙村东北部台地上的遗址内。2001 年 3—5

月，为配合人工湖的建设，市文管办、市博物馆、盐田区文管办联合进行了抢救性发掘。

共发现和发掘18座商周时期的墓葬。均为长方形土坑竖穴墓，长0.85－2.7米、宽0.50－0.70米。葬具和人骨架均无存。

其中商时期墓葬有5座。有3座各出1件陶器，其中2件为夹砂灰陶绳纹罐，1件为泥质灰陶素面罐。另一座墓出泥质灰陶折腹罐和玉璧各一件，玉璧外径14.5、内径6.4、厚1.6厘米，圆孔边缘有一圈凸棱，其形状与安阳等地商墓出土的玉璧一样。还有一墓出土罐1件、玉玦4件（外径6.1、内径3.15、厚0.12厘米）、绿松石4枚。

春秋时期墓葬13座。有2座墓出陶豆、陶罐各1座。有10座墓各出土陶罐或陶瓮1件。还有1墓出铜钺1件。

大梅沙墓葬

位于盐田区大梅沙海边的沙滩上。1993年深圳博物馆发掘。

共发现墓葬10座，均为竖穴土坑墓。墓内填土为黑白色混杂的五花沙土。墓坑长2.3－4.15、宽0.8－1.71米，方向均为北偏东。人骨架无存，头向和葬具不明。有的墓底近中间的一侧有一个直径和深度约20厘米的小坑，内无遗物。除M10打破M6一角外，余皆无打破关系。

10座墓中有两座无随葬品，8座墓中共出土各类随葬品34件。其中青铜器11件，器类有短剑、矛、钺、矛形器等。陶器21件，以泥质灰陶为主，纹饰以夔纹、方格纹和重菱纹居多，器类有瓮、罐、盘、钵、杯、豆、器座、纺轮等，罐最多。石器7件，有斧、锛、砺石等。在随葬品的排列组合中，有6座墓随葬3件呈品字形排列的陶豆，同时有的与青铜器、陶纺轮相组合。在8座墓中有6座随葬1—4件不等的青铜器。出土随葬品最多的墓葬是M6，共有4件青铜器，3件陶器和2件石器。还出现了随葬兵器的不随葬陶纺轮，随葬陶纺轮的不随葬兵器的现象。

墓葬时代为春秋时期。

大湖村墓葬

位于南山区南头大湖村南。1980年广东省博物馆在此调查时发现并清理1座战国时期墓葬。

该墓为长方形土坑竖穴墓。由于局部已被破坏，故长度不明，宽1.2米，墓底距地表 1.38 米。墓内随葬米字纹陶瓮一件，暗红色，泥质，大口宽唇，深鼓腹，小平底。

墓葬时代为战国时期。

咸头岭墓葬

位于龙岗区大鹏镇咸头岭遗址内。1985 年深圳博物馆在该遗址发掘时发现。编号为鹏咸 M4。

墓葬为长方形竖穴土坑墓，残长 1.65 米，宽 1.26 米，墓底距地面 0.85 米。人骨架及葬具无存。出土 5 件陶器，种类有提梁壶、钵、釜、罐和纺轮。夹砂陶钵呈橙黄色，敞口、弧腹、平底。泥质陶罐为灰色，束颈、敞口、扁腹、圈底。泥质陶提梁壶为灰色，壶首有口和流，口与流之间以提梁相连，壶身呈椭圆形。夹砂釜为灰色，束颈、圆唇、敞口、扁腹。泥质陶纺轮为橙黄色。陶器纹饰有叶脉纹、方格纹和绳纹。

墓葬时代为新石器时代晚期。

2. 汉代墓葬

红花园墓葬

位于南山区红花园，西濒珠江口，南接蛇口半岛。1981 年南山区在此建居民新村时发现，同年广东省博物馆进行考古发掘。

共清理 9 座。其中除 M9 为西汉墓外，8 座均为东汉墓。而且均盗扰严重，有 6 座墓较完整。6 座墓的墓形可分为 5 种：长方形竖穴土坑墓、"凸"字形砖室墓、"中"字形砖室墓和"卜"字形砖室墓。

长方形竖穴土坑墓 2 座。以 M6 为例：长 2.9、宽 0.9、距地表 0.82 米。墓壁平直，墓底夯实。随葬品中陶器置于头端，装饰品位于腰部。

"凸"字形砖室墓 2 座。以 M3 为例：墓室内长 4.3、宽 1.4、残高 0.34 米。墓壁用砖错缝平砌，前室和后室前部地面用砖错缝横铺，封门砖为横砖平砌，后室后部地面为夯土。随葬品置于前室和后室前部。

"中"字形砖室墓 1 座。全长 6.35 米，最宽 2.1 米，残高 1.3 米。分前、中、后三室三个部分。墓顶塌毁，结构不详。中室平面略呈方形，后室平面呈长方形，后室墓底比中室墓底高出一平砖。墓壁砖为错缝平砌，前室和中室的地面用砖错缝直铺，后室的地面用砖对缝直铺。

"卜"字形砖室墓 1 座。全长 8 米,最宽 6.7 米,残高 1 米。分前、中、后室和侧室。中室平面近方形,后室和侧室平面均为长方形,后室墓底高出中室墓底一平砖,券顶塌毁。封门砖为横砖平砌,墓壁砖为错缝平砌,长方形前室无铺地砖,中室西部地砖错缝直铺,余铺作人字形,后室和侧室地面平铺人字形地砖。中室与封门处均有盗洞。

6 座墓共出土随葬器物 76 件。以陶器为大宗,共 61 件。有罐、鼎、壶、釜、三足盒、瓿、碗、盆、杯、带把三足杯、盂、尊、薰炉、豆形灯、案、灶、井、器盖等。铜镜 3 件,铜钱 1 串。银镯 2 件,银指环 1 件。料珠 6 颗。

其中,M3 出土乘法口诀墓砖 1 块,在全国汉墓中首次发现,为研究汉代数学史提供了珍贵的实物资料。

墓葬时代为汉代。

岗面山墓葬

位于宝安区新安街道办事处西乡中学北侧山岗上。1984 年在基建施工取土时发现。

当深圳博物馆考古人员闻讯赶到现场时,墓葬已被推毁,墓砖遍地。考古人员从现场采集到汉代陶器 17 件,种类有四耳提筒、两耳平底壶、两耳圈足壶、高脚盏、簋、平底釜、碗、器盖等。

墓葬时代为东汉。

铁仔山墓葬

位于宝安区西乡铁仔山东坡。1984 年深圳博物馆调查发现并清理 2 座,编号为西崩 M10、M11。

西崩 M10 为长方形竖穴土坑墓,带短墓道。墓坑填土为灰褐色五花土。墓向东偏北 15°。全长 3 米,宽 1.18 米,墓残深 0.3 米。出土随葬品仅有陶碗 1 件,还有少量酱褐色陶片。

墓葬时代为东汉。

咸头岭墓葬

位于龙岗区咸头岭村东边沙丘上。1985 年深圳博物馆发现并清理 1 座汉墓。

该墓为长方形竖穴土坑墓。长 2.4 米,宽 0.84 米,墓底距地表 0.55 米。墓室填黄褐色沙土,墓向为北偏西 40°。出土随葬品有六耳大陶罐和两耳小陶罐各

1 件，放置于墓室的东南端。

墓葬时代为东汉。

3. 东晋、南朝墓葬

大王山墓葬

位于南山区南头古城南郊的大王山。1980—1981 年广东省博物馆发现并清理 1 座。

"凸"字形砖室墓。单砖墙，圆券顶。墓底用砖平铺，封门用一平砖、一侧砖相间砌筑。墓砖有两种规格：一种长方形砖，长 33－35 厘米，宽 14.5－15.5 厘米，厚 5 厘米；另一为楔形砖，长、宽尺寸同前，厚 5－25 厘米。墓壁砖素面，墓底砖正、背面均印有斜方格纹，侧面印有"米"字、曲折、方格组成的花纹，楔形砖一侧印有叶脉纹。由于该墓曾被盗，出土遗物仅有陶罐 2 件、纺轮 1 件、铁剪 1 把。

墓葬时代为东晋。

红花园墓葬

位于南山区南头古城红花园。1980—1981 年广东省博物馆发现并清理 8 座东晋墓。其中长方形土坑墓和长方形砖室墓各 4 座。

长方形土坑墓墓壁不规整，墓底经过夯实，填土为含细沙五花土。随葬品置于墓室前端，铁剪放墓室后部。

长方形砖室墓为单砖墙，券顶。墓壁砖平铺直砌。墓砖有青、红两种，两面拍印方格纹。砖长 34－37、宽 14－16、厚 3－4 厘米。

随葬品有陶器 36 件：其中罐 14 件、釜 1 件、盒 1 件、釉陶盒 1 件、盆 2 件、瓶 1 件、碗 6 件、杯 7 件、碟 1 件、纺轮 3 件。其它还有铜镜 1 件及铜盆、铁削、铁叉形簪、铁剪及石砚等。

另发现并清理 1 座南朝墓。形制为长方形土坑墓。出土青瓷钵、青釉六耳罐、杯等。

大涌墓葬

位于南山区南头大涌。长方形砖室墓。长 4、宽 1 米。出土青釉鸡首壶、碟、带盖杯、圜底钵、小杯、盏、碗等共 9 件。

墓葬时代为南朝。

大王山墓葬

位于南山区南头古城南郊的大王山和红花园。1980—1981年广东省博物馆为配合深圳经济特区的基本建设调查发现并清理。

3座南朝墓均为砖室墓。形制有"日"字形、"中"字形和"十"字形。出土青黄釉鸡首壶、碗、六耳罐、陶盏、陶碟、滑石猪等随葬品。

铁仔山东晋墓葬群

位于宝安区西乡铁仔山东坡上。1984年深圳博物馆发现并清理3座东晋墓，编号为西崩M3、M4和M9。

西崩M3为长方形砖室券顶墓，曾被盗掘，破坏严重。墓向东偏北25°。残长2.56米，宽1.6米。墓后壁中部有头龛，墓壁砖砌法为三横一竖，墓底砖平铺呈人字形，砖面上拍印方格纹，大小为36×15×4厘米。墓中底部有木炭和红烧土块。出土遗物有青釉、酱釉陶片。

西崩M9为"凸"字形砖室券顶墓，曾被盗掘。墓向东偏北22°。全长4.68米，宽1.66米，墓室残深0.61米。墓底平铺17块垫棺砖，中间部分为横放，两边斜放，砖的规格为36×16×4.5厘米。砖面上拍印方格纹。出土遗物有青釉小陶杯1件及大量青釉和酱釉陶片。

西崩M4为长方形砖室券顶墓。墓向东偏北40°。残长2.16米，宽1.6米，残高1.5米。后壁中部有头龛。墓底未铺砖，仅见数块垫棺砖和灰烬、木炭。墓四壁砖为横竖相间的砌法，砖两侧饰有方格纹，大小为37×17×5厘米。出土较多青釉陶片。

2000年为配合107国道西乡段立交桥工程建设，由深圳市文物管理委员会办公室、市博物馆、宝安区文化局并邀请河南省洛阳市第二文物工作队共同组成联合考古队，对铁仔山古墓群进行了第二次抢救性考古发掘。共发现东晋墓5座，其中砖室墓3座，土坑墓2座。

砖室墓均为纪年墓，纪年砖一般砌在券顶内侧或墓壁上部内侧。3座纪年墓的年号分别为晋元帝司马睿"大兴二年"（公元319年）、"大兴四年"（公元321年）和晋明帝司马绍"太宁二年"（公元324年）。均为东晋初年墓。纪年的内容主要是："大兴四年辛巳岁宜封侯"、"太宁二年岁甲申宜子孙"、"大兴二年六月"等，字体为隶书，苍劲有力。随葬器物有青釉四系瓷罐、钵、盂和铁剪、银饰、料珠等。

砖室墓的砖可分为三种：素面砖、纹饰砖和纪年砖。砖上的纹饰主要有手印纹、网状纹、米字纹、水波纹、斜线纹、菱形纹、梯形几何纹、云纹、米字纹和折线纹、网格纹和菱形纹等。砖室墓可分二型：

Ⅰ型墓为长方形单室券顶墓，墓室长 4.12 米，宽 1.04 米，高 1.14 米。从起券处到券顶高 1.29 米。短斜坡墓道长 2.1 米。墓室后壁中下部有一近正方形头龛，长 0.12 米，宽 0.11 米，进深 0.18 米。在墓道与墓室间用封门砖相隔，封门砖采用一层侧顺砖，一层侧竖砖，逐层叠砌而成。墓底错缝平铺一层青砖，砖长 31－36 厘米，宽 12－18 厘米，厚 4－5.5 厘米。

Ⅱ型墓也为长方形单室，但无券顶和壁龛。墓室长 3.42 米，宽 0.61－0.64 米，高 1.14 米。墓壁砖错缝平铺，砖长 35 厘米，宽 14.5 厘米，厚 4－4.5 厘米。均为青灰色。墓底为坚硬的红色风化土，在墓底的前部、中部和后部各有一块稍凸出于红色土的较平整的岩石，可能为垫棺之用。

东晋土坑墓均为长方形竖穴。墓一般长 1.9 米，宽 0.52 米，深 1 米左右。棺木与人骨均朽而无存。随葬品仅有青釉四系瓷罐、钵和碗等。

铁仔山南朝墓葬群

位于宝安区西乡铁仔山。1988 年深圳博物馆调查发现并清理 22 座。

均为砖室墓。墓葬均遭盗掘，有的仅存墓室一角。墓葬形制有 3 种：长方形单室券顶墓 16 座，前、后室券顶墓 1 座，长方形叠涩顶墓 4 座。红色墓砖，有长方形、楔形两种，素面为主，个别砖面上有模印的莲花纹或网格纹。出土青釉瓷器 101 件，主要有四耳罐、六耳罐、碗、杯、碟、盘、钵、灯、唾壶、鸡首壶、带柄杯形器、砚、器盖、陶釜、陶杯等。其它随葬品有滑石猪、滑石蝉及铁剪等。

2000 年为配合 107 国道西乡段立交桥工程建设，由深圳市文物管理委员会办公室、市博物馆、宝安区文化局并邀请河南省洛阳市第二文物工作队组成联合考古队，对铁仔山古墓群进行了第二次抢救性考古发掘。共发现南朝墓 36 座。有砖室墓和土坑墓两种。砖室墓一般破坏较重，土坑墓保存较好。

砖室墓大小差异较大，最大的墓室长 5.88 米，宽 1.08 米，最小的长 0.96 米，宽 0.46 米。大型墓的墓室一般分前室和后室，上有券顶。墓的后壁及左右壁用砖仿砌直棂窗。近墓门处有渗水井，与墓门外的砖砌排水沟相通。排水沟一般长 12 米左右，个别长达 60 余米。随葬器物主要集中放在前室。墓底用砖平铺成人字形。小型墓为狭小的单室墓，叠涩顶。

随葬品多寡不一，最多的 17 件，最少的仅有 1 件，主要为青釉瓷器。种类有鸡首壶、杯、盅、钵、碗、碟、四系罐、盂等，还有砚台及滑石猪等。

南朝墓的砖一般为红色，少量为青砖，有三种规格：38×18×5.2 厘米，37×17×5 厘米，39.5×19×5.3 厘米。

南朝的土坑墓，其长度在 1.9－2.1 米之间，宽度在 1－1.2 米之间。随葬器物以青釉碗、罐、钵为主。

流塘墓葬群

位于宝安区西乡流塘村西北的富足山脚。1986 年深圳博物馆发现并清理 22 座。

墓葬形制为长方形竖穴土坑墓和砖室墓，墓向北偏东。多为中、小型墓。其平面结构以呈"曰"字形为多。墓穴的四壁用长方形砖和楔形砖垒砌。墓顶塌毁，情况不详。

较大型墓葬构筑讲究，如 M19：平面呈"中"字形。全长 7.6 米，宽 1.9 米。分墓道（斜坡式）、前室、中室、后室和左、右耳室六个部分。前室设水井及排水道，中室左右壁上砌有假棂窗，后室后墙上砌有壁龛。此批墓葬共出土随葬器物 70 件，主要是青釉瓷器。

墓葬时代为南朝。

万丰村大边山墓葬

位于宝安区沙井镇万丰村大边山平缓的山坡上。1984 年深圳博物馆发现并清理 2 座，编号为沙万 M1、M2。均为长方形砖室墓。

沙万 M1，墓室因基建被毁去一部分，人骨架及葬具无存。残长 1.86 米，宽 0.92 米。墓室后壁（从下往上第二层中部）有一宽 16 厘米，高 10.5 厘米的头龛。墓底砖平铺呈人字形。出土少量青釉陶片。

沙万 M2，墓室也因基建被毁一大半。券顶。人骨架及葬具均无存。残长 1.2 米，宽 1.65 米。墓室后壁（从下往上第一层砖中部）有一长 13 厘米，宽 13 厘米的头龛。墓底砖平铺，出土少量青釉陶片。

墓葬时代为东晋。

4. 隋、唐、宋、元墓葬

大王山墓葬

位于南山区南头古城南郊大王山。1980 年广东省博物馆调查发现并清理。

长方形土坑墓，方向63°。墓南部修水渠时被破坏。墓残长2米，宽0.8米。葬具和骨架无存，仅发现棺钉2枚。随葬品有青黄釉瓷六耳盖罐2件，杯1件。六耳罐为青黄釉、灰白胎、束领、敞口、鼓腹收腰、平底。肩饰三对横竖相间的纽耳，耳间有两圈弦纹。肩下饰覆莲瓣纹（罐口覆盖钵），内底有一组压印暗花图案，中心为菊花，四周为蔓草花卉。原发掘者认为此器为隋代典型器。

墓葬时代为隋朝。

南头古城墓葬

位于南山区南头古城南部、西部和西岗。1981年广东省博物馆调查发现并清理。

3座长方形竖穴土坑墓。长约2米，宽0.9米。编号为南郊M1、西郊M8和西岗M1。随葬品有陶魂坛，且均置于墓室前端。南郊M1陶魂坛施黄绿釉，圆形塔刹顶盖，肩部五条绚索形柱，其上连一圈齿状栏。柱与柱间有坐在莲花台上的刻划佛像。器腹有五圈齿状附加堆纹，高圈足外撇。西郊M8与西岗M1出土魂坛相同，施酱黄釉，六脊凉亭式盖顶。肩部由六条刻划卷云纹的扁柱承托围栏，腹部有两道齿状附加堆纹。高圈足。魂坛内有炭化稻谷。

原发掘者从器物造型判断这三座墓为唐墓。

牛埔排墓葬

位于南山区坪山乡牛埔排。1985年深圳博物馆发现并清理2座。编号M1、M2。

M1为长方形，残长1.8米，宽0.92米。墓底无地砖，夯土面。墓壁从下往上先平砌五行砖，继而用残瓦叠砌，其上再平砌10行砖。墓口则用三块石板封盖。

M2残长1.26米，宽0.9米。墓底垫石灰，无铺地砖。墓室内有木炭。随葬器物有银发簪、鎏金铜管、铜镜、铁剪、石砚及铜钱。

两墓年代均为宋代。

红花园墓葬

位于南山区南头古城东南面的红花园。1981年深圳博物馆发现并清理。

仅出土1件内装骨渣的陶魂坛。酱褐色釉，圆纽穹顶盖。盖和器肩上有仿屋顶瓦面状的附加堆纹。宽肩收腹，底内凹。通高34厘米。

此墓为宋墓。

后海墓葬

位于南山区后海。1981 年深圳博物馆发现并清理。

长方形土坑竖穴墓。东西方向。长 2 米，宽 0.9 米。墓室前端放置 1 对彩绘白陶梅瓶，瓶口盖青瓷碗。另有 2 碗仰覆相合置于瓶前端。白陶梅瓶饰赭红彩，俗称铁锈花，梅花瓣作地，主体花纹为并蒂莲。上、下饰蔓草纹。

从梅瓶造型与纹饰推断，该墓年代应为元代。

黄默堂墓葬

位于福田区莲花山西北坡。该墓建于南宋淳祐八年（1248 年），从未进行过重修，现仍保存始建时原貌。

莲花山海拔 94.4 米，主脉蜿蜒而至黄默堂墓后。黄默堂墓海拔 31.2 米，左有青龙山，右有白虎山两个小山岗拱护。墓前原有小溪聚水而形成池塘，当地人称莲花池。

墓上建筑呈半圆弧形。宽 3.6 米，残深 2.9 米，残高 2.3 米。墓拜堂部分已塌毁，花岗岩石已严重风化。

墓碑嵌于六边形墓塔的正面，墓塔上部已毁，残高 45 厘米，宽 22 厘米。墓碑上刻 "默堂黄居士塔。公以顿悟，得大坚固，留颂西归，寿六旬五。淳祐戊申，书云晦日，敕岭之阳，卜云其吉。奉塔五子：中行、中锐、中建、中立、中通，迁志。"碑文所署 "淳祐戊申"，即南宋理宗淳祐八年（1248 年），此年应是墓主下葬的年代。墓祭台为石作须弥座。其墓塔和须弥座形制有唐代遗风，且融民俗文化与佛教文化于一体。墓前及北侧还有其明代裔孙黄菊坡、黄观礼等墓。

1998 年 8 月，该墓被深圳市人民政府公布为市级文物保护单位。

2002 年 7 月，又被广东省人民政府公布为省级文物保护单位。

铁仔山墓葬

位于宝安区西乡铁仔山。2000 年为配合 107 国道西乡段立交桥工程建设，由深圳市文物管理委员会办公室、市博物馆、宝安区文化局并邀请河南省洛阳市第二文物工作队共同组成联合考古队，对铁仔山古墓群进行了第二次抢救性考古发掘。

在该墓地 B 区发现宋墓 4 座，均为长方形瓦室墓。墓室长 2.6 - 2.7 米之间，宽1.2米左右，深0.68米。墓壁皆用30－32层瓦片叠砌而成，墓口用大石条或大石板覆盖，墓底用厚3－5厘米的细黄土铺垫。随葬品较少，仅有石砚台、铁刀、铜钱等。

咸头岭墓葬

位于龙岗区大鹏镇咸头岭新石器时代遗址内。1985年深圳博物馆发现并清理宋墓5座，编号为咸M2、M3、M4、M6和M7。

均为长方形竖穴土坑墓。长2.3－2.6米，宽0.9－0.7米，距地表深约1米。葬具和尸骨均腐朽无存，仅存棺钉。墓葬均为东西向，头向西。

M2墓坑中有9枚棺钉，随葬品有铁腰刀1把、铜钱6枚、铁帽扣1枚、瓷碗3件、陶罐2件。

M3有棺钉13枚，随葬品有铁腰刀1把、铜钱10枚、瓷碟1件、四耳陶罐2件。

M6有棺钉10枚，随葬品有铁腰刀1把、铜钱12枚、瓷碗3件、陶罐3件。

M7有10枚棺钉及一些朽棺木片，随葬品有铁腰刀1把、铜钱9枚、瓷碗2件、陶罐2件。

从瓷器的造型和色泽看，当为广东潮州、惠州地方窑产品。

5．明、清墓葬

红花园墓葬

位于南山区南头古城东南面的红花园。1981年深圳博物馆发现并清理4座，编号为南红M3、M4、M9、M10。

均为石椁墓，南北方向，红砂岩石板砌筑。

M3长5.3米，宽3.5米。分拜堂和墓堂两部分。墓堂呈马蹄形，底用石板平铺横砌。拜堂和墓堂的隔墙上有浮雕卷云纹图案，但破坏严重。随葬品荡然无存。

M4则为长方形三椁室墓，椁室并排。墓室长2.3米。中椁室较宽，三椁室宽度分别为0.75、0.83、0.76米。上盖石板。墓底铺沙石。墓曾被盗掘，随葬品仅存一件锈蚀严重无法辨认的铁器。

均为明墓。

后海、鹦歌山墓葬

位于南山区后海及鹦歌山南坡。1980 年广东省博物馆发现并清理。

共 3 座，均为长方形土坑墓。一般墓坑前放置釉陶罐，上覆盖青瓷碗。清代早期的随葬陶罐继承了明代宽肩收腹的风格，肩部饰假纽耳。后期随葬用的绿釉小罐，形似梅瓶。产地来自福建、潮州、香港等地，而大部分陶瓷器为香港大埔窑产品。说明当时闽粤港之间的经济交流已相当频繁。

均为清墓。

铁仔山墓葬

位于宝安区西乡铁仔山。1980 年广东省博物馆发现并清理 2 座明墓。编号为西崩 M24、M38。

以 M38 为例，该墓用贝壳烧成的灰沙筑成。东西方向。墓室长 2.2 米，宽 0.7 米，高 0.6 米。封门外正中镶有一块朱书的买地契方砖，上书"大明天顺元年（1457 年）岁次"字样。随葬品有陶罐、陶碗，分别置于墓室前端。

2000 年为配合 107 国道西乡段立交桥工程建设，由深圳市文物管理委员会办公室、市博物馆、宝安区文化局并邀请河南省洛阳市第二文物工作队共同组成联合考古队，对铁仔山古墓群进行了第二次抢救性考古发掘，发现明清墓葬 203 座。

明清时期的墓主要为土坑墓，墓坑长 2.1 - 2.4 米，宽 0.52 - 0.8 米。构筑方法是先挖一土圹，然后在圹底铺垫一层石灰，将棺置于圹底正中，再在圹与棺之间填充三合土并夯实。除单人葬外，还流行双人合葬墓。随葬品大多数置于脚和头前的熟土二层台上，也有少数是置于墓圹右侧中部。器物为两个并排放置的酱釉四系瓷罐，罐内各置一青花瓷酒杯，口上各扣一青花瓷碗或碟。绝大多数墓的人骨架已腐朽无存或仅存少量肢骨，少数人骨保存较好。墓主均仰身直肢，头向北。女性双手交叉置于骨盆正中。耐人寻味的是，在女性胸部近乳处放置一鸭蛋大小的鹅卵石。男性的死亡年龄一般在 40 岁左右，女性的死亡年龄一般在 60 岁左右。

其中两座明墓有地面建筑。以 M184 为例：该墓为夫妻合葬墓，分拜堂、祭台、墓堂及半圆形护墙等。整个墓东西宽 3.87 米，南北长 3.2 米。祭台用红砂岩构筑，中部有放置墓志的须弥座，其基座由上枋、束腰及仰覆莲花组成。东侧墓志无存，西侧墓志残。墓志中段书"故妣郑氏孺人墓"，右段书"时正统己巳

（1449 年）春三月二十八日立"。墓室由东、西两个墓圹组成。墓圹的构筑方法同其它明墓，不同的是墓口用红色砂岩石板覆盖。人骨已腐朽无存。没有发现随葬品。墓室外侧用瓦片构筑成弧形护墙。

万丰村邓氏祖墓

位于宝安区沙井镇万丰村后山岗北坡。

墓向正北。进深约 9.4 米，宽约 6 米。前部为半圆形拜堂，直径 6 米。中间为三级矩形祭台。后部为近圆形墓堂，南北进深 2.5 米，东西宽约 2.7 米。墓堂后部中间有清乾隆甲子（1744 年）末冬重修墓碑。

经查《南阳邓氏源流世系表》（广东支派），知墓主人为南宋时期邓氏第四世祖邓益逊，祖籍河南南阳。

现存地面建筑为清代风格。

村崖岭文应麟墓

位于宝安区公明镇楼村崖岭东坡。

墓葬形制较大，墓堂宽 7 米，进深 9 米。地面建筑内用灰砂夯筑，外用青砖包砌。内部结构不详。

据清康熙《新安县志》载："文应麟，宋丞相文天祥从孙，倜傥尚志节。景炎中，丞相弟璧守惠州。兵至，璧以城降。应麟耻之，携二子起东、起南，道于邑之渚，遂家焉，今称名族。"

现存地面建筑为清代风格。

第二节　历史人物墓

深圳的历史人物墓主要有抗倭御英的爱国将领及其家族墓，如赖恩爵等；深圳本地的乡绅名士，秀才举人墓；早期开发深圳的名门望族先辈墓等。

赤湾村宋少帝墓

位于南山区赤湾村西侧。

始建和重修年代不详。据《赵氏族谱·帝昺玉牒》记载："后遗骸漂至赤湾，有群鸟遮其上。山下古寺老僧往海边巡视，忽见海中有遗骸漂荡，上有群鸟遮居，窃以异之。设法拯上，面色如生，服饰不似常人，知是帝骸，乃礼葬于本山麓之阳。"清代赵氏族人为纪念南宋少帝赵昺而重修。

地面建筑进深 9 米，宽 5.5 米，用灰沙土夯筑。墓碑刻"大宋祥兴少帝之陵"。现存墓葬地面建筑为清代风格。

1983 年 5 月，被深圳市人民政府公布为市级文物保护单位。

福永文中训夫妇墓

位于宝安区福永镇福永中学后山。

文中训是宝安文姓的二世祖，曾任平阳县尹。元初动乱，由松岗鹤子园避居于凤凰岭下，创立岭下村。

地面建筑重修于清咸丰七年（1857 年）。重修碑上刻："元显二世祖考平阳县尹中训文公、妣诰夫人文母卞氏之墓。"右侧有小楷书墓志 1 块。墓葬形制为清代风格。

沙井陈朝举墓

位于宝安区沙井镇沙井中学侧。

墓堂、拜堂等用灰砂夯筑而成，墓堂后正中立花岗岩墓碑一块，上刻"宋正议大夫野望陈公诰封夫人晏氏大母之墓"。墓堂前两侧各立一高 48 厘米，宽 28 厘米的《更修初迁祖野望公墓志》青石碑。

陈朝举（1134—1213 年），讳孔硕，字朝举，号野望。宋淳熙年间进士，授正议大夫。因避战乱，自洛阳辗转南迁，初至南雄珠玑巷，后立家东官归德场涌口里。其后裔分布于沙井、福永陈屋、松岗燕川、横岗荷坳、龙岗及东莞等地。

该墓经多次修葺，现存地面建筑为清代重修。

1999 年 3 月，宝安区人民政府公布为区级文物保护单位。同年实施修复保护。

将石村清提督麦冠东墓

位于宝安区公明镇将石村。1984 年文物普查时发现。

墓主麦冠东为清初四川夔州提督，封怀勇将军。墓前有石马、石鼓等，还有雍正三年（1725 年）"诰封"碑文。

下村松树岭徐勋墓

位于鹏城村大坑下村松树岭东麓。墓向正南北。1984 年 8 月深圳博物馆发掘，9 月迁葬于大鹏所城附近熟峰山下。

原墓地面建筑用青砖砌筑。分墓堂和拜堂两部分，墓堂宽 6 米，拜堂宽约 3.6 米。全长 8.3 米。墓冢在墓堂后。墓室为长方形券顶砖室结构，以双层竖砖起券，顶上再铺一层平砖。墓室壁以双层砖砌成，地面以一层砖平铺。墓室长 3.3 米，宽 1.12 米，高 1 米。墓室内未见葬具痕迹，人骨架大部分已朽，在头部位置放有四块瓦。随葬品有金戒指 2 枚、铜钱 6 枚（其中有"景德元宝"和"太平通宝"）、大陶罐 7 件、青花瓷碗 2 件。

墓碑高 1.6 米，宽 0.8 米。由红砂岩雕凿而成。碑首雕刻阳纹，内嵌青石碑。碑文为楷书阴刻："大明武略将军徐公墓。将军讳勋，生于成化丙申（1476 年）十二月十三日戌时，殁于正德丁卯（1507 年）四月二十八日，得年三十一。于正德四年（1519 年）正月初三日未时葬于地名大坑，子正午丁向之原。大明正德四年正月初三日，孝男徐正、徐鉴立石。大清同治二年（1863 年）岁次季冬月上浣吉日重修。三大房同立。"

现存地面建筑为清代风格。

王母围明武略将军刘钟与夫人杜氏合葬墓

位于大鹏镇王母围新修之坪西公路边。2001 年 11 月 22 日，根据大鹏镇民政办公室提供的信息，大鹏古城博物馆对此墓进行了调查。

地面建筑分墓堂和拜堂两部分，青砖结砌。砖规格为 31.1×14.3×5.3 厘米。石灰岩质墓碑。碑文曰："大明武略将军刘公、宜人杜氏之墓。公讳钟，生于戊寅年八月二十九日戌时，终于癸亥年正月初一日。宜人杜氏，生于甲寅年八月二十二日庚时，终于戊子年八月初六日。合葬于祖山松林末坤山丑艮向之原。清光绪元年岁次乙亥重修立，三大房子孙同祀。"刘钟，史料不详。其生卒年据碑中所载为"明戊寅—癸亥"，享年 45 岁。其夫人"宜人"杜氏应为五品诰命。

现存墓为清光绪元年乙亥年（1875 年）重修。墓碑中所说合葬地点应为原葬地点。

鹏城村刘起龙将军墓

位于龙岗区大鹏镇鹏城村东南的大坑山村爬鸡地。1982 年 9 月发现。1984 年 9 月，配合广东省核电站基建工程，市博物馆对此墓进行了发掘，并将其迁移到鹏城东门外东校场，按原貌修复。

坐北朝南。地面建筑规模宏大，全墓长 9.5 米，用雕凿过的花岗岩石砌筑。

分神道、拜堂、祭台、墓堂和墓冢五个部分。拜堂略成半圆形，宽6.5米，其前各有一抱鼓石和一柱础。墓堂宽5米。墓顶雕凿日光云纹，上阴刻楷书"钦赐祭葬"四个大字。墓前有大理石祭台，左边镶一块道光皇帝的"御祭文碑"，文云："鞠躬尽瘁，巨子之芳踪，赐恤报勤国家之盛典"，"朕用悼焉，特颁祭典，以慰幽魂"。墓右侧镶有一块"古之遗爱"碑，由太子少保、兵部尚书、总督闽浙部堂孙尔进，文署福建水师提督军务陈化成等8位官员同禄。神道左右两侧有对称的石狮、华表各一对。

墓碑高2.02米，宽1.16米，厚0.3米。下为二龙戏珠云纹。碑身左右为阴刻蔓草花纹。碑文为阴刻楷书："皇清诰授振威将军讳起龙刘府之墓。道光十一年（1831年）岁次辛卯仲春谷旦重修。祀男重亮、盛桂，把总祖荫、全、祺、俊同立。"

墓室为长方形窿洞土穴墓，棺木已朽，仅存铁棺钉。随葬品有眼镜、烟斗、铜镜、白玉鼻烟壶等。

刘起龙，字振升，新安县大鹏城人，生年不详。行伍出身，曾任福建水师提督，封"振威将军"，一生战功卓著。道光十年（1830年）2月在巡洋时卒于海上。

1983年5月，深圳市人民政府公布为市级文物保护单位。

大鹏古城东校场刘太林夫人墓

刘太林夫人即振威将军刘起龙夫人林氏。原墓位于龙岗区大鹏镇鹏城村大坑下村松树岭东麓，方向坐北向南，南临大亚湾。1984年9月为配合广东省大亚湾核电站基建工程，深圳市博物馆对此墓进行了发掘，后将其迁往鹏城东门外东校场按原貌修复。

此墓距徐勋墓不远。地面建筑分神道、拜堂、祭台和墓堂四个部分。全墓长5.6米，墓堂宽4米，拜堂宽2米，墓堂宽1.4米。墓堂地面为一圆形大石板，拜堂和墓堂地面铺有残砖。拜堂前有石鼓一对，石望柱三对。神道两侧各有一尊坐狮。

墓坑为长方形竖穴土坑，长2.4米，宽0.65米。在墓坑底部铺有一层白膏泥，并有七块垫棺砖。随葬品有青花瓷碗7件，金耳环1对，凤冠一顶，银镯1对，料饰片19件，料饰珠8件以及一些铜纽扣。棺木已朽，仅存铁棺钉，人骨架保存良好。墓口距地面1.1米，墓底距地面2.1米。

墓碑高0.8米，宽0.7米。碑文楷书阴刻："诰封一品夫人贤淑刘太林夫人之墓。咸丰三年（1853年）岁次癸丑季春吉日安历吉次坐向坤兼丑未分金。祀男原署海安营守备重亮、武德骑尉盛桂，孙候制守备德魁，曾孙春贵、荣、华、茂、发同立。"

王母圩村黄岐塘赖太母刘老夫人墓

位于龙岗区大鹏镇王母圩村黄岐塘。坐北朝南。北为小岗峦，南面为开阔地。

分神道、拜堂、墓堂和墓冢四部分。地面建筑用花岗岩雕凿砌筑。拜堂宽6米，墓堂宽3.6米，全长9米。墓上雕刻有壶形龛。拜堂前有抱鼓石、石望柱、石坐狮一对。神道两侧有小石狮和墓表各一对。墓表上刻："阆苑归真千载龙蟠垂福荫，鹏山毓秀九重凤诏叠荣封"一联。此墓保存完好。

碑高1.52米，宽0.9米，厚0.4米。碑文为楷书阴刻："皇清诰封正二品夫人敕太母刘老夫人墓。道光十九年（1839年）岁次己亥嘉平月吉旦安葬。祀男浙江定海镇总兵英扬、大鹏营外委升扬、香山营千总信扬，暨孙龙门协副将恩爵、恩光、恩晋、恩华、恩禄、恩伦、恩隆，曾孙绍平、绍魁、绍贤、绍元、绍裘等同立。"

1984年9月，深圳市人民政府公布为市级文物保护单位。

卧龙山赖英扬将军墓

原墓位于大鹏镇水贝村北卧龙山，后迁葬于南澳镇大岭吓，50年代修公路时被清除。墓用花岗石块砌筑而成，方向正西。墓分神道、拜堂、祭台、墓堂和墓冢五部分。全长24.47米。拜堂宽5.7米，祭台宽3.7米，墓堂宽2米。墓顶有阳刻"维岳钟灵"四字。下为墓碑，已毁。拜堂两侧立墓志铭和风水铭。神道两侧有石雕文官、武官、石狮、石兽、墓表各一对，今倒卧于地。原墓始建于道光二十年（1840年）。地面建筑颇具规模，神道延伸至三里之远的王母圩东的林布山西路。路旁立有一块高2.16米，宽1米的墓道碑。墓道碑用花岗岩石制成，边刻双龙戏珠和花卉图案，碑文阴刻"皇清诰授武显将军晋封振威将军浙江定海镇总兵号云台赖府之墓道。"

下沙村赖信扬"建威将军"墓

位于龙岗区大鹏镇下沙村观音山背。2001年11月22日，赖氏后人赖兆带领大鹏古城博物馆工作人员找到赖信扬墓地。27日至28日，大鹏古城博物馆进行了清理。

赖信扬墓依山而建，规模宏大。整座墓的相对高度 5.6 米。地面建筑由砂石筑成。墓顶嵌一花岗岩石，上刻如意。拜堂呈圆弧形，直径长达 21 米。拜堂前方两端各竖 1 根顶端有一石狮的高 5 米的望柱，两望柱相距 24 米。拜堂护墙前端上也有两个小石狮。墓碑已被人为磨损，字迹模糊，只能辨认部分碑文："皇清诰授建威将军显考讳信扬号……赖大人之墓。祀男……等同立。光绪十七年（1891 年）辛卯……中浣吉旦重修。"从碑文看，墓主人为建威将军赖信扬。

赖信扬为大鹏古城赖氏"三代五将"之一。道光十九年（公元 1839 年）任香山营千总，道光二十年（1840 年）任香山协左营千总，道光二十七（1847 年）年受拜安鹭将军，任福建厦门水师提督，封建威将军，正一品。其父赖世超官至广东琼州镇镇台，封武功将军，从二品。其兄赖英扬官至浙江定海镇总兵，封振威将军，从一品。赖信扬有妻四子六，其三夫人育一子名恩锡，官至福建晋江镇总兵，封武功将军，从二品。

该墓于 1891 年重修。原葬地点不详。该墓曾被盗，盗洞位于墓室中部。

黄岐塘王母圩村赖恩爵将军墓

振威将军广东水师提督赖恩爵原葬于龙岗区大鹏镇大坑山爬鸡地，其后人于光绪三年（1878 年）将其迁葬于王母圩村黄岐塘，当地群众称之为石地。墓葬形制不清。1983 年深圳博物馆将原墓遗弃的石人、石马征集收藏。

迁葬墓占地面积 1432 平方米。地面建筑全用打制精巧的花岗岩石筑成。平面呈"8"字形，为石砌。墓顶浮雕双龙戏珠，其下有"岘山遗爱"石匾。拜堂呈半圆形，其前列抱鼓石，神道两侧列石望柱、石狮，石狮间距为 29 米。石狮前 11 米，竖立高 10 米，直径 0.3 米的两石望柱。

墓碑嵌在中部方形龛内，龛上盖浮雕云拱太阳图案顶，龛体雕刻双龙戏珠及珠连弧纹。碑石为黑色板岩。碑文为："光绪三年（1877 年）岁次丁丑孟春月下浣吉旦迁葬。皇清诰授振威将军提督广东全省水师军务，显考讳恩爵，谥武昭德卿敕公府之墓。奉祀男绍贤、林、杰，孙毓煜、鉴光、葆贻、鉴湖、毓均、毓成，曾孙孟樵、崇、乔、献、盈等同立石。"墓碑前为祭台，上置石烛台。

赖恩爵，字简廷，大鹏城人。少时随父赖英扬入伍。1839 年升补海门营参将。在 1839 年中英九龙之战中作战英勇，道光皇帝赏戴花翎，授"巴图鲁"名号，并提升为副将。"官涌之战"后提升为南澳镇总兵。之后在平定海盗中累立战功二十次，于道光二十三年（1843 年）擢升为广东水师提督，任职五年后病卒。

1984 年 9 月，深圳市人民政府公布为市级文物保护单位。

福合园陈夫人墓

位于龙岗区大鹏镇鹏城西北面的福合园山南坡的麻板地，坐北朝南。1984 年深圳市第一次文物普查时发现。

陈夫人为赖恩爵的原配夫人。其墓堂用灰砂夯筑而成。墓前神道两侧立有花岗岩雕刻而成的石狮子，再前为两根圆形的石望柱。

墓上立有墓碑一块，高 55 厘米，宽 36 厘米。上刻"皇清诰封一品夫人显妣敕太母陈夫人墓。光绪十一年（1885 年）岁次乙酉季冬月吉旦。奉祀男员外郎衔附贡生绍贤、候选知县绍林、提举衔福建候补绍通，孙鉴修、鉴光、葆贻、鉴湖、葆常、心源，曾孙孟盈、孟乔、孟崇、孟樵、孟立同立。"

硬柏树村义冢

位于龙岗区大鹏镇硬柏树村部队石场堆石处。

义冢为清代虎门水师牺牲的大鹏籍弁兵以及在九龙海战中牺牲的百多名弁兵遗骸的葬地。原葬九龙将军澳。光绪年间，割让九龙新界时，在香港的大鹏同乡会为保护义冢，将同乡会公产"延龄公所"出卖后所得款项，迁义冢于大鹏大坑下村。1984 年因大坑兴建核电站，又将义冢迁至硬柏树。

义冢为现代重修。

第五章　历史建筑

　　历史建筑是本地区社会、经济、文化发展和民情风俗的实物见证。本章所收录的历史建筑，主要为晚清以前的建筑。超出此限的具有重要历史、科学、艺术价值的建筑亦在收录之列。

　　深圳的历史建筑较多，第二次全市文物普查发现 1324 处。种类有宗祠、寺庙、宫观、住宅、塔阁、牌坊、学校、桥梁等，其中以宗祠、住宅、革命纪念建筑为多。

　　目前发现最早的历史建筑为南宋的龙津石塔和黄默堂墓塔。明代的建筑有南头古城、大鹏古城和宝安区沙井镇的福镇围、罗湖区笋岗村元勋旧址。绝大多数为清代建筑或清代重修、重建，另有少数是民国初年建筑。

　　因地域、民系、经济和文化背景的不同，形成不同的建筑风格，也互相融合。深圳东部主要是客家人的聚居区，因而有大量的客家围屋。西部主要是广府人聚居区，因此遗留大量广府式民居。中部地区则以两者混合式建筑为多。此外，随着西方文化的传播，出现了不少中西合璧式的建筑。

　　本章择其要者叙之。

第一节　宫观　寺庙　教堂

　　宫观、寺庙和教堂建筑，可分为民间信仰建筑和宗教信仰建筑两部分，而以前者为多。如信奉海神的天后庙和龙母宫，祭祀留侯张良的侯王庙，崇祀杨家将杨六郎的杨侯宫，纪念和褒扬当地杰出女性的女祠，还有华光庙等。它们对于研究深圳的民俗民情提供了不可多得的实物资料。

　　深圳现存的宗教建筑极少，种类有佛教寺庙和基督教、天主教的教堂。佛教建筑的年代一般为明清时期，基督教和天主教建筑均为清末民国初所建。

　　在绝大部分民间信仰和宗教信仰建筑内，往往是多神或多教并存，形成儒、佛、道等合流或一庙多神的情况。因此很难界定它们的属性，只能根据它们的名称或主祀神的情况加以粗略分类。有些宫观庙宇内祀神早已毁坏无存，因年代久远，附近村民也不知原供奉的为何许神，如宝安沙井新二村康杨二圣庙，沙四村圣帝宫等。故只能描述其建筑，其他待考。

1. 民间信仰的宫观庙宇

赤湾天后宫

位于南山区赤湾村旁。

始建年代不详。明永乐八年（1410 年）曾重修。据明天顺八年（1564 年）翰林院学士判广东府事黄谏撰《新建赤湾天妃庙后殿记》载："三宝太监郑和，奉明成祖朱棣之命，率领舟师，远下西洋。船队行至珠江口南山附近遇险，请祷天后。天后显灵，救助郑和。郑和归朝，复命奏上，奉旨遣副帅张源整修赤湾天后庙。"

据新编《宝安县志·太后圣母条》载，赤湾天后宫经历代修缮扩建，至民国年间，已"有屋大小一百间，里面有许多大小不同的佛像"。庙内建筑有山门、牌楼、月池、石桥、钟楼、鼓楼、前殿、正殿、后殿、右左偏殿、厢房、长廊、碑亭、角亭等二十余处及 99 座门，加上附属建筑、庙产及祀田，占地达九百余亩。是广东沿海最大的一座天后庙，也是深港地区历史上最负盛名的人文景观之一，列新安八景之首。

五十年代后期，天后庙建筑被毁，仅存遗迹，上建兵营。

1992 年南山区文物部门在赤湾天后庙遗址上，先后复建了门殿、正殿、偏殿、日池、月池、钟楼、鼓楼等。

1988 年 7 月，深圳市人民政府公布为市级文物保护单位。

南头古城关帝庙

位于南山区南头古城南门外东侧。崇祀关羽。

始建于明万历四十年（1612 年）。据嘉庆《新安县志》载："关帝庙……在南门外教场演武厅之左，万历四十年参将张万纪建。"现存建筑为清代中期风格。民国时该庙曾作为"宝安县议会"所在地。

该建筑为三开间二进布局。面阔 13 米，进深 25.3 米。砖木结构。分前殿、左右廊庑、后殿三部分。后殿已毁。

1997 年南山区文物部门重修该庙，并恢复后殿。

南头古城报德祠

位于南山区南头古城县署前大街。

始建于明代，乾隆四十二年（1777 年）重修。

该建筑为三开间两进布局。包括前殿、后殿、左右廊庑等。面阔 9.45 米，进深 18.9 米。

据清嘉庆《新安县志》载："报德祠，在县治前聚秀街中，祀天后，凡知县有功于民者，其禄位牌悉祀于此。乾隆四十二年重修。"该祠为当年县衙署的一部分，系县署官员和城中民众重要活动场所。

大南山春牛堂

位于南山区大南山北坡。

始建于明代，现存建筑为清末风格。

该建筑为五开间三进布局。面阔 23 米，进深 43 米。现存前殿、中殿遗址、后殿、围墙及古井等。

后殿进深 11.5 米。祀天后，神牌上书："护国庇民天后元君之神位"。有对联"自宋迄今，八百年来昭圣迹；由闽而粤，三千里内著神灵。"

明清时期，每年春耕开始，新安知县均在此举行开春鞭耕仪式，祈祷一年风调雨顺、五谷丰登、六畜兴旺与国泰民安，因而有"春牛堂"之称，是新安县重要的礼仪建筑。

后海村天后庙

位于南山区后海村。

创建于明代，现存建筑为清光绪四年（1878 年）重修。1996 年再度重修。

该建筑为三开间二进布局。面阔 17.8 米，进深 17.3 米。

前殿平面为凹式，前檐为抬梁结构。大门内有屏风门。辘筒灰瓦屋顶，绿琉璃瓦剪边。博古式琉璃正脊饰花草、瑞兽，垂脊有瑞兽。梁架构件、斗栱、驼峰彩绘鎏金人物和瓜果等。

后殿出前檐，砖砌回廊。两次间后檐用砖墙封闭，与厅连为一体，砖墙承重搁檩。其它情况与前殿相同。

天井内立牌楼一座。左右有廊庑。

大涌村大王古庙

位于南山区大涌村铜鼓路东侧。

始建于明代，现建筑为清代风格。1996 年重修。

该建筑为五开间两进布局。坐北朝南。面阔 15.3 米，进深 17.8 米。包括前殿、祀亭、左右廊庑和后殿。

后殿正厅奉祀南海之神祝融，两次间分别奉祀天后和土地。

仓前村华光古庙

位于南山区仓前村。

始建年代不详。主体结构如四周外墙体是清代所建，室内还存有明代和清代早期的石柱和柱础。其表面装修是 1994 年维修时所加。基本风貌还保持了岭南清代建筑的风格。

该建筑为三开间三进布局。面阔 9.23 米，进深 17 米，建筑面积 157 平方米。

四周外墙用三合土夯筑，外批青灰面层，做成仿清水砖墙外观。前殿内部用大跨度砖拱承重。中殿为石柱、木梁架承重。后殿结构与前殿同。辘筒灰瓦面，绿琉璃瓦剪边。博古式正脊。

据说，"华光"为民间传说中的火神和福神。

塘朗村女祠

位于南山区塘朗村南部。

建于清代。

为三开间二进布局。面阔 8.9 米，进深 16.20 米，面积 144.2 平方米。

前殿平面呈凹式，有后檐廊。门额石匾刻"彤管生辉"，其上立竖匾刻"奉旨旌表"。清水砖外墙，尖山式硬山，辘筒瓦屋面，平脊两端有博古式装饰。两次间檐壁有灰塑山水图画。

天井地面用条石铺设，天井两侧为敞开式廊庑。

后殿为三间敞厅，有前廊。石柱，木构梁架，木雕雀替和驼峰。清水砖外墙，尖栋硬山，辘筒瓦屋面，船形正脊上有灰塑装饰。

前后殿山墙均饰有海草图案的灰塑博风。

清嘉庆《新安县志》说，该祠"为郑乔叔妻戴氏立"。

关口村玄武古庙

位于南山区关口正街汪刘二公祠旁。

始建于宋代。根据 4 块内嵌石碑即《重修玄武坊古庙碑》和《玄武坊重修三圣宫古庙碑》，可知该庙分别在清乾隆五十七年（1792 年）和咸丰三年（1852 年）重修过。现存建筑物为清末风格。

该建筑为单开间三进布局。面阔 5.8 米，进深 24.45 米。包括前院、前殿、两廊庑和正殿。保存尚好。

该庙原祀玄帝，后增祀文帝、圣母，故又称"三圣宫"。

关口村汪刘二公祠

位于南山区关口村玄武古庙南侧。

始建于明万历年间，清代重修。抗日战争时被日寇拆毁，现仅存后殿以及前殿基础及残壁，但也已被改建。

祠中奉祀的是明广东按察司按察使汪鋐和广东提刑按察司副使刘稳。明正德十一年（1516 年），葡萄牙舰队入侵黄埔港，随后占领屯门港，并伺机侵犯南头。正德十八年（1523 年），汪鋐率军民在屯门与侵略者海战，大获全胜，夺回被占七年之久的屯门港。

明朝隆庆年间，刘稳巡海于南头，乡民吴祚等请求重建县治。刘稳体察民情，禀报朝廷获准，于明万历元年（1573 年），从东莞县重新划出新安县。

为纪念有功于民的汪鋐和刘稳，当地百姓遂建汪、刘二公祠。

1998 年 7 月，深圳市人民政府公布为市级文物保护单位。

石厦东村杨侯宫

位于福田区沙头办事处石厦东村。

现存建筑风格为清代。

该建筑为三开间两进布局。面阔 8.9 米，进深 14.8 米，面积 132 平方米。

前殿面阔三间，进深三间。平面呈凹形。出前廊，前檐用方形花岗岩石柱，二檐柱间无石枋相联。覆斗形石础。明间辟门，内有四抹格扇屏风门，盘龙柱，门扉上浅浮雕山水花草和杨家将戏剧故事。次间则用月梁式石枋联系，枋上置雕花石墩。抬梁式构架，驼墩、梁头、雀替、瓜柱均有雕饰，其内容有戏剧故事、龙首、莲花、云纹、花草等。黄琉璃瓦屋顶。正脊饰二龙戏珠。垂脊饰走兽。尖山式硬山。

后殿情况同前殿。明间后部设神龛，供祭杨六郎塑像。

2001 年 10 月，福田区人民政府分布为区级文物保护单位。

祠堂村龙母宫

位于福田区梅林办事处上梅林祠堂村 2 号。

始建于明，清乾隆五十五年（1790 年）重建，1993 年重修。

该建筑为三开间两进布局。朝向西偏南。面阔 7.42 米，进深 16 米，面积 119 平方米。砖木石结构，抬梁式屋架。

前殿面阔三间，平面呈凹形。正中辟门，额匾书"龙母宫"，左右楹联为"风调雨顺"、"国泰民安"。尖山式硬山，绿琉璃瓦屋顶。灰塑彩绘博古式正脊。垂脊用筒瓦代替。

后殿出前檐，砖砌回廊。两次间后檐用墙砖封闭，与厅连为一体，砖墙承重搁檩。明间正上方额匾书"龙光普照"。后部设神龛，供奉龙母、龙太子等神位。其他情况同前殿。

天井两边各有卷棚顶廊庑一座。

2001 年 10 月，福田区人民政府公布为区级文物保护单位。

沙栏吓村天后宫

位于盐田区沙头角镇沙栏吓村内。

始建年代不详。现存为清代晚期建筑风格。2002 年修缮恢复原貌。

该建筑为三开间二进布局。坐北向南。面阔 7.45 米，进深 13.75 米，面积约 103 平方米。

前殿正中辟一门。梁架结构为抬梁式与穿斗式相结合。两面坡，辘筒瓦面。绿琉璃镶檐口。博古式正脊。尖山式硬山。脊身两侧、山墙博风处、檐口都有精美的灰塑图案。

后殿除船形正脊外，余与前殿情况相同。其后正中供奉妈祖塑像。

前殿与后殿间的两侧以廊庑相连，镬耳式山墙。中间设一间正方形拜亭，船形正脊，歇山式顶。

建筑四周有围墙。

1988 年 7 月，深圳市人民政府公布为市级文物保护单位。

西乡王大中丞祠

位于宝安区西乡镇西南端。

始建于清康熙年间。

该建筑为三开间三进布局。面阔 11.75 米，进深 32.73 米，占地面积 384.5 平方米。

前殿平面呈凹式。前后出廊。抬梁式木构梁架。大门外两侧有塾台。门额匾阳刻"王大中丞祠"，两旁阴刻对联"巡粤表孤忠，耿耿丹心，奏牍两章留史册；抚民留善政，元元赤子，讴思万载仰旌常"。檐板刻花鸟草木、人物故事。明间与两次间相隔的为搁檩式承重墙。木构梁架上高浮雕人物故事，有装饰性斗拱。辘筒灰瓦，绿琉璃瓦剪边。船形正脊两边有灰塑博古装饰。尖山式硬山。

中殿情况同前殿。

前、后天井两侧有卷棚顶廊庑。

该祠祀奉清康熙初年曾任广东巡抚的王来任。

黄田村妈祖庙

位于宝安区西乡镇黄田村。

现存建筑为清代风格。现代维修保留原风格。

该建筑为三开间三进布局。门朝西。面阔 8.35 米，进深 20.1 米，占地面积 167.8 平方米。砖石木构筑。

前殿面阔三间，进深三间。前出廊。大门外两侧设塾台。门额匾书"妈祖庙"。抬梁式屋架，透雕雀替，木雕驼墩，石质廊柱。土红陶瓦屋面。檐板雕花卉。博古正脊。

中殿面阔三间，进深一间。石础清水砖墙。土红陶瓦屋面。前后檐板雕刻花卉。硬山镬耳式封火墙上有灰塑动物形象。

后殿面阔三间，进深三间。土红陶瓦屋面。船形正脊。尖山式硬山。后殿前檐与中殿后檐相接，檐下设水槽。

天井两侧有卷棚式廊庑。土红陶瓦屋面。尖山式硬山。墙上壁画系现代维修所绘。

清湖老村三界庙

位于宝安区龙华镇清湖老村北部。

始建于明代，清道光十二年（1832 年）重修。现存为清代建筑。该建筑为三开间二进布局。坐东朝西。面阔 9.5 米，进深 12.4 米，占地面积 117.8 平方米。

前殿面阔三间，进深二间。明间辟门。明间与次间有墙相隔，拱券门洞相通。左次间墙上有"重修三界庙碑"。清水砖墙。内墙上有彩绘壁画。木构梁架。博古式正脊，辘筒瓦屋面，绿璃璃瓦剪边。尖山式硬山。

后殿情况同前殿。

天井内有庑殿式香亭，单面坡廊庑。

该庙供奉玄帝、文帝、武帝和土地神。

新二村康杨二圣庙

位于宝安区沙井镇新二村。

始建年代不详。现存建筑为道光二十七年（1847 年）重修。

该建筑为三开间二进布局。坐东朝西。面阔 8.22 米，进深 14.54 米，占地面积 118.5 平方米。

前殿面阔三间，进深三间。出前廊。正门外两侧设塾台，红砂石方形廊柱。石门额上刻"康杨二圣庙"。次间右耳房墙壁嵌石碑篆书"重修康杨二圣庙碑记"。木构九架梁。木雕人物故事驼墩，圆斗状瓜柱。辘筒灰瓦屋面，绿琉璃瓦剪边。琉璃正脊雕饰欧式建筑及西洋人物图案，博古式垂脊下部饰瓷坐狮一对（残）。尖山式硬山。

后殿面阔三间，进深三间。抬梁式屋架。船形正脊。尖山式硬山。后堂已部分倒塌。

整栋建筑为花岗石柱础，清水砖墙。

这是本市现存古建筑中受西方文化影响最早的一例。

沙四村圣帝宫

位于宝安区沙井镇沙四村。

始建于清代中期，道光、咸丰年间曾重修。

该建筑为单开间二进布局。坐西朝东。面阔 5.62 米，进深 13.22 米，占地面积 74.3 平方米。

前殿面阔一间，进深一间。门上嵌"圣帝宫"石匾。内墙有道光、咸丰年间重修碑记。清水砖墙。辘筒灰瓦屋面，绿琉璃瓦剪边。木雕檐板，檐下彩绘内容丰富。正脊塑祥云、龙、麒麟等。硬山设护墙柱，镬耳式封火墙，博风处灰塑黑底白卷草纹。

后殿情况同前殿，但已无神像。

天井地面铺麻石，有水槽与暗水道。建歇山式香亭，并设有灰塑竹节状下水管。两侧前后设琉璃长方形花窗。

碧头村众圣宫

位于宝安区松岗镇碧头村。

清代建筑。

该建筑为单开间两进布局。坐东南朝西北。面阔 4.6 米，进深 11.2 米，占地面积 51.5 平方米。

前殿面阔一间，进深一间。大门额匾书"众圣宫"，左右扉均阴刻"大围庙门"四字。额匾两侧墙上彩绘山水壁画。清水砖墙。木构梁架。土红陶瓦屋面，琉璃瓦剪边。封檐板雕刻花卉图案。博古式正脊。尖山式硬山。

后殿情况同前殿。

坪山文武帝宫

位于龙岗区坪山镇坪山墟文化街。

清代中期建筑。

该建筑为三开间三进布局。坐西朝东，偏南 25°。由前殿、中殿、后殿三部分组成。前殿进深 5 米，天井深 3.9 米，中殿深 6.1 米，后殿深 9 米，通进深 24 米，占地面积 254 平方米。

前殿面阔三间。门宽 1.24 米，门额上方刻"文武帝宫"四字，周边刻花草。明间宽 4.45 米，次间宽 2.95 米，通面阔 10.6 米。有檐廊，廊深 1.75 米，用方形讹角石柱。檐下枋和檐板均雕有花鸟，三架梁底部、正脊枋下部、驼峰、梁头也都雕刻图案，驼峰所雕人物甚精。

前殿与中殿间有天井。

中殿宽三间。方形石柱，梁架结构系抬梁与穿斗相结合，结点用瓜柱驼峰，檐下用斗栱承托。

中殿与后殿间为勾连搭结构，中间有券门相通。

后殿为二层楼，面阔三间，进深三间，前后 9 米，在体量上明显大于前殿与中殿。梁架为抬梁与穿斗式相结合。梁架结点用雕花驼峰、斗栱，梁头穿过瓜柱。殿内石雕莲花柱础，高 0.42 米。檩下枋和护檐板均有精美的雕刻。殿内地面已被改造为现代水泥地面。

后殿下层原立关公（武帝）塑像，其前原有关平、周仓塑像。上层设文昌帝君（文帝）神龛及塑像。因而有文武帝宫之称。

文武帝宫一侧为"归善县碧甲司坪山约馆"旧址，前面是广场，正对戏台，戏台后墙两侧连以围墙并与文武帝宫相接。1948 年 12 月 2 日，在这里召开了东江纵队成立大会。东江纵队及其前身的广东人民抗日游击总队常在此活动。

文武帝宫整体保存完整，梁架构件未经更换，斗栱、檐板、驼峰雕刻艺术水平甚高。

1998 年 7 月，深圳市人民政府公布为市级文物保护单位。

大鹏古城赵公祠

位于龙岗区大鹏镇大鹏古城内正街振威将军第的东侧。

清代建筑。据清嘉庆《新安县志》内的大鹏城图中标有"赵公祠"，可见该祠建于嘉庆二十四年（1813 年）以前。

该建筑为三开间二进布局。前殿已被改建，后殿仍保留原样。后殿面宽10.3 米，进深 29.8 米。

当地人又称该祠为"生祠"、"大衙门"、"都府"等。

大鹏古城侯王庙

位于龙岗区大鹏镇大鹏古城内。

现存建筑为清代。

该建筑原为三开间二进布局，后遭破坏，但基础保存完好。面宽 9.2 米，进深 17.6 米。

庙门额花岗岩石匾长 1.8 米，宽 0.67 米，上阴刻楷书"侯王古庙"四字，左右对联阴刻楷书"灭项兴刘多妙计，庇民护国著奇功。"

该庙应是祭祀汉代留侯张良的。

大鹏古城谭公庙

有两座，分别位于龙岗区大鹏镇大鹏古城城西和城东。

始建于明末，现存建筑为清代重修。其中城东谭公庙于清光绪七年（1881年）重修。

城东谭公庙门两侧有高 190 厘米、宽 42 厘米、厚 14 厘米的石刻对联，阴刻行书"迹著龙峰昭万古，恩流鹏海播千秋。"

据传，谭公为明代大鹏所城人。明隆庆五年（1571 年），倭寇夜袭大鹏所城，时城中居民正在梦中，幸谭公夜出发现敌情报警。经过四十余日艰苦卓绝的战斗，终于打退了倭寇，谭公却不幸牺牲。为纪念谭公恩德，城中百姓立庙祭祀，后成为鹏城百姓求雨祈年的地方神。

东山村天后庙

位于龙岗区南澳镇东农行政村东山村西北角，面临大海。

始建年代不详。脊檩上题有"光绪拾年（1884 年）岁次甲申孟冬月众信吉旦重修"字样。1992 年重修时，保留原木构架及石构件，修复屋顶。

该建筑为三开间两进布局。坐东向西。

前殿前后出廊。大门额匾书"天后古庙"。木构架为穿斗式与抬梁式相结合。辘筒灰瓦，绿琉璃瓦剪边，檐板上面雕刻各种吉祥花草、鸟、蝶等图案。船形正脊上高浮雕双凤，中间置莲花、牡丹，背面高浮雕瑞禽，形象生动逼真。山墙为镬耳式，博风处灰塑瑞兽、花卉，造型独特。

后殿前出廊，卷棚式廊顶，廊步架抱头梁上作两驼墩，上各置一斗三升，月梁连接两部分，上承轩檩。木构架为穿斗与抬梁相结合。各穿枋出头均饰夔龙。瓦顶、檐板与前殿相同。正脊间饰卷草纹。

天井两侧为卷棚顶廊庑。

2．宗教信仰的寺庙、教堂

南头古城天主教育婴堂

位于南山区九街南头小学旁。

建于 1913 年，由意大利传教士兴办。

该建筑约占地 1500 平方米。砖砌围墙。仿哥特式建筑风格的砖木结构门楼。主体建筑为砖木结构的二层楼房，呈凹形。正面和两翼都为三开间二层，走廊为罗马式拱廊。

屋内墙上有外文及白话文碑刻一通。

1984 年 9 月，深圳市人民政府公布为市级文物保护单位。

燕川村祥溪禅院

位于宝安区松岗镇燕川村。

寺内墙上原嵌有乾隆、道光、光绪年间所立碑刻各一块，详述寺院兴废始末及其田亩和捐资者等。可见该寺已重修多次。现存建筑为清末风格。

该建筑为三开间二进布局。坐北朝南。面阔 10.5 米，进深 17 米，占地面积 178.5 平方米。

前殿面阔三间。门额匾书"祥溪禅院"。雕花檐板刻有花卉图案。山墙有灰塑花草图。墙上有彩绘壁画。琉璃瓦剪边，船形正脊，尖山式硬山。

后殿木构架为抬梁式。辘筒瓦面，绿琉璃瓦剪边。封檐板雕花草图案。墙上有彩绘壁画。博古正脊，尖山式硬山，天井两侧设卷棚顶廊庑，墙上有壁画及彩绘。尖山式硬山。

祥溪禅院前原有一院，现已倒塌，残存墙基。

长圳村长丰古庵

位于宝安区公明镇长圳村大眼山北麓。

始建于明万历丙辰年（1616 年），崇祯癸酉年（1633 年）知县邬文明曾重修文昌阁、佛阁等。清光绪十六年（1890 年）再次重修。

古庵处于一天然石洞内，洞口朝北。洞宽 3.7 米，进深 7.5 米。洞中现残存墙基。有一供台，前有供桌和一长方形香炉。

有重修古庵碑，已残。

洞前原有三合土夯筑房屋，现已毁，仅存三段矮墙。抗日战争时期东江纵队曾在此活动过。

老墟村基督教布吉堂

位于龙岗区布吉街老墟村 54 号。

清末民国初建筑。

坐北朝南。面阔 22 米，进深 11 米，占地面积 220 平方米。

现存主体建筑为前、后二排二层建筑。后排面阔五间，进深三间。尖山式硬山。木构梁架。

前排是在原中式传统建筑（后排）的前边，又添加的面阔五间、进深一间的建筑。平顶。下层明间开圆拱式大门，无门扇。明间和二次间连为一体，有较大空间，中间立有柱子。二尾间有上下楼梯。二楼已被装修，以板隔为办公场地。上、下二层有六个大窗。上层窗檐为尖拱式，下层窗檐为半圆形。

厦村观祥古寺

位于龙岗区布吉镇厦村丹沙公路（丹竹头至沙湾）旁。

始建年代不详。清咸丰丙辰年（1856年）重修。

该建筑为五开间二进二跨院布局。坐东面西。面阔21.6米，进深18米，占地面积388.8平方米。

前殿面阔五间。设一正门和二边门（通二边跨院）。正门和二边门中留夹间。明间宽5.3米，二边门（院）宽4.7米，夹间宽3.4米。正门石门框内镶嵌木门框，门上石匾额已被白灰涂盖，但阴刻"观祥古寺"四字还可辨。匾内左前竖排小字"咸丰丙辰□季秋月重修……"。石匾上部壁画及题字已被白灰涂盖。辘筒灰瓦面，绿琉璃瓦剪边，博古正脊，尖山式硬山，

后殿面阔五间，进深二间。前檐用二根八边形石柱，柱础砌于墙内。前檐下四扇木门已无存，仅存门上冰裂纹式木窗。明间的梁架伸进了砖砌的实山墙内。驼墩、梁头雕有花草和兽形图案，瓜柱承檩。二次间皆硬山无梁架。右次间仅存门上寿字形木窗及门二侧二扇小窗。内山面皆绘有彩色山水画，部分褪色，模糊不清。辘筒灰瓦，绿琉璃瓦剪边，正脊已残。尖山式硬山。

二侧夹间前后相连，内已被占用，内部结构不详。

在前殿内右侧墙上，镶嵌有清同治四年（1865年）石碑一块，记录了张君亮等施舍田粮为观世音案前"油灯钱"，立碑人为观祥寺住持僧复如。此碑是研究观祥寺的重要资料之一。

观祥古寺是布吉镇惟一一处古代佛寺，也是深圳市仅有的几处古代佛教建筑之一，保存较为完整。

2001年6月，龙岗区人民政府公布为区级文物保护单位。

观音山龙岩古寺

位于龙岗区大鹏镇观音山中部一洞穴中。奉祀观音。

始建于清同治年间，毁于"文化大革命"中，后由群众捐资重修。

寺庙为三开间三进布局。前殿大门上有一花岗岩石匾，长236厘米，宽78厘米，厚22厘米。上有阴刻楷书"龙岩古寺"四字。寺前还有一径约20米的水池，与古寺交相辉映。前殿南侧有一眼泉水，约0.50米见方，上叠大石数块。

后殿南侧顺自然坡势建一花园，此寺曾是东江纵队的活动据点之一，东江纵队医院曾设于此。

大鹏镇东山寺

东山寺坐落于龙岗区大鹏镇大鹏所城以东。

建于清咸丰四年（1854年）。解放后被拆毁，现为重建。

据清康熙二十七年《新安县志·杂志》条载："东山寺，在大鹏所东门外山上。中为观音堂，左上帝殿，右文昌阁，前三宝殿"。据调查，原东山寺的建筑面积约为1400平方米左右，有山门、华表、关帝庙、大雄宝殿、观音庙、钟鼓楼等建筑。

原建筑现仅存寺前的石牌坊。正面刻有"鹫峰胜境"，背面刻有"鹏岛灵山"。由惠州人大鹏协副将张玉堂手书。

1944年7月，东江纵队军政干部学校在此成立。后改为抗大第七分校。

1984年9月，石碑坊由深圳市人民政府公布为市级文物保护单位。

第二节　宗　　祠

深圳现存的宗祠数量较多，主要可分为广府式宗祠和客家式宗祠两大类。广府式祠堂一般单列，为三开间二进或三进布局，其重要特征是大门前设抱鼓石，大门两侧有塾台。客家式祠堂一般为客家围屋或围楼建筑群中的一部分，且位于中轴线上，分上、中、下三堂，大门口一般不设塾台和抱鼓石。

据不完全统计，深圳宗祠所反映出的姓氏有30多个，其中以陈、黄、郑、曾、江、潘等大姓为主。其祠堂大小也不一，宝安区沙井曾氏大宗祠是深圳市目前保存较好的最大的清代广府式宗祠。福田区皇岗的庄氏宗祠，近百年来未经重修，梁架和雕刻艺术构件均保留原貌，价值较高。

由于客家宗祠多属客家围屋或围楼的一部分，故不单列。少数客家宗祠所在的围屋或围楼后期遭破坏的，则将它们单独记述。

向南村郑氏宗祠

位于南山区南山街道办事处向南村西街66号。

始建于明中期，现存建筑为清代重修，局部经现代改造。

宗祠为三开间三进布局。面阔12.4米，进深45米。有前堂、中堂、后堂和前、后两天井及其左右廊庑等。祠前原有月池，1999 年修滨海大道时填平。

前堂大门两侧有塾台。门额石匾阳刻"郑氏宗祠"。左右廊庑为穿斗式梁架结构。

中堂出前后檐。抬梁式梁架，保留有明代八角石柱及柱础各三对。有简单壁画、雕花檐板和梁架雕刻等。

后堂也出前后檐。抬梁式梁架，保留有明代石柱和柱础一对。有简单壁画、檐雕和梁架雕刻。正中石匾书"荥阳堂"。

宗祠墙体为夯土墙，现代水磨石地面。辘筒灰瓦屋面，琉璃剪边，灰塑脊饰。

南园村吴氏宗祠

位于南山区南山街道办事处南园村正街 38 号。

始建于明代，现存建筑为清代重修。

建筑为三开间三进布局。面阔 13.5 米，进深 52 米。包括照壁、塾台、前堂、前天井（及牌楼、左右廊庑）、中堂、后天井（及左右廊庑）、后堂。

照壁位于祠前 48 米处。长 13.55 米，厚 0.65 米。

前堂出前、后檐廊，抬梁式木结构。大门左右有塾台，上有石月梁和石驼峰。门楣石匾刻"吴氏宗祠"，两侧对联为"绍世德之作求经文纬武，缵孝恩以锡类毓秀钟灵。"有雕花檐板与梁架雕刻。

前天井牌坊为明万历新安县乡贤、解元吴国光所立。为三开间三楼式。其横额为"乡贤名宦"，柱联为"渤海跃金鳞跳此龙门翻锦浪，延陵鸣瑞鸟飞于银苑集琼枝。"

中堂为穿斗式梁架，保留有明代柱及柱础各四个。屏风门上挂堂号"德馨堂"。右侧墙有 1992 年仲冬立的"南园吴氏宗祠重修志"。

后堂也有雕花檐板与梁架雕刻。神龛祀"开基始祖宋洪渊吴公之位"，并有二至十三世牌位。南侧龛立有"元诏徵镇国将军吴应雷神位"，有像，旁立石碑，上刻："镇国将军应雷吴公履历简略"。

墩头村叶氏宗祠

位于南山区南山街道办事处墩头村 234 号。

始建于明代，现存建筑为清光绪乙未年（1885 年）重修。

建筑为三开间三进布局。坐南向北。面阔 12.2 米，进深 32.4 米。包括塾台、前堂、左右廊庑、中堂、后堂等。

前堂门额石匾阳刻"叶氏宗祠",两侧阴刻"光绪乙未小阳月"、"顺德辛寿康拜书"。两侧木刻对联:"系出南阳叶茂枝繁历代源流光世泽,门朝北斗敦宗怀祖千秋祠祀荐馨香"。前檐为抬梁式梁架,后檐为穿斗式梁架。

中堂出前后檐,为穿斗式梁架。屏风门上挂"善庆堂"匾。内有简单卷草纹壁画。

后堂有雕花檐板,梁架有雕刻。内也有简单卷草纹壁画。

北头村黄氏宗祠

位于南山区南山街道办事处北头村西街 26 号。

始建于明代,现存建筑为清代重修。

该建筑为三开间三进布局。面阔 11.5 米,进深 32 米。包括照壁、前堂、中堂、后堂及左右廊庑等。

照壁在祠前 21 米处,长 11 米,厚 0.38 米。

前堂大门向西。门额石刻"黄氏宗祠",两侧对联为"江夏家声扬四海,维则世泽耀门庭。"大门内侧墙有一神龛,内书"兴旺护祠门官土地之神位。"联曰:"门兴官赐福,土旺地生财"。琉璃博古正脊。

中堂屏风门上挂木匾"黄维则堂"。灰塑博古正脊。

后堂神龛有神主牌。有联:"维仰先祖莆田乔迁安邑创业垂万世,则念孝思南头建祠长洲置地颂千秋。"屋顶为辘筒灰瓦。琉璃剪边。灰塑船形正脊。

祠内的檐口、梁架、神案、神龛等雕刻富丽堂皇。

南山村陈氏宗祠

位于南山区南山村。

始建于明代,现存建筑为清代重修。

该建筑为三开间二进布局。面阔 10.6 米,进深 16.8 米。

前堂形为凹式。前檐廊为穿斗式梁架。

天井两侧为单面坡廊庑。

后堂前檐为穿斗式梁架。辘筒灰瓦屋顶,博古垂脊,尖山式硬山。正中有"耕龙陈公祠"石匾。

信国公文氏祠

位于南山区九街村中山东路 15 号。

始建年代不详，现存建筑为清嘉庆十二年（1807 年）重修。1995 年再次重修。

建筑为三开间三进布局。面阔 11.5 米，进深 34.5 米，占地 400 平方米。

四周为清水砖墙。门额石匾刻"信国公文氏祠"，落款为"嘉庆丁卯桂月重修"。木构梁架、驼峰、斗栱等构件均有雕刻。辘筒灰瓦面。船形正脊，两端兽头状，脊身灰塑腾龙、花卉、醒狮、蝙蝠等图案。尖山式硬山。

信国公是文天祥的谥号，该祠是为纪念文天祥，由其弟文璧后裔所建。

1984 年 9 月，深圳市人民政府公布为市级文物保护单位。

下沙村黄思铭公世祠

位于福田区下沙东涌村。

始建于明代，经历代维修，现存建筑主要为清代风格。1995 年重修。

该建筑为三开间三进布局。宽 14 米，进深 43 米，建筑面积 602 平方米。包括前堂、左右廊庑、中堂、后堂等。该建筑还保留了不少木刻、石雕、砖雕、壁画、灰塑等艺术构件。

另有附属建筑陈杨侯庙，也是一座三开间两进带中亭的庙宇式建筑。

1998 年 7 月，深圳市人民政府公布为市级文物保护单位。

皇岗村庄氏宗祠

位于福田区福田办事处皇岗办事处皇岗下围三坊 75 号。

现存建筑为清乾隆时期所建。

该建筑为三开间三进布局。朝东。面阔 14 米，进深 41.6 米，面积 582.4 平方米。

前堂面阔三间，进深三间，平面呈凹形。大门外两侧有塾台。檐柱为方形讹角石柱。明间辟门，门枕石高大，门槛缺失。明间用束腰柱础，中间雕莲花瓣。次间为覆斗形柱础。次间檐柱间用石月梁，雀替施雕人物故事，前梁步架结点处的驼墩亦雕人物故事。上下檩之间各用雕有龙的木枋相连，梁与檩之间用一斗三升重道栱相托。硬山，辘筒灰瓦屋顶，绿琉璃瓦剪边，船形正、垂脊，正脊两端用博古饰。

中堂面阔、进深均为三间。抬梁式构架。脊瓜柱上刻大斗，其余瓜柱雕成花瓶形。梁头饰龙首，前檐步梁上用雕祥云的驼墩支托檩条。

后堂进深、面阔各为三间。明间后部设神龛，原供祭列祖牌位，现已废弃。

抬梁式构架。梁与檩间用花瓶形瓜柱和一斗三升支托。脊饰、屋顶同前殿。

前天井、后天井两侧有廊庑。

庄氏宗祠由于从未修葺，建筑原貌保存较好，价值较高。

笋岗村何氏宗祠

位于罗湖区笋岗村。

始建于清乾隆年间，民国十年（1921年）重修。现存建筑仍保留清代风格。

该建筑为三开间二进布局。

前堂当心间平面为凹斗式。前有檐廊，大门外左右两侧有塾台。大门有方形门枕石。前后檐均有木雕檐板。灰塑博古式正脊。

天井两侧廊庑为卷棚顶。顶筑女儿墙，有灰塑装饰。檐下有封檐板。

后堂有前檐廊。后侧以承重墙分二次间。辘筒灰瓦屋顶带滴水。船形正脊有灰塑。山墙有灰塑黑带博风。

湖贝村怀月张公祠

位于罗湖区湖贝村南坊529号。

建于清嘉庆九年（1804年）。

三开间两进布局。坐北朝南。面阔11.70米，进深26.80米，建筑面积313.5平方米。

前堂平面呈凹形。面阔三间，进深二间。大门正上方有"怀月张公祠"、"嘉庆九年甲子岁吉日立"石匾一方。两次间前廊建有须弥座塾台。前檐柱间以石月梁式额枋相连，上置石雕驼墩以承檐檩，下有雀替，驼墩、雀替上均石雕人物故事、卷云等。前檐柱方形讹角，覆斗形柱础，抬梁式梁架，梁与檩之间用一斗三升重栱相托，讹角斗，梁和斗栱均为花岗岩质。后檐卷棚顶。前后檐均有木雕封檐板，内容有二龙戏珠等。尖山式硬山，博风处有灰塑黑底卷草，大部已破坏。辘筒灰瓦面，绿琉璃瓦剪边。正脊两端和垂脊下端均为博古式。墙裙石砌，其上为清水砖墙，

天井两侧有廊庑，且前后进相通。天井中部建一牌坊，船形脊，正面书"金鉴流芳"，背面书"曲江风度"。

后堂为三开间。明间后部设神龛。

天井廊庑和后堂梁架均已被改造为水泥板。

1925年2月，广州革命军第一次东征讨伐陈炯明时，黄埔军校师生驻扎于

此。1925年6月省港大罢工时这里为工人接待站，后为省港大罢工工人纠察队深圳支队队部。

1998年7月，深圳市人民政府公布为市级文物保护单位。

上合村黄氏宗祠

位于宝安区新安街道上合村头。

始建于明代，后经多次重修。

建筑为三开间三进布局。前宽9米，后宽10米，进深41.3米，建筑面积372平方米。

前堂大门石匾刻"黄氏宗祠"，两侧原有"江夏先声，珠玑旧业"对联。

前天井立一座四柱三间三楼式石牌坊（详见牌坊条），是为晋孝子黄舒而立的，匾额上书"孝行流芳"。上盖以石湾所产琉璃瓦，为道光至光绪年间重修所添增。

中堂屏风上挂"敦木堂"木匾，旁立有该村名女黄姑婆神位。

后天井两侧有两廊庑，石柱础为红砂岩，为明代物。

后堂设神龛。

整个宗祠的木雕、石刻、雕塑等，笔法流畅，雕工细腻，用料上乘。

1998年7月，深圳市人民政府公布为市级文物保护单位。

元芬村戴氏宗祠

位于宝安区龙华镇龙华村元芬自然村北部。

始建年代不详，现存建筑属晚清风格。

该建筑为三开间二进布局。坐北朝南。面阔13米，进深10米，建筑面积130平方米。

前堂大门有门楼，门上石匾刻"戴氏宗祠"，左侧木匾刻"注礼家声"。尖山式硬山，博古式正脊，辘筒灰瓦屋面。檐板雕刻花草、飞鸟和鱼等。

天井以砂石条铺地，天井两侧为廊庑。

门楼和天井廊庑前墙上部彩绘有人物故事、树木以及题记等。

后堂面阔三间，进深三间。尖山式硬山，辘筒灰瓦屋面。砂石铺地。花岗石檐柱。

沙三村静乐陈公祠

位于宝安区沙井镇沙三村十四巷21号。

始建于清代初期。

建筑为三开间二进布局。面朝东南。面阔 11 米，进深 24 米，建筑面积 264 平方米。

前堂平面呈凹形，门额石匾刻行书"静乐陈公祠"，两侧楹联刻楷书"澜海流通环带水，阳台秀丽现文峰"。尖山式硬山。

天井以砂石条铺地，左右有廊庑。

后堂梁架为抬梁式。前、后金柱的楹联为"静思祖功垂福荫，乐承宗德振家声"和"安居守份添喜庆，乐群敬业建家园。"中间设陈氏十七世祖牌位。琉璃瓦，博古式正、垂脊，尖山式硬山。

沙三村陈氏宗祠

位于宝安区沙井镇沙三村，又名"义德堂"。

始建年代不详，现存建筑为清代中晚期风格。1992 年曾进行过维修。

建筑为五开间三进布局。面朝东南。面阔 18.2 米，进深 55.5 米，占地面积 1010 平方米。

前堂宽五间。门厅正中辟门，门上石匾刻"陈氏宗祠"，两侧木制楹联为"凤集高冈伫看文明天下，龙蟠沙井行将霖雨苍生"。后金柱间木构屏风，上悬"义德堂"牌匾。

中堂宽五间。前后金柱楹联为"锦浪流通思祖泽，金鱼袋赐仰宗功"和"锦浪楼登思祖泽，金鱼牌赐念宗功。"

后堂宽五间，深一间。明间后部供奉祖宗牌位。山墙和后檐墙上部彩绘有山水、花鸟及题记。

三堂均为尖山式硬山，绿琉璃瓦覆面，正、垂脊均作博古饰。

前、后天井两侧皆有绿琉璃瓦卷棚顶廊庑。

新桥村曾氏大宗祠

位于宝安区沙井镇新桥村内。

始建于清乾隆年间，嘉庆三年（1798 年）扩建。

建筑为五开间三进布局。面阔 20 米，进深 50 米，占地面积 1000 平方米。有前堂、牌楼、中堂、后堂等组成。

宗祠前有旗杆石十多对，旧时凡族中子弟中举或升官，均在宗祠前立杆竖旗，以示荣耀。

前堂大门悬挂"曾氏大宗祠"的匾额，并有对联"天下斯文忠一贯，古今乔木第三家"。大门外两侧为石作塾台。前堂面阔五间，进深三间。

中堂左右有廊庑，门堂与中堂之间为天井。石牌坊位于天井前，用雕琢细腻的花岗岩砌筑，坊柱前后用抱鼓石相护，坊上横额楷书"大学家风"四个大字，左刻"大清嘉庆三年（1798年）戊午初冬之吉立"，右刻"堂下孙腾光拜题，应中敬书"。两侧浮雕着袍服长须风度翩翩的人物和云鹤图案，左右檐额阳刻"体忠"、"行恕"，背面横匾刻"片石流辉"、"堂下孙煜拜题"、"堂下孙应中敬书"等字样。

后堂面阔五间，进深三间。

祠内墙壁均有人物故事彩画。

1984年9月，深圳市人民政府公布为市级文物保护单位。

2002年7月，广东省人民政府公布为省级文物保护单位。

坐岗村陈氏大宗祠

位于宝安区沙井镇坐岗老村东偏北。

始建于清乾隆甲寅年（1794年），现代维修。

建筑为三开间三进布局。面朝东南。面阔12米，进深35.18米，占地面积近422.16平方米。

前堂呈凹形。塾台、檐柱均为花岗石。门额行书"陈氏大宗祠"，右侧小字"乾隆岁次甲寅三月吉旦"。两侧楹联为"前面桥溪后面沙溪溪水长流涌出渡溪新气象，空中天马庭中禄马马辟超拔迎来驸马旧家风"。

中堂后金柱间构置门扉木屏风，上有现代重修时所挂"虞祐堂"牌匾。金柱楹联为"雍睦世家子孙发达开先绪，颍川堂上祖武传留启后人"。

后堂明间置供桌、神位等，两侧对联为"六龙怀念姻亲旧，五马近思世泽长"。

前天井两侧为亭台式廊庑。后天井两侧为卷棚顶廊庑。

东方村文氏大宗祠

位于宝安区松岗镇东方村委东方大村三巷。

清代建筑风格，现代进行过维修。

该建筑为三开间二进布局。面阔13.7米，进深30.3米，占地面积415平方米。

前堂大门两侧设塾台。门上石匾刻"文氏大宗祠"。门下有高大门枕石。前后出檐廊，廊梁架结点分别用雕有动物、人物、花草的驼墩、斗栱和圆斗状瓜柱，前檐柱间联以石月梁枋，石驼墩斗栱承托檩椽。山墙上有素面红砂石墀头。两次间内设耳房。

天井两侧设亭台式廊庑。

中堂硬山屋顶，船形正、垂脊，辘筒灰瓦覆面，琉璃瓦剪边。

后堂与中堂屋檐直接相接。梁架系抬梁式与穿斗式相结合，结点用圆斗状瓜柱，其后部设二道加墙。尖山式硬山，船形正脊，辘筒灰瓦覆面。

合水口村麦氏大宗祠

位于宝安区公明镇合水口村委北。

始建于明末，民国元年（1912 年）重修。1997 年再修。现存建筑为清代风格。

建筑为五开间三进布局。坐北朝南。面阔 18.6 米，进深 46.9 米，占地面积 872 平方米。

前堂面阔五间，进深三间。大门上有"麦氏大宗祠"木匾，两侧有对联为"长江源远，古柏根深"。尖山式硬山，穿斗式梁架。

前天井建四柱三间三楼式石牌楼，庑殿顶，上刻"宿国流芳"，左侧有小字"民国元年岁次壬子重修"。两侧为尖山式硬山廊庑。

中堂宽五间，深五间。尖山式硬山，抬梁式和穿斗式相结合的梁架。

后天井两侧为卷棚顶廊庑。

后堂中间设神龛，内供奉牌位。尖山式硬山。

李松蓢村梁氏宗祠

位于宝安区公明镇李松蓢村。

始建于清初，后多次重修，现存建筑为 1997—1998 年所重修。

建筑为三开间三进布局。坐北朝南。面阔 12.2 米，进深 44.4 米，占地面积 542 平方米。

前堂大门上方有一九九八年重修时所立"梁氏宗祠"牌匾，两侧对联为"源分扳石，派艳松溪"，横批"千支万派"。门后部设双扉仪门，两侧楹联为"松江岐山罗列群峰皆献瑞，蓢水源流世代万派尽朝晖"。

中堂后金柱间构六扉木屏风门，上方有 1998 年重修时所挂"崇桂堂"牌匾。

金柱楹联为"松江历史青绿如柏树，萌水长流今后万代兴"、"松柏长青叶茂千秋树，萌族成派宗枝万年兴"。

后堂设神龛，供奉梁元琮等 12 人牌位。

前后天井两侧为卷棚顶廊庑。

玉律村德贵曾公祠

位于宝安区公明镇玉律村玉律一区北部。

始建于清初，1989 年重修。

建筑为三开间二进布局。面朝东南。面阔 13 米，进深 22 米，占地面积 286 平方米。

前堂大门石匾行书"德贵曾公祠"，门两侧行书对联"源通沂水，脉接武城。"横批"百子千孙"。

天井两侧为卷棚顶廊庑。

后堂后部正中靠墙有一木牌"十四世祖显考曾公德贵妣曾母冼氏之神位"。

曾氏族人祖籍山东，后经江西迁至此。

丹竹头村世昌沈公祠

位于龙岗区布吉镇丹竹头村围肚 72 号南。

始建于光绪辛卯年（1891 年）。

建筑为三开间二进布局。面阔 9.1 米，进深 8.4 米，占地面积 76.4 平方米。

前堂面阔三间。中间开门，石质外框嵌木门框，门已无存，门上石匾题"世昌沈公祠"，其右侧竖题"光绪辛卯仲秋"。石匾两侧及门上部绘有彩色壁画。辘筒灰瓦顶和博古脊都已残。

后堂面阔三间。前檐用二根方形石柱，下为方形双束腰石柱础。抬梁式梁架，瓜柱承檩。驼墩、梁头上均刻有花草鸟兽图案。硬山，辘筒灰瓦顶。正脊已残，疑为博古脊。在后墙内檐下及内山面上部，皆绘有彩色人物及花鸟图案，并录有近十则祖训格言及落款年代。

天井院二侧廊庑已倒塌，从后堂左侧檐下残存梁架看应为卷棚顶。另二廊庑后墙有圆拱形门（现已砌实）通侧院。

低山村刘氏宗祠

位于龙岗区龙岗镇新生行政村低山自然村。

据大门内左侧墙所嵌重修碑，低山宗祠始建于清道光二十六年（1846 年），民国三十七（1948 年）修理瓦面。1987 年再修。

建筑朝向南偏西 10°。由月池、禾坪和前后二堂组成。面阔 11.66 米，进深 16.3 米，占地面积 190 平方米。月池面阔 56.4 米，禾坪宽 24.75 米。

前堂宽三间。明间宽 4.4 米，次间宽 3.62 米，进深 5.55 米。门额石匾刻"刘氏宗祠"。大门内建木构屏风，额题"燕冀堂"。梁间结点用驼峰及一斗三升斗栱。檐口用鸡胸椽。檐板雕花鸟。前檐用石质圆柱。方阶砖铺地。硬山，辘筒瓦顶，船形正脊，绿琉璃瓦镶檐口。

后堂面阔三间。前檐柱为石质圆形，金柱为讹角方形石质，盆式柱础。梁架为抬梁与穿斗相结合。瓜柱头刻小斗承檩，用雕花驼峰，梁头雕作龙首。脊枋下刻"长命百岁"，金枋下刻"百子千孙"、"奕世其昌"。内山墙面饰现代彩画。明间后墙设神台神龛，供奉始高曾祖考妣神位，两侧有"彭城世泽，禄阁重辉"对联。硬山，辘筒灰瓦。

黄竹村余氏宗祠

位于龙岗区坪地镇中心行政村黄竹自然村。

始建年代不详，道光三十年（1850 年）重修。

余氏宗祠处在一客家围的西北角，北侧有碉楼，南侧及后部有许多旧居，前有禾坪。禾坪前为大型月池，南端和后端存有建筑遗迹。

宗祠为三堂式。朝西偏南 30°。均为灰瓦顶，船形脊。地面原为三合土夯筑，近年修为水泥。整体建筑体量较小，构造简单。

前堂窄小，实为一门厅。设木质隔扇门，门额匾题"翰林院"。脊檩下枋木有"道光叁拾年岁次庚戌季冬月旦重修。子立发二大房子孙立"。檐板浮雕孩童牧牛、山水人物。

中堂后部设屏风门，门柱题"武谣谏草堂，清水溢忠声"，额题"三谏堂"。檩枋阴刻"霞蔚云蒸，蛟腾凤起"。

后堂设琉璃花格窗，供奉历代先祖考妣神位。

前、后天井两侧各有廊庑，低矮简陋。

宗祠规模小，房屋低矮，但有明确纪年。局部雕刻颇具特色，船形脊雕饰古朴。

赤子香村李氏宗祠

位于龙岗区坪山镇沙坑村委赤子香自然村。

建于清末。

建筑为三开间三进布局。朝向北偏西 20°。

前堂呈凹式。门额上刻"李氏宗祠"。硬山，黄色琉璃瓦覆盖屋面，灰塑船形正脊，并饰以白、蓝二色彩绘。

中堂明间门额刻"怡怡堂"三字，内建木构屏风门。

后堂后部供放李氏祖先牌位。次间门额刻"福寿堂"三字。

碧岭村邱氏宗祠

位于龙岗区坪山镇碧岭村。

建于清末。

建筑为三开间三进布局。坐南朝北。

前堂呈凹式。内建仪门。门额正背面分别刻"菊花胜芳"和"馨无不宜"。

中堂建木构屏门，正面刻"慎德堂"二字，背面刻"绳其祖武"。后堂置神龛，供奉邱氏列祖牌位。

三堂梁架均为抬梁式与穿斗式相结合，尖山式硬山，辘筒灰瓦顶。

洞梓村钟氏宗祠

位于龙岗区葵涌镇坝岗行政村洞梓自然村后。

现存建筑为清代。

建筑为三开间三进布局。朝向北偏西 30°。面阔 12.40 米，进深 30.95 米，占地面积 384 平方米。均为花岗岩条石基础，板筑土墙，墙体厚实，墙面平整。

前堂石门后设木质仪门。三合土地面。鼓形花岗石柱础。明间面阔 3.79 米，进深 5.36 米。辘筒灰瓦顶，尖山式硬山，船形正脊。檩、椽及望瓦均施彩，房顶与墙体结合处均绘花草鸟兽等内容的壁画。

前天井阔 7.24 米，深 5.36 米。地面铺花岗岩条石，设排水系统。天井院与八座门相接。

中堂明间面阔 4.4 米，进深 7.27 米。三合土地面。鼓形花岗岩柱础。其后设木质隔扇门，门额匾楷书"颍川堂"。辘筒灰瓦顶，船形正脊，尖山式硬山。房顶与墙体结合处亦绘壁画。

后堂明间面阔 4.1 米，进深 6.95 米。辘筒灰瓦顶，船形正脊，尖山式硬山。三合土地面。后部木质神龛施浮雕和透雕，彩绘华丽。供"钟氏堂上始高曾祖考妣"，两侧题"祖德源流远，宗枝奕叶长"。

第三节　塔阁　牌坊（楼）

塔阁分墓塔、佛塔、文昌阁和风水塔。深圳的塔阁虽少，但价值较高，如南宋时期的龙津石塔和黄居士默堂墓塔，是深圳现存的最早的地面建筑，对研究南宋时期的历史、建筑和文化，提供了不可多得的实物资料。牌坊（楼）具表彰、纪念功能，如表彰本地的孝子、烈女等。

1. 塔阁

文昌阁塔

位于宝安区新安街道办事处固戍村南滨海处。

建于清乾隆年间，同治十二年（1873 年）、光绪二十五年（1899 年）、民国23 年（1934 年）多次重修。

平面呈方形。首层长、宽各 4.2 米。高三层，共 12 米。

基座由花岗岩条石砌筑，阁身青砖垒砌。每层之间以砖叠涩出檐，上有琉璃麒麟，周围有花、草、树木、人物等浮雕。每层有楼板和门洞，可供登临。

一、二、三层的石门额上分别刻"联登凤阁"、"更上一层"、"会极"。顶端原本有木制笔状塔刹，称"文笔"。

1984 年 9 月，深圳市人民政府公布为市级文物保护单位。

凤凰塔

位于宝安区福永镇凤凰岩岭下凤凰村口。

建于清嘉庆、道光年间。1991 年重修。俗称风水塔或文塔。

该塔为六边形六层楼阁式，高约 20 米。

塔基及第一层下半段用青砖砌筑。每层叠涩出檐，无平座。塔内每层有楼板和木梯。第一层正面开长方形门，第二、三层正面用券门，第四、五层正面用方窗，第六层正面用圆窗。每层与正面相接的两侧面有长条形小窗。塔刹早已遭雷击毁，今存塔刹为 1991 年重修时所加。

每层塔门（窗）上有石匾或对联，楷书阳文：第一层为"凤阁朝阳"；第二层为"开文运"，左右联为"地近舟山凭凤翥，天明黄道任龙翔"；第三层为"经纬楼"，左右联为"风云蟠五岭，金璧联三台"；第四层为"独占"；第五层为

"直上"；第六层为"绮汉"。

1984 年 9 月，深圳市人民政府公布为市级文物保护单位。

龙津石塔

位于宝安区沙井镇沙四村桥东五巷。

建于南宋嘉定十三年（1220 年）。清嘉庆《新安县志》载："龙津石塔在邑中之三都沙井村河边，宋嘉定年间盐大使建石桥于沙井之东北，桥成之日波涛汹涌，若有蛟龙奋跃之状，故立塔于上以镇之。"1984 年，当地群众在原塔基前重建塔座，将残存塔身等安放塔座上。

石塔构件用红砂岩雕刻而成。塔座正方形，长、宽均为 0.56 米，高 0.29 米。须弥座四角浮雕竹节角柱。塔身为正方形，长宽均为 0.44 米，高 0.6 米，无角柱。葫芦形塔顶、塔身等保存尚好。

正面有弧形佛龛，龛内浮雕半身佛像。螺髻，长圆形脸，凸眼，高鼻，小口，双耳垂肩，平胸细腹。身披袈裟，一手平放，一手屈指举于胸前，神态慈祥逼真。

塔身左右两面各有一弧形龛。左龛的上部有双手合十与手执宝剑的佛像，下有阴刻楷书四行十二字的经文咒语："奄口口，尾萨漂，尾萨罗，叫泮宅"。右龛的上部浮雕一只手，手提宝剑，下刻阴文四行十六字："奄帝势□，惹睹呢俗，睹提□□，□□泮呢"。因年久风化，字迹漫漶不清。

背面刻"嘉定庚辰立石"。

西坑村风水塔

位于龙岗区横岗镇西坑村西北角一土丘上。其西侧有一山环绕，山形如狮状，嘴朝西坑村。依风水之说，西坑村将受此山之害，为此，村民在村西北角建一塔镇之，意在狮子嘴里填一塔，使其无力危害西坑村。

清末建筑。1980 年港商捐资重修塔刹（现一层门额及其两侧刻捐资修塔者名录）。

该塔为六边形四层。青砖砌筑。角用倚柱。青砖迭檐。各层砌有券门。第一层塔身高 1.56 米。该塔自下而上逐层收杀。顶部呈盔状，上置石宝珠。

鹏城村东山寺佛塔

位于龙岗区大鹏镇鹏城村东山寺西侧。

建筑时代不详。最下层有一碑石，上书"东山寺老和尚墓"，右侧小字及年代已模糊不清。

该塔为六边形砖塔。灰砂抹面。径1米，高2.45米。

该塔又称"镇妖塔"。传说庙中主持鹏海大师，德高望重，时年九旬，言东山寺东北磨刀坑有蜘蛛石，年久成精，为害乡民。为解救乡民，老和尚舍命将其打入地下，因此也气绝身亡。于是在老和尚镇妖之地，建此一塔，将老和尚葬于其中。

2. 牌坊（楼）

上合村"孝行流芳"牌楼

位于宝安区新安街道办事处上合村口黄氏宗祠内。

清末建筑。

为四柱三间三楼式。分座、柱、顶三部分。

石座平面为长方形，座底长6.15米，宽3.4米，以花岗岩石板铺砌而成。石柱4条，前后有抱鼓石。明间高3.15米，宽1.75米。左右次间高0.8米。庑殿顶，饰以石湾制绿色琉璃瓦及陶塑。横梁及斗栱为木质结构。

明间额刻楷书"孝行流芳"，上立竖匾"奉旨旌表"，两侧对联为"西晋伦常南粤士，六年庐墓一生心"。左右次间额书"出第"、"入孝"。背面竖刻"奉旨旌表"。

此牌坊是为表彰当地孝子黄舒而立。

水贝村石牌坊

位于龙岗区大鹏镇水贝村北雄鸡拍翅山的山岗上。

建于清嘉庆五年（1800年）。

牌坊为四柱（柱出头式）三间，用花岗岩石雕砌而成。通宽4.5米，通高3.78米。明间宽1.97米，次间宽1.13米。明间柱方形，边长0.36米。次间柱方形，边长0.3米。柱前后有抱鼓石，抱鼓石宽0.36、厚0.14、高0.77米。明间额板高0.36米，上刻"清标通管"四字，左侧额板雕"百世"，右侧雕"流芳"二字。正楼最高处额匾书"奉旨旌表"，背面书"圣旨"。柱头雕宝珠。

此牌楼是为表彰水贝村欧阳学文忠聘妻李氏而建。李氏年十八，得知欧阳学文忠身亡，守贞终身不嫁。当地人称之为"贞节牌坊"。

"鹫峰胜境"石牌坊

位于龙岗区大鹏镇东山寺前。

建于清咸丰四年（1854年）。

为四柱（柱出头式）三间，用花岗岩雕砌而成。明间宽2.07米，次间宽0.97米，高4.9米。明间石柱为方形，前后均有抱鼓石，断面0.27×0.14米。次间柱外侧用夹石。整个牌坊稳定性极好。明间楼顶雕出14垄筒瓦和勾头、滴水，正脊雕宝珠。

明间正面横额阳刻行书"鹫峰胜境"，落款为清"咸丰四年福建籍大鹏营守备张玉堂手书"。背面刻"鹏岛灵山"，两侧题记因风化剥落不清。左右两次间仅在横额上雕菊花图案。

石牌坊今仍保存完好。

1984年9月，深圳市人民政府公布为市级文物保护单位。

第四节　住宅建筑

深圳的住宅建筑主要可分为客家式和广府式。客家式的主要特征为聚族而居的城堡式围楼。它前有月池（半圆形池塘）、禾坪（晒谷场）。围屋的中心部位为"三堂（宗祠）两横"建筑，四角建有碉楼，有些后围中间还建有望楼等。墙体多用三合土（泥、灰、沙）夯筑，或用土坯和青砖垒砌。它们主要继承了粤东兴梅地区客家围龙屋和四角楼的传统，同时又吸收了广府单元房的优点，形成自己的特色。

广府式一般为围村。其前无月池和禾坪，四角大多无碉楼，宗祠偏在一隅或建在围外，中轴线末端大多有小神庙。围墙内是以巷道隔为若干横排（纵向则分成若干列），每一横排又分成若干单元，每一单元一般为二进一天井布局。罩式大门，天井一侧或两侧有廊庑（作厨房、厕所），正房一般为三开间的一层或二层，明间一般一隔为二，前为客堂，后供祖神或为小卧室。

深圳西部以广府式为多，东部以客家式为多，而且往往你中有我，我中有你，只能以其拥有的主要特征来区分。

广府、客家混合型则多分布于上述两类的边缘地区或结合部。

另有一类是中西合璧型，多为清末民国初年的建筑。

还有少量的湘赣式住宅。其主要特点是平面布局与上述不同：大门不在正面，而开在一侧。进大门后为前院，前院前墙起照壁作用。其中心部位为家祠，即祠、宅合一型。可视为客家住宅的另一种形式。

深圳的碉楼本是客家民居的一个组成部分即角楼，有很强的防御功能。到清代晚期至民国初，随着族系的解体，客家围屋的规模也逐渐缩小，但防卫性的碉楼仍不可或缺，而且出现在广府的村落中。上世纪三四十年代，部分碉楼逐步演变为商业场所，如当铺等。

深圳各式各样的住宅颇具特色，烙下了来源于不同地方的移民所带来的本土文化特色以及各文化的交融、变迁之历史印记。其多元性和多样性，为研究古代移民文化，特别是研究广府文化和客家文化，提供了不可多得的实物资料。尤其龙岗区有100余座客家围屋，其结构和平面布局变化多端，有很高的研究和观赏价值。而其中的大万世居和鹤湖新居，占地都在25000平方米以上，规模之大为全国罕见。

本节是按广府式、客家式、广府客家混合式、中西合璧式、碉楼式等分类记述。

1. 广府式住宅

塘朗村新围

位于南山区西丽街道办事处塘朗村塘朗老围南面。

始建于明代晚期，清代重建。

坐东朝西。新围平面布局类似于老围，但规模较大。围内房屋纵横排列，横向四排，纵向七列。民居多为三间一套式。

北面有古井一口。井口用四条花岗岩石块砌成方形，周围井台用三合土夯筑而成。现已遗弃不用。

南面是悦富郑公祠。为三开间两进布局，依次为门厅、天井、左右两廊、后堂。门厅额匾阳刻"悦富郑公祠"，门厅外两侧有塾台。门厅内两侧为门房，博古正脊。天井两侧有卷棚式廊庑，与前、后堂相连。后堂为五架梁，船形正脊。

笋岗村元勋旧址

位于罗湖区笋岗村。

建于明代早期。又称笋岗老围，岭南名贤何真在元末避难于此，筑寨安居。后以笋岗为大本营，收复广东乃至整个岭南。其四世孙在维修此寨时，刻石于寨门曰"元勋旧址"。

村寨平面呈长方形，东西长 68 米，南北宽 63.5 米，占地面积 4000 多平方米。

寨墙高 5 米，厚 1.2 米。有压顶，其下为灰塑装饰。前有门楼，后有龙母宫，四角有碉楼，外围有护寨河。寨内有三条纵巷，六条横巷，三口水井，140 余间民居。

单元建筑为一天井一正房。门开在南面，为罩式门。

天井屋为一面坡顶。

正房为二层，板瓦屋面。山墙博风处灰塑黑带、花草。

该建筑群是深圳市区保存较完整的一座寨堡式古村围，虽内部改建较大，仍不失为对民俗研究有较高价值。

1988 年 7 月，深圳市人民政府公布为市级文物保护单位。

2002 年 7 月，广东省人民政府公布为省级文物保护单位。

湖贝村民居

位于罗湖区湖贝村南坊 236 号。

清末建筑。

以巷门为中轴线左右对称分布，共 8 排。单元建筑为二进一天井布局。门顶砌出门罩，有灰塑装饰。天井一侧廊庑为单面坡顶。

正房为上、下二层，下层室内用木板隔出外厅、内房。屋顶覆辘筒灰瓦，尖山式硬山，船形正脊。砖砌墙体。围墙上有压顶。

湖贝村南坊

位于罗湖区湖贝村 186 号。

民国初年建筑。

为一天井一正房。门罩上有灰塑装饰。门厅为单面坡。围墙压顶，墙饰灰塑。天井地面铺砖。

正房三开间两层，下层明间用木板隔为内、外间，并有方形门通左右二次间。辘筒灰瓦，尖山式硬山，山墙有灰塑花鸟、瓜果装饰。后檐墙有灰塑装饰。砖砌墙，灰砂抹面。

坑背村民居

位于罗湖区坑背村 134—136 号。

建于清末民国初年。

为一廊庑一正房。门为凹斗式前檐门，檐下有壁画。天井廊庑为单面坡顶，博古正脊。

正房为上、下二层，下层室内用木板隔成内房、外厅。尖山式硬山，山墙有灰塑黑带博风，屋顶覆板瓦，船形垂脊。墙体用三合土夯筑并用砂灰抹面。建筑保存较好。

横排岭村民居

位于罗湖区横排岭村 67 号。

建于清末民国初。

为一排五套布局。每套一廊庑一正房。

门为凹式前檐门，檐下有壁画装饰。门和廊庑为两面坡顶，与正房檐相连。

正房有三开间一进深或二开间一进深，都为上、下两层，下层明间以木板分隔外厅、内房，明间左右二侧开门，通二次间。搁檩式。屋顶覆板瓦，船形垂脊，尖山式硬山。夯筑墙体，抹灰。

天井围墙有压顶，外侧有排水瓦槽。保存尚可。

茂仔村民居

位于罗湖区茂仔村 14－18 号。

建于清末民国初。

共 7 套。每套为一天井一廊庑一正房。罩式门，有彩绘，灰塑装饰。门、廊庑为单面坡顶。

正房为上、下两层。下层室内用木板隔为外厅、内房。屋顶覆板瓦，尖山式硬山。

围墙为三合土夯筑并抹灰，有压顶。墙体保存完整。

茂仔村民居

位于罗湖区茂仔村 102 号。

建于民国初年。

为一廊庑一正房。门为凹式前檐门，檐下有壁画。天井廊庑为二面坡，脊有灰塑装饰。

正房五开间（残留四开间）两层。下层室内用木板隔为内房、外厅。屋顶覆板瓦，尖山式硬山，山墙有灰塑黑带博风。墙体为三合土夯筑并抹灰。围墙有压顶，外墙有鱼形排水孔。保存较完整。

新平村民居

位于罗湖区新平村 107－109 号。

建于清末民国初。

为一天井两廊庑一正房。凹式前檐门，两面坡顶。天井左右二廊庑为两面坡顶。

正房三开间两层。下层明间用木板隔为外厅、内房。屋顶覆板瓦，博古式正脊，船形垂脊，尖山式硬山，山墙有灰塑黑带博风。墙体为三合土夯筑并抹灰。围墙有压顶，外侧有排水槽。保存尚可。

沙四村升平围寨墙

位于宝安区沙井镇沙四村。

建于南宋。

现尚存寨墙一段，系用蚝灰、黄泥、砂石版筑而成。

据传，这里原为宋、元时期归德盐场衙署所在地。清初，归德场原盐课司署因迁界，建筑遭破坏。康熙八年（1669 年）复界后，本地成为义德堂陈姓回迁聚居地，逐渐发展成为沙井大村。

升平围寨墙是广府围村的历史遗存，是沙井历史变迁的见证。

万丰村福镇围寨墙

位于宝安区沙井镇万丰村。

建于明代。

该围墙是万家蓢的村防设施。村中建有围门、碉楼和寨墙，其防御作用与客家围屋相仿。

今存寨墙一段和墙上碉楼一座。寨墙残高约 1.2 米，残长 6 米，厚 1.2 米。均用青砖垒砌。从砖的规格和形制来看，应是明代遗存。碉楼残高约 3 米。

福镇围寨墙是广府围村的历史遗存，较有价值。

黄埔村洪田围

位于宝安区沙井镇黄埔村。

建于清末。

该建筑呈三纵三横排列。坐东朝西，背山面水。单元建筑为一天井一正房。以洪田村一巷 3 号为例：坐东朝西。面阔 11 米，进深 10.54 米，占地面积 116.4 平方米。

大门为推拉式趟栊门，门上木枋有彩绘。后有天井小院。

正房北开大门，面阔三间。屋内靠后部设二层，木构。三合土夯筑墙体。辘筒灰瓦屋面，平脊，两头作博古饰，尖山式硬山，灰塑黑带白草纹博风。

寨墙高大，花岗石基础，清水砖墙，有压顶。

红星村民居

位于宝安区松岗镇红星村 77 号。

建于清末。

为三开间二进布局。坐北朝西南。面阔 10.3 米，进深 16.2 米，面积 166.8 平方米。

门厅明间辟门，门额两侧及内墙上部饰山水、花鸟、树木、墨书诗词和壁画。

天井两侧设两廊庑。有拱门与门厅和正房相通。红瓦屋面，残破不全，尖山式硬山。

正房面阔三间，进深三间。木构梁架，次间前金柱间枋木连接，木雕驼墩、圆斗状瓜柱、枋木上雕花草图案。墙上壁画内容同门厅。红陶瓦屋面，琉璃瓦剪边，博古式正脊和垂脊，尖山式硬山。

整栋建筑用砂石铺地，花岗石柱，清水砖墙。

潭头村民居

位于宝安区松岗镇潭头村 17 号民居西北侧。

清末建筑。

为一天井一正房。坐北朝南。面阔 9.85 米，进深 9.2 米，占地面积 91.6 平方米。

正中及东侧各辟一木门，有门罩。天井院砖砌墙体。两侧廊庑已无存。

正房面阔三间。明间与两次间有小门相通。山墙全部及后墙部分为砖砌墙基，蚝壳墙体，内外白沙灰抹面（外面大部已脱落）。红瓦屋面，船形正脊，尖山式硬山。

燕川村民居

位于宝安区松岗镇燕川村二区 9 号。

建于清末民国初年。坐西朝东。面阔 9.6 米，进深 9.3 米，占地面积 89.3 平方米。

天井两侧设单面坡廊庑，红陶瓦屋面，正面有挡风墙，檐下有灰塑。

正房为三开间二层。后壁墙上饰彩绘及墨书诗词壁画。前檐下方形石柱间以木枋相连。船形正脊，尖山式硬山。

整栋建筑以红砂石为墙础，清水砖墙。木构梁架。

白花村民居

位于宝安区光明街道办事处白花村 2 号。

建于清代中晚期。

民居坐东北朝西南。面阔 9.35 米，进深 10.75 米，占地面积 100.5 平方米。

门厅为三开间一进。正中辟大门，左、右次间有小门，皆有彩绘门罩及壁画。尖山式硬山。

正房面阔一间，进深二间。木构梁架。砖铺地面。石础清水砖墙。灰瓦屋面，悬山顶，船形脊。

此类民居比较少见。

白花村民居

位于宝安区光明办街道办事处白花村 4 号。

建于清代中晚期。

民居坐东北朝西南。面阔 10.1 米，进深 12.65 米，占地面积 127.8 平方米。

门厅面阔三间，进深一间，平面呈凹形。正中辟门，灰瓦屋面，檐下墙上彩绘壁画，内容有凤、菊、山水及诗题等。尖山式硬山，船形脊。

正房面阔三间，进深一间，有小门与左、右次间相通。木构梁架。石础清水砖墙。砖铺地面。

径口村民居

位于宝安区光明街道办事处径口村。

建于清末民国初年。

建筑呈东西四排，南北六列。坐东朝西。均为砖木构建。

单元建筑为一天井一正房。面阔 10.50 米，进深 9.50 米，面积 99.7 平方米。

正房坐东朝西。中间开门较高大，红砂石门柱，有门罩，饰彩绘。两侧门及门罩略低于中门。清水砖墙。红陶板瓦屋面，船形正脊，尖山式硬山。

2. 客家式住宅

南岭村张氏旧居

位于龙岗区布吉镇南岭村内。

始建于清初，近年修缮。

建筑东偏北 16°。面阔 41 米，进深 37.3 米，占地面积 1529.3 平方米。

前有禾坪。禾坪前的半月池宽约 19 米，长 50 米，是布吉镇现存最大的半月池之一。

石砌前墙。大门面阔 3.1 米，进深 7.3 米。石质门框分内外二层，内框框上凿有二排菱形 11 孔的穿孔，并存有横木插闩。黄琉璃瓦屋顶，平脊。

大门内隔天街斜对为绍玉张公祠，现已被整修一新，失去原貌。张公祠为三开间二进布局。宽 8.5 米，总进深 17.4 米。为尖山式硬山。前、后堂的檐板、梁枋、月梁上等均有精美鲜艳的浅浮雕牡丹等花鸟图案。另在前、后堂檐下和山面等也有彩色壁画和题记，多为礼、孝、祖训及劝学等方面内容。后堂神龛立有牌位，灰瓦屋顶，平脊。

另外，在张公祠的左侧及后二排房屋，又分别设有袁氏、李氏、林氏、谭氏及两座张氏共六个宗祠，皆为前、后堂加中天井布置，建筑形制和内容略同于张公祠。

何氏茂盛世居

位于龙岗区横岗镇四联村茂盛自然村。

建于清咸丰年间。

建筑为一座三堂二横加外围楼和角楼的客家民居。朝向西偏北 34°。通面阔 86 米，进深 73.8 米，占地面积 6278 平方米。

前有宽 34.8 米的月池，其后是宽 16.6 米的禾坪。

世居正面辟一门。前天街宽 7.5 米，天街两侧有门楼通往围外。前天街左侧有砖券古井一口，井口用圆形石雕井圈。

中轴建三开间三进二天井祠堂。祠堂两侧各有三间居室。

前堂门额书"万福来崇"四字，左右对联为"第峙梧峰凤舞碧梧朝晓日，门瞻海岭龙腾沧海奋春雷"。抬梁式与穿斗式相结合梁架，柱头承檩，梁头穿过柱身雕作龙首，方形石柱，莲花柱础。

中堂三开间。内有木构屏风门，门额写有红底金书"茂盛"二字。脊枋下刻有"百子千孙"四字。主跨用砖拱结构代替木作梁架。前后仅用四根檐柱，前檐木作梁架结点用斗栱及雕花驼峰，梁架外饰红绿彩画。金柱圆形，檐柱为石质方形讹角，双层花瓶柱础。1992年重修时改为水泥地面。

后堂名"崇善堂"。明间后墙置放神龛，敬奉何氏祖宗牌位，左右对联为"骏业肇齐昌永葆祖宗光烈，鸿图贻熏乐惟敦昭穆源流"。

三堂两侧为横屋（有天井相隔）。之后为后天街和后围楼。

四角建角楼。角楼平面方形，边长8.35米，凸出围楼墙体0.97米，高三层。墙体系三合土夯筑而成，砌有方窗和枪眼。楼顶为硬山，瓦屋面、船形脊。

2001年6月，龙岗区人民政府公布为区级文物保护单位。

2002年7月，广东省人民政府公布为省级文物保护单位。

莘塘村廖氏莘塘世居

位于龙岗区横岗镇大康村委莘塘自然村。

建于清末。

为三堂四横布局。朝向北偏东5°。通面阔87.2米，进深71米，占地面积6191.2平方米。

月池宽71.2米，其后是8米宽的禾坪。

世居正面辟三券门，里外用双层门栓，内用9根，外用13根，坚固异常。两侧门各用9根门栓。

前天街宽3米。祠堂后有后天街。

前天街之后为三进祠堂。门额书"上杭世泽"四字。堂号曰"诒德堂"。

围内前后巷道5条，房屋5排。围屋与横屋之间隔开，另辟门与外相通。

四角楼墙体用三合土夯筑而成，凸出围墙1.26米。平面为边长7.5米的方形。

此世居属围村式建筑形式。

贤合村欧阳氏高口新居

位于龙岗区横岗镇四联行政村贤合自然村。

建于清道光年间。

坐西朝东。通面阔 55 米，进深 63.6 米，占地面积 3498 平方米。正面围楼宽 13 间，中辟门。

前天街两端有门楼通向外面。前天街之后在中轴线上建三开间三进式祠堂。

前堂前部建门楼。木梁架，八角形柱和圆形柱并用，鼓形柱础。檐口用鸡胸椽，前檐用雕花丁头栱承托，檐板雕刻有鸟、花瓶、扇、葵花内容。

中堂后部采用前后四柱抬梁式与穿斗式相结合结构。金柱间联横枋，梁架结点用瓜柱驼峰，驼峰多雕动物、花草内容。后金柱间有格扇木构屏风门。

后堂檐枋下用雕花雀替。明间后墙置"欧阳堂上始高曾祖考妣神位"。檐枋下有"道光通宝"钱图案。

四角建角楼。平面呈正方形，边长为 5.4 米。墙体用三合土夯筑而成。

所有建筑均为硬山，灰瓦顶，脊饰龙纹。

该世居的屏风和檐板上的木雕较精美，为其它围楼中所少见。

阳和浪村黄氏阳和世居

位于龙岗区龙岗镇同乐行政村阳和浪自然村。

建于清末。

为三堂两横四角楼一望楼带走马廊的布局。朝向西偏南 20°。面阔 55 米，进深 65 米，占地面积 3575 平方米。土木结构。前部是围墙，无围屋。其左、右围屋仍完整。后围龙屋剩一大半，另一半坍塌。南横屋完整，北横屋坍塌。建筑墙体用三合土夯筑而成。月池已被填为平地。

正面开三门。正门为石栱券门，门楣书"阳和世居"四字。

世居中部为三开间三进的黄氏宗祠。檐口用鸡胸椽，板瓦屋面，平脊。

前堂前后出廊。檩下穿枋高浮雕花卉，间书"长发其祥"、"瑞霭盈门"。

中堂前后出廊。用穿斗与抬梁式相结合木构架，方石柱。迎门上书"福禄寿"，檩下穿枋书"奕世荣华"、"凤趾麟祥"。檐穿枋下雀替为透雕龙。

后堂前出廊，仅剩明间一间。

角楼为三层。底平面呈方形。歇山顶，板瓦屋面，船形脊。每层均开瞭望窗及枪眼。南、北两侧两角楼顶层开小门。东西之间有走马廊相通。

向前村李氏正埔岭围

位于龙岗区龙岗镇向前村。

建于清嘉庆八年（1803 年）。

为三堂四横一围六炮楼建筑。坐北朝南。通面阔 87 米，进深 62 米，占地面积 5394 平方米。

先后多次扩建而成。最初先建三堂二横后带花头的围龙屋，横屋和围龙屋为通廊式单间结构，保留兴梅地区客家围龙屋传统。后建的围楼则成了广府式单元住房。

前有宽 63 米的月池，月池右前方有古井一眼。禾坪宽 13.5 米。

正面开三门，正门与祠堂相对，两侧门与左、右天街相对。倒座进深 7.1 米。

三堂面阔三间。前堂进深 5.2 米。前檐用丁头栱承托。

中堂进深 7.5 米。内建仪门，门额刻"万福朝堂"四字。内有楹联为"系本兴宁应卜关宁居世宇，基开归善惟期积善大其间。"梁下用雀替，瓜柱承檩，梁头串过柱头并雕龙首，素面驼峰。

后堂名"达贻堂"。进深 6.8 米。檩下枋刻"长命富贵"、"百子千孙"、"奕世荣昌"吉祥语。神台供正埔岭李氏十四世李瑞、李璠和开基祖朝铉牌位，内有对联两副，一为"肯堂肯构昭先德，俾寿俾昌启后人"；另一为"达道谨循代由簪缨光族系，贻谋恪守世承堂构扩规模"。

三堂两侧的横屋用于居住。

四角建有角楼，现尚存三座。前围东南角炮楼为民国时期所建。

罗氏鹤湖新居

位于龙岗区龙岗镇罗瑞合北街 1 号。

始建于清乾隆 45 年（1780 年），建成于清嘉庆二十二年（1817 年）。鹤湖新居创始人罗瑞凤为造福子孙，聚族于斯，斥巨资买下龙岗圩旁鹤湖山，大兴土木，建造围屋，取名鹤湖新居。

该建筑坐西南面东北。整体建筑由内外两围相套而成。外围平面呈梯形，前宽后窄；内围平面呈方形。外围前宽 165.9 米，后宽 111.6 米，建筑占地面积 14432 平方米，总占地面积（包括半月池、禾坪）约 25000 平方米。

共有 179 套、300 多间居室。每套居室由天井、客厅和卧室组成。其中客厅和卧室带木板楼阁，为客家围楼内的广府式单元房。

围墙高 6 米，厚约 1 米，由石块、三合土和筑而成。四面开有数排瞭望窗与枪眼。围墙上还有宽约 0.5 米的跑马廊。

内外围墙四角及后墙正中设有高三层的歇山顶式楼阁 10 个，现仅存 7 个，其中完好者 2 个。

外围正面有宽阔的禾坪及月池。月池两侧各有一棵枝繁叶茂状如伞盖的古榕树及清咸丰年间的旗杆石。

外围正面开大门三个，两侧开小门各一。正中大门有双层门楼，拱形门洞，额匾楷书"鹤湖新居"，"嘉庆二十二年岁次丁丑仲秋月吉旦"。

大门后，一座牌楼迎面而立并与高墙相连。正面额书"亲仁犹在"，背面额书"聚族于斯"，各面均塑有人物故事与吉祥图案。

内围内的建筑即为标准的客家"三堂二横"式。三开间二天井布局的罗氏宗祠，是罗氏族人重要聚会中心。其前、中两堂屋内外檐口有精美的人物、花卉、鸟兽等木雕。

祠堂左右各有横屋二排，每排九间，三合土夯筑而成。后由于人口增多，不仅增建了外围，又在内、外围之间增建了排屋。内、外围之间有四条巷道相通。

整座围屋有完整合理的排水系统，出口汇集于月池。

总之，围屋的院落相接，巷道相连，隔而不断，守望相应，楼、堂、房、院、街，布局错落有致，有"九天十八井，十阁走马楼"之称。

1998 年 7 月，深圳市人民政府公布为市级文物保护单位。

2002 年 7 月，广东省人民政府公布为省级文物保护单位。

晋安村罗氏龙和世居

位于龙岗区龙岗镇晋安村。

建于清光绪七年（1881 年）。

方向北偏东 30°。通面阔 75.8 米，进深 71.6 米，占地面积约 5427 平方米。现存建筑有围屋、角楼和祠堂。围屋正面及两侧保存较完整。后围屋未完工，只建起外侧夯土墙，墙厚 0.45 米。

月池已被填平改作它用，禾坪也成为过往道路。

正面辟三门，正门与偏门间距 22.7 米。三堂式祠堂保留完好。进正门后即为前堂，面阔三间。大门上有清光绪七年的石匾，上刻"龙和世居"四字。出前廊。硬山，灰瓦，平脊，花岗岩石柱，双层花盆式柱础。抬梁与穿斗结合木构梁架。斗栱为一斗三升并加以雕饰。脊枋下雕花瓶、花朵及"金玉满堂"四字，着色以绿为主，金字、间用红色。驼墩上雕麒麟、花瓶、人物故事，托脚雕作龙形。檐板雕刻内容为梅花、喜鹊、树、花瓶、仙鹤、狮子、人物故事等。

中堂宽三间，进深 9.5 米。檐枋下雕龙、花、海水、古钱纹和"长发其祥"四字，色调以绿色为主，红黄点缀。当心间后金柱之间建屏风门。梁架上的瓜柱头刻作斗形，用雕花驼峰承托。金柱为圆形石质，檐柱为方形讹角，柱础分鼓形和花瓶形二种。

后堂为一间，以墙代梁。檩枋下雕花鸟、花瓶图案，刻"长命富贵"、"百子千孙"、"万代荣昌"等。神台上供十九世罗太公神位。

三堂以外为单元居室。

二天井两侧有六檩卷棚式廊庑。

正面两角楼保存完好。底平面为方形，边长 8.8 米。歇山瓦顶。山墙上有古钱状花窗。砌有横、竖向枪眼。后部二角楼均毁，残留基址。

龙东村陈氏大田世居

位于龙岗区龙岗镇龙东村。

建于道光五年（1825 年）。陈氏源于福建宁化石壁村，后迁龙溪，宋元之际入粤，后经南雄、潮州到兴宁，清代乾隆年间由兴宁迁龙岗。

围坐南朝北。通面阔 84 米，进深 50 米，占地面积 4200 平方米。包括三堂、二横、一围龙（围龙未建成）、四角楼。

前有月池、禾坪、矮护墙、左右转斗门。

有正门和两侧门。正门额石刻"大田世居"。

正门内建牌坊。牌坊上有人物和花草灰塑，正面枋额石刻"义笃江州"，背面石刻"晖承颍水"。

围楼均为二层。四周筑女儿墙。后围龙未建成，只有通廊式单间房的半截墙基。

田祖上村刘氏田丰世居

位于龙岗区龙岗镇田祖上村。

清代中期建筑。由兴宁县迁居龙岗的刘姓客家人所创建。

朝向南偏东 45°。面阔 126 米，进深 83 米，占地面积 10458 平方米。世居内共建有房间 78 间，皆为单元式平房。

前有宽 39.2 米的月池和宽 12.6 米的禾坪。

正门额上镌刻"田丰世居"四个楷书大字。其后是宽 6.9 米的前天街，天街两端有券门通向世居外。

隔前天街与世居正门相对是三开间三进二天井祠堂。三堂均面阔三间。

前堂门横额刻"兰桂胜芳"四字。前檐梁架用一斗三升，驼峰呈圆鼓状，梁头雕作龙首状。内建屏风门。硬山，灰瓦。

中堂进深 7.45 米。梁架为抬梁式与穿斗式相结合。八角、鼓形柱础。驼峰雕成莲花状。后檐柱间有"彭城世居"匾额。

后堂供刘氏祖宗牌位。两侧对联为"祖宗功德乾坤大，田丰世泽日月长"。横批"天禄流芳"。檩枋下刻有"富贵双全，百子千孙"。

祠堂之后建进深 8.85 米排屋三排。前、后排屋之间有横向巷道。

左右有宽 1.7 米的巷道各一条。排屋两侧与左右围屋之间是宽 3.6 米的左、右天街。

四角各建二层角楼。

属围村建筑，有别于其他客家城堡式围楼。

杨梅岗村赖氏梅岗世居

位于龙岗区龙岗镇杨梅岗村。

清末建筑。

该建筑为三堂两横加外围布局。朝向北偏西 15°。先建中部祠堂及横屋，后由于财力不足，围楼未完工。墙体均用三合土夯筑而成。世居面阔 67.5 米，进深 63.2 米，占地面积 4266 平方米。

前有月池与禾坪。月池宽 67.5 米，最大垂直距离 26 米，与建筑之间距离为 11 米。

前开一正门、两侧门，现两侧门被堵。正门为石拱券门，门额石匾书"梅岗世居"四字。中部三堂为五开间。前堂后出廊。廊穿枋间驼墩刻瑞禽及吉祥花卉等，木雕刻十分精美。中堂前后出廊。梁架结构为穿斗式与抬梁式相结合。两次间木格扇保存完整。后堂前出廊。檐板雕刻花卉、瑞禽、鸟兽等。堂中对联为"光前俊德传家远，裕后鸿图寿久长"。

除两个角楼未完工外，其余五个角楼均保存完整。平面呈长方形，高三层。歇山顶，船形脊。各层有枪眼。第三层开两门。各角楼间有走马廊相连，因只有前围完工，可与之相通，两侧围屋也因财力问题未及建成，因而无法相通。

张氏龙田世居

位于龙岗区龙岗镇南约村行政大浪自然村。

建于清光绪年间。

建筑为三堂两横四角楼带走马廊围楼。北偏西40°。面阔57.2米，进深34.2米，占地面积约1956平方米。建筑用三合土夯筑而成。

月池大部分被填。禾坪为长方形。

面开三门。大门用石抱框，木制趟栊门保存完整。侧门木制趟栊门亦完整无缺。大门额匾书"龙田世居"四字。

张氏宗祠位于整座建筑的中轴线上，三开间三进。

进正门后即为前堂。前后出廊。前廊两次间额枋为高浮雕花卉，穿枋间驼墩雕戏剧人物，抱头梁上出两跳异形雕花栱承托金檩，穿插枋下骑马雀替透雕人物、花卉保存十分完整，非常少见。前檐板高浮雕戏剧人物、瑞禽、花卉、诗词等，艺术价值很高。

中堂前后出廊。

后堂前出廊。檐板雕刻保存完整。现存楷书木对联一块，"室筑龙田青钱万选"。另存光绪八年的"岁岁平安"木匾额一块（慈禧御笔，现保存于龙岗镇客家民俗博物馆）。

横屋建筑完整。

围屋西南侧保存较好，东北侧围屋坍塌，仅剩围墙。

东角楼坍塌，其它角楼保存完整。角楼平面呈长方形，高三层。歇山顶，船形脊，屋檐叠涩下做灰塑。各层开瞭望窗及枪眼。各角楼三层开有小门。纵向两角楼间有走马廊相通。

龙田世居建筑结构独特，除东北侧围屋坍塌外，保存非常完整，而且内部没有经过改建，保持客家围屋原汁原味。特别是祠堂木雕刻，其内容丰富，形象生动，雕刻手法细腻，具有较高的艺术价值。

官新合村官氏官新合围

位于龙岗区龙岗镇盛平行政村官新合自然村。

建于清嘉庆、道光年间。

由内外两围环套而成。朝向正南。通面阔90米，进深77米，占地面积6930平方米。

半月形池宽 80 余米,最大垂直距离约 32 米。禾坪宽 12 米。

正面开三门。中心是官氏公共场所,俗称"三厅房",保存基本完整。横屋亦完整,现仍住人。

内、外围四角均建角楼。除外围之后围的一角楼被改建外,余皆保存完整。角楼平面呈长方形,高三层。叠涩檐上砌女儿墙,两山做风火山墙。各角楼之间原有走马廊相通,现因围屋有所改建,相互已不能通行。

在内、外围后部中间各有一望楼,平面呈长方形,高三层。歇山顶,船形脊,叠涩檐下饰灰塑。

六联村萧氏吉坑世居

位于龙岗区坪地镇六联村。

建于清道光甲申年(1824 年)。

建筑南偏西 45°。通面阔 67 米,进深 72 米,总占地面积 7370 平方米。

前有月池、禾坪。正面开一门,门额阳刻"吉坑世居"。门楼船形脊,上雕饰精细。值得注意的是围楼两侧门隐蔽在正面两角楼之后。

三堂面阔均为三间。前堂进深 6.4 米。

中堂进深 8.6 米。后设屏风门,门额匾题"庸和堂,武监生萧润邦庠生煌昭建立。道光甲申年造"。船形脊,硬山,穿斗式梁架。

后堂进深 7.6 米。脊檩下枋木有浮雕,并题吉祥语"富贵长命"。神龛对联为"由揭阳迁归邑百世流芳思祖德,居泮浪建吉坑四坤胎裔念宗功"。神位题"萧氏堂上始高曾祖考妣神位"。说明萧氏的祖先是揭阳的福佬人,迁坪地后逐渐演化为客家人。船形脊。

四角有角楼,高三层,上部开竖向长方形枪孔,下部开葫芦形枪孔。后围外侧墙有葫芦形枪孔。

龙厅高两层,有封火墙。

围西北角有古井一口,小砖圈砌井壁。前些年仍在使用,现已废弃。

上围村萧氏世采新居

位于龙岗区坪地镇坪东行政村上围自然村中部。

建于清道光年间。

朝向西偏南 40°。现西北角楼、外围房屋与宗祠基本完整,其南部与后部已毁坏,围前部已建为现代的平房和楼房。残存建筑面阔 33 米,进深 32.2 米,占地面积 1063 平方米。从遗迹判断，原建筑面阔约 60 多米，进深 70 余米，占地面积近 5000 平方米，乃一中等规模的客家民居。

宗祠为三堂三进布局。为灰瓦顶，平脊，尖山式硬山。三合土夯筑地面。

前堂脊檩下枋木浮雕花卉等，题字已不可辨识。其后有隔扇门，两木柱夹持门抱框，花岗岩石额匾前题"桂馥兰馨"，后题"兰桂胜芳"，皆为楷体阳刻，红底黄字。整个隔扇门装饰华丽，局部透雕和线刻精致。

中堂设屏风门，门额木匾前题"福善堂"，后题"光前裕后"。脊檩下枋木施花草等浮雕，题"福禄寿全"四个小字。

后堂檩下有浮雕，题字不可辨识。

所存角楼十分完整，为三层。花岗岩石条垫基，三合土板筑墙面，灰泥抹面。有竖向方形和葫芦形枪孔。

新屋场村萧氏泮浪世居

位于龙岗区坪地镇坪西行政村新屋场自然村东侧。

建于清道光年间。

朝向南偏西 1°。有内外两围（外围为后代所加）。内围面阔 66 米，进深 97 米，占地面积 6402 平方米。外围面阔 116 米，进深 103.45 米，总建筑面积约 12000 平方米。

前有完整的月池，禾坪。

正面开一正门和两侧门。前门楼之后夹墙拱门上题"泮浪世居"。

前天街宽阔，两端各通侧门。两侧左右天街通后部后天街。

宗祠前堂面阔 4.1 米，进深 6 米。门额题"萧氏宗祠"。前后檐有花岗岩六棱石柱，鼓形石质柱础，柱各穿一挑檐梁，挑出四檩。

中堂面阔 9.5 米，进深 7.2 米。穿斗式梁架，前为两檐柱，后有四金柱，穿插枋上置短柱，短柱上下两端置栌斗，分别承檩接枋。屏风门无题字。

后堂面阔 4.5 米，进深 6.6 米。神龛题"始开七祖之基肯构肯堂既沐先灵有咮，今瑜百男之业俾昌俾识还期世德流芳。"供奉萧氏堂上始高曾祖考妣神位。

宗祠屋面为船形脊，有雕饰。余皆平脊，灰瓦顶，尖山式硬山。地面原为三合土，现改成水泥面。围后房屋多倒塌残破。

四角角楼仅存正面两个。顶有所改造，原应为三层。有葫芦形枪孔。

寺利村萧氏金岭世居

位于龙岗区坪地镇中心行政村寺利自然村（现在镇区之内）。北侧紧邻深惠公路。

清末建筑。原建筑规模应该较大，现存建筑南侧还有私塾遗迹和其它角楼的残墙。修建公路时又将其西北部建筑包括角楼拆毁。围屋后部建筑毁后也建起了现代高楼。

现存建筑包括月池、正面围屋、前天街、左右两侧横街和宗祠。朝向东偏南10°。现存建筑面阔60米，进深50米，占地面积3000平方米。土木结构。建筑均为平脊，灰瓦顶，硬山尖山式，三合土夯筑地面。

围正面开一门，拱券门洞。

前天街的左端还保存一口完好的古井，井口用花岗岩条石围砌，三合土夯筑井壁，水质仍清净良好。

宗祠保存完整，为三堂式。前堂门厅有两八角形花岗岩石柱，细腰花瓶式石柱础，木作梁架，雕刻与壁画丰富。前堂后置隔扇门，门额木匾前题"燕翼诒谋"，后题"兰桂胜芳"，均为楷体阳刻。

中堂前墙镶琉璃花格窗。后设屏风门，门额匾前题"有德堂"，后题"万福朝堂"，亦为楷体阳刻。

后堂神位题"松源祖德流芳远，金岭孙枝衍庆长"，供奉萧氏始高曾祖考妣神位。

两天井院两侧各有一廊庑。

宗祠两侧外各有一个三进跨院，应为居所。其形制与宗祠相同。各有通道通向前后天井的前部。

所有檐板均有透雕花卉、人物等图案。雕刻精细。

沃头村萧氏兴刘世居（麟阁世居）

位于龙岗区坪地镇坪西行政村沃头自然村北侧。

始建年代不详，清光绪年间部分重修。

朝向南偏东45°。面阔90米，进深80米，建筑占地面积7200平方米。包括月池、禾坪在内，总进深115.4米，占地面积10386平方米。围内为三堂四横布局。正门、祠堂、北侧房屋、西北角楼等保存较好。均为瓦顶、平脊、尖山式硬山。除宗祠为后加的水泥地面外，其它地面皆为三合土。

前有完整的月池。现存围前禾坪宽仅存5.4米。

前天街两侧各开门向外通行。

宗祠为三堂式。前堂面阔4.15米，进深5.9米，后部设仪门。中堂面阔9.3

米，进深7.6米。六柱，穿斗式梁架，前有两檐柱，其余为金柱。后金柱之间设屏风门，额匾阳刻"谱传麟阁"。两后金柱上红纸墨书题"由宁化至梅州在昔松源继接千秋世泽，自揭阳迁归邑于今坪地沃头宗枝盛开"。后堂面阔4.15米，进深7.3米。木质神龛施透雕和线刻，彩画华丽，神龛题"祖德源流千载盛，宗枝奕叶万年兴。"横披"金玉满堂"。

角楼有封火墙，葫芦形枪孔。

另外东南角有古井一口。西南侧有东兴书室，存石碑一通，有光绪二十九年（1903年）重修家塾记录。

下高桥村萧氏新桥世居

位于龙岗区坪地镇坪西行政村下高桥自然村北侧。

建于清末。

为三堂四横布局。朝向东偏南20°。通面阔120米，其进深因后部残毁已无法准确测量，占地面积约15600平方米。土木结构。

前有大型完整之月池，长102米，宽35米。禾坪亦宽阔。

正面开五门。正门楷体阳刻"新桥世居"。门楼灰瓦顶，尖山式硬山，船形脊。其它四门各通一宽敞的横街。

前天街完整。宗祠居中，两侧建筑多坍塌。

三堂均为船形脊，瓦顶，尖山式硬山，水泥地面，脊上雕饰古朴。

前堂门额题"萧氏宗祠"。后侧隔扇门线刻彩绘华丽，额题"兰桂飘香"。

中堂屏风门亦雕刻彩绘，额匾楷体阳刻"光前裕后"。

后堂神龛题"系接揭阳先祖源流远，谱传坪地后人世业长"，横批"承启堂"，供奉萧氏历代高曾祖考妣神位。

西坑村黄氏洪围

位于龙岗区坑梓镇西坑自然村。

始建于清康熙三十年（1691年）。由坑梓黄氏二世祖黄居中创建，因其后有洪围山而得名。道光十年（1830年）重修。1996年再次重修。

建筑平面布局为三堂两横带后围龙屋。朝向正东北。通面阔30.8米，进深51米，占地1500多平方米。

前有禾坪和月池。月池宽30米，与围屋间垂直距离12米。

大门石额上刻"黄氏宗祠"，旁有"道光拾年季春月吉旦重修，三大房同立"

款。

外墙与角楼均用三合土筑成。围内厅、堂、屋用砖砌。天井、水沟铺以花岗岩条石。屋、门均较低矮。

道光十年（1830 年）重修时，将一角楼式样改建。但仍保留了清康熙年代的形制与风格，是深圳目前发现的最早的客家宗祠与住宅合一的围龙屋。

2001 年 6 月，龙岗区人民政府公布为区级文物保护单位。

秀新村黄氏新乔世居

位于龙岗区坑梓镇秀新村。

建于乾隆十八年（1753 年），由坑梓黄氏三世祖昂燕创建。

建筑为三堂四横一围龙四角楼一望楼。朝向南偏东 40°。面阔 95 米，进深 87 米，占地面积 8262 平方米。

整个建筑群用三合土夯筑而成，间用石料，且从前到后依次升高。

前有禾坪、照壁和一半圆形的月池。月池宽 86.2 米，最大垂直距离 42 米，距围屋 15.5 米，有涵洞与门边河相通。河上有一单孔石拱桥，桥两头均有古榕树。门边河与石拱桥均为建村时之配套工程。

前围开三门。正门上有一石匾书"新乔世居，乾隆拾捌年仲冬月吉旦昂燕创立。"

大门内有四柱三间式牌楼。牌坊正中开拱券门，门上正面额书"霄锋拱会"，背面书"戬谷馨宜"。歇山顶，船形脊。

中轴线上的三堂，为三开间三进布局。中堂有牌匾四块。

前围现存两角楼，后围存一角楼。角楼平面呈长方形，高三层。顶层均开瞭望窗及枪眼。尖山式硬山。

围内排水系统十分健全，或明或暗的排水沟纵横相连，由后向前将水排出围屋。

除围屋西部拆除改建成洋房外，其余三面保存较完整。

2001 年 6 月，龙岗区人民政府公布为区级文物保护单位。

大水湾黄氏龙湾世居

位于龙岗区坑梓镇龙田行政村大水湾自然村。

建于清乾隆辛丑年（1781 年）。

为三堂两横四角楼一望楼一围龙（后围是半圆形的围龙屋）对称式围屋。朝向南偏东 40°。通面阔 70.5 米，通进深 84.57 米，面积约 5966 平方米。均用三合土夯筑而成。整体建筑地面由前至后步步抬高，既取其步步升高吉祥之意，又利于排水。

现存半月池宽 60 余米，最大垂直距离为 35 米。前围两角楼有骑屋与半月池相接，两边骑屋有门楼可进入禾坪。长方形禾坪宽 12.5 米。

正面开三门，均为石门框上加半圆拱券。正门额匾书"乾隆辛丑仲冬时口旦，龙湾世居，寿柏建立"。

大门内是四柱三间三楼式牌坊。用三合土夯筑而成。中间开圆拱门，额书"峰峦拱护"，背面书"瑞色祥光"。灰瓦顶，船形脊。

正对大门位于世居中心的黄氏宗祠，为三开间三进布局。灰板瓦屋顶，琉璃勾头，滴水剪边，船形脊。

前堂前后出廊。板门外有九道门闩，现存两条。木柱、石础。柱穿枋上浮雕花卉，间书"奎璧联辉"。

中堂前后出廊。木构架为穿斗式与抬梁式相结合。脊檩下穿枋、前金檩下穿枋分别书"燕翼诒谋"、"金玉满堂"。檐板木刻连续花纹，驼墩雕成莲花形状，雀替雕瑞禽、花卉。

后堂前出廊（新近重修过）。神龛木对联为"祖德源流千载盛，宗枝奕叶万年兴"，横批为"光前裕后"。另存一对联为"尊祖敬宗翠百代翰常如在，光前裕后远万年昭穆无疆"。神龛上敬黄氏祖先，神龛下敬地藏天下宝和五方五土龙神。

祠堂左右与横屋相连。祠堂建筑较横屋和围屋高大华丽。

围屋与围龙屋则围绕在三堂两横四周，均为两层，实为围楼。外墙开枪眼。现存角楼三座，望楼一座，均为三层。歇山顶。墙上开有瞭望窗及枪眼。

四周围楼与横屋被分割成一个个独立的小天井院，每户一天井院，其中卧室、厨房、卫生间等一应俱全。

围内排水沟纵横相连，十分合理。

金沙村黄氏长隆世居

位于龙岗区坑梓镇金沙村。

建于乾隆五十九年（1794 年），为坑梓黄氏五世祖黄廷元创建。

建筑为三堂四横四角楼布局。坐东北朝西南。全用三合土夯筑而成。通面阔 83 米，进深 75 米，占地面积 6225 平方米。建筑整体依地势前低后高。

月池宽 83 米，最大垂直距离 38 米。

正面开三门。正门额匾书"乾隆五十九年岁次甲寅中秋穀旦。长隆世居，梅峰建立。"

正门内设牌坊，牌坊下辟两侧门入前天街。大门与牌坊为船形脊，脊上有简单的灰塑卷草纹等。

三堂屋顶均采用板橼明瓦，悬山，一字清水脊。

前堂面阔进深各三间。前后出廊，前檐用方石柱，后檐用木柱。

中堂面阔进深各三间。前后出廊，木构架为穿斗与抬梁式相结合。两檩下穿枋雕刻花卉，间刻"兰桂腾芳"、"奕世其昌"。穿枋下透雕雀替，十分精美。

后堂出前廊。两檩下穿枋雕刻花卉，并分别间刻"长命富贵"、"百子千孙"。堂中对联为"直谏著芳徽永肇颍川家学，敦伦遗懿德克承江夏宗潢"，横批"江夏堂"。

四角楼现仅存其一。平面呈方形，高三层。平顶砌女儿墙，两山砌风火墙。角楼、围楼均开瞭望窗和枪眼。

明暗排水沟纵横交错，设计合理，实用。

围楼保存较完整，横屋多坍塌。祠堂建筑气势宏大，装饰华丽。其余建筑以朴素无华相衬托。

金沙村黄氏青排世居

位于龙岗区坑梓镇金沙村。因其后有青排岭而得名。

建于嘉庆末或道光初年。坑梓黄氏六世祖黄奇义创建。黄奇义为长隆世居的创建者黄廷元之次子。南距长隆世居约100米。

该围建筑为双三堂布局，十分独特。南偏西10°。通面阔121米，进深约66米，占地面积7986平方米。三合土加石块夯筑而成。整体建筑依地势前低后高。

正面无正门，而在其左、右各开一门。

两门之间紧贴围屋开半月池，池宽60余米，最大垂直距离为26米。

围内东、西两侧各有三堂式祠堂一座。其间有三排屋相连。

西边黄氏祠堂正对西门。其前堂后出廊，檩下穿枋雕刻花卉，间刻"五福临门"。中堂前后出廊，原穿斗式木构架被踞或被拆，改用砖墙。

东边黄氏祠堂与东门相错开（稍偏东）。前堂后出廊，两檩下穿枋高浮雕花卉，间刻"克昌厥俊"、"长发其祥"。中堂前后出廊，檩下穿枋高浮雕花卉，间刻"元吉其旋"、"吉庆盈门"。

四周均为两层式围楼。

现前存四个角楼，后存两个角楼。各角楼均辟瞭望孔和枪眼。祠堂建筑较横屋和围屋规格高，装饰华丽，其余建筑朴实无华。排水系统纵横交错，很有特色。

金沙村黄氏迴龙世居

位于龙岗区坑梓镇金沙村。

建于清道光二十八年（1848年）。为坑梓黄氏祖先黄耀青创建。

建筑为三堂两横四角楼带走马廊。朝向为正西南。通面阔62米，进深33.7米，占地面积2089平方米。均用三合土夯筑而成。整体建筑依地势前低后高，错落有致。

前有半月池，池宽62米，最大垂直距离为30米。

围楼为两层，上加女儿墙。围正面开三门，均为石拱券门。正门门额石匾书"道光二十八年季冬谷旦，迴龙世居，耀青建立"。

宗祠面阔三间。悬山顶，灰板瓦，檐口鸡胸椽，一字清水脊。建筑高大，装饰华丽。

前堂出后廊。

中堂前后出廊。两檩下穿枋高浮雕花卉，间刻"兰桂腾芳"、"奕世其昌"。檐板有简单雕刻。堂内山墙有壁画。

后堂前出廊。现供奉土地神。

四角楼平面呈方形，高三层。歇山顶。角楼顶层各开两门，每层均辟瞭望孔及枪眼。角楼之间有走马廊相通。

龙田村黄氏龙田世居

位于龙岗区坑梓镇龙田村。

建于道光十七年（1837年）。由黄氏六世祖黄奇纬率众子在亚妈湖建筑。道光二十年黄奇纬逝世，其长子黄毓杰（号修圃）承父志，经数年功夫，终于建成"龙田世居"。

坐东朝西。为三堂、二横、一外围、四角楼、一望楼建筑。通面阔65米，进深73米，占地面积4745平方米。

门前有禾坪，禾坪前为宽16米的"凹"字形池塘，即外围的前、左、右三面环水，这在龙岗客家围楼中仅此一例。

外围墙高4米，厚0.5米。外围正面开三门。门上有花岗岩门额，刻"龙田世居，道光十七年丁酉岁仲夏谷旦隽卿建立"字样。

进门后有带花窗的影壁，较其他客家围显得华丽。

围楼内的住房皆为单元式套间。

2001年月6月，龙岗区人民政府公布为区级文物保护单位。

2002年月7月，广东省人民政府公布为省级文物保护单位。

老坑村黄氏磐龙世居

位于龙岗区坑梓镇老坑村。

建于清同治三年（1864年）。由坑梓黄氏八世祖世福公在其祖母张老安人的筹划下建成。

建筑朝向南偏东10°。包括三堂、二横、四角楼（现存三角楼）。通面阔57.3米，进深34米，占地面积1948平方米。

前有半月池，宽57.3米，最大垂直距离31米，池与建筑间距为10.5米。

正面开三门。正门为石拱券木质门，门内趟栊门原有九道横闩，现存两道，门楣石匾书"磐龙世居，同治甲子孟冬谷旦立"。

进入大门后即为三堂，堂屋两侧为横屋（有天井相隔）。三堂屋皆为灰板瓦屋面，博古脊，檐口用鸡胸椽，有雕花檐板。

前堂后出廊。中堂前后出廊。檩下穿枋分别书"兰桂飘香"、"奕世其昌"。檐板、挂落雕刻极为繁杂，保存完整。后堂前出廊。檩下穿枋刻"三多四必"、"百子千孙"。

角楼平面呈方形，高三层。歇山顶，博古脊。每层辟瞭望孔及枪眼。

横屋及围屋未有改动，保存尚好。特别是木雕刻为晚清时期构件，雕刻精细，对研究深圳地区清代民居装修较有价值。此世居无天街，进大门后即为三堂两横建筑，有别于其他带天街或后围龙的客家围楼或围屋，是龙岗地区另一类型带四角楼的客家围。

荣田村黄氏荣田世居

位于龙岗区坑梓镇金沙行政村荣田自然村。

建于清光绪三十四年（1908年）。

朝向北偏西35°。面阔73米，进深81米，占地面积5913平方米。建筑均用三合土夯筑而成。整体建筑前低后高，错落有致。

半月形池塘宽70米，最大垂直距离为26米。禾坪宽18米。

正面开三门。正门为石抱框拱券门，板门外趟栊门原有 11 道门闩，现仅剩 5 道。门额匾书"荣田世居，光绪三十四年……"。

大门内有用三合土夯筑而成的仿四柱三间三楼式牌坊。拱券门。门上题字不存。三层楼均为歇山顶，船形脊，脊上灰塑完整。

围内中心为三开间三进的黄氏宗祠。屋顶覆灰瓦，平脊。

前堂前后出廊。檐下墙上有彩画。迎门上刻"万富朝堂"。中堂前后出廊。檐口用鸡胸椽。木构架为穿斗与抬梁式相结合。

李中村李屋

位于龙岗区坑梓镇沙田行政村李中自然村（俗称李屋）。

建于清末。

朝向东偏南 20°。通面阔 38.7 米，进深 34.8 米，占地面积约 1347 平方米。用三合土夯筑而成。建筑均为尖山式硬山，清水脊，屋面覆灰板瓦。

造型独特，无半月塘和禾坪。只有四周的双层围屋，中间为长方形空地，无建筑。这在深圳仅此一例。

正面开一门，在石抱框上出拱券，木板门，无门闩。两侧围屋各开一偏门。

围屋均向院中出廊，四周檐廊相通。房屋面阔、进深很大。

后围正中原为李氏祠堂，上世纪六十年代改作它用，现用来养牲畜。

曾氏大万世居

位于龙岗区坪山镇大万村。

始建于乾隆五十六年（1791 年）。

平面呈方形。朝向西偏南 10°。边长 127 米，占地面积达 16129 平方米。由内外两围组成。

外围前 10.4 米有宽 80 米的月池。

正面辟三门。中门与两侧门距离 35.1 米。进入中门后为宽 9 米的前天街。

外围正面中部建三间四柱牌楼式券门，船脊飞翘，作工甚细。

天街之后是内围，其中心为三进两天井式祠堂。祠堂周围建围屋，四角建角楼。

前、中、后三堂每排房屋十一间。前堂进深 6 米。中部九间稍高，两侧各一间稍低，作为跨巷门楼。前堂与中堂之间的天井院深 6.4 米。中堂进深 8 米。后堂后部中间建神台，置祖宗牌位。三堂间联以廊庑，通以巷道。巷道宽一般在 3

米多。堂内木构梁架为抬梁式，但具体构造方法又兼容了穿斗式梁架作法，堂内驼峰、梁头多有雕刻，表现出南北文化共存的特色。堂内悬挂有清乾隆五十六年"赞政宏才"匾和清嘉庆"州司马"匾。

内围之后建前、后两排房屋用于居住。前后排之间有宽 2.2 米的小巷。

内外围之间左右各建横屋两排。横屋间巷道宽 2.6 米。

大万世居整体为硬山青瓦小式建筑。

1984 年 9 月，深圳市人民政府公布为市级文物保护单位。

2002 年 7 月，广东省人民政府公布为省级文物保护单位。

沙缋村廖氏嘉缋世居

位于龙岗区坪山镇碧岭行政村沙缋村。

始建于清道光年间，1987 年廖氏族人予以重修。

整体建筑为一围四碉楼三堂二横式。朝向东偏北 40°。通面阔 81 米，进深 72 米，占地面积 5832 平方米。

前有月池和禾坪。

围楼正面辟三门。倒座深 8.7 米。其后是宽 6.3 米的前天街。其后是三进二天井的祠堂。

前堂三开间。凹式门。抬梁与穿斗结合式梁架，鼓形石柱础。

中堂宽三间，进深二间。堂联为"嘉猷崇德先公得以光家创业，缋伟丰功后世自当继承发扬"。

后堂宽九间。供奉神龛的上堂仅为一间，两侧八间用于居住。祠堂内梁架仍保留清道光年间彩画。

祠堂之后有宽 14.8 米的后天街。其后依次是深 4.4 米的房屋一排和后围楼。后围楼已塌毁，仅存基址。

祠堂两侧各有横屋一排，外围楼一排，保存完整。

横屋与围楼之间有宽 5.9 米的巷道。内外围之间，围、横之间均有道路相连。

围四角建角楼。用三合土夯筑而成。墙体有窗洞及枪眼。灰瓦，歇山顶。

整个建筑虽经重修，但未改变原结构式样。

碧岭村黄氏丰田世居

位于龙岗区坪山镇碧岭村。

始建于清嘉庆四年（1799 年）。为坪山黄氏六世祖黄维珍创建。

朝向南偏东 10°。通面阔 64 米，进深 46 米，占地面积 2944 平方米。包括大门、角楼、围楼、前后天街、前中后三进祠堂。

前有月池、禾坪。月池宽 64 米，禾坪宽 12 米。

前围辟一正门、二侧门。正门为三间牌楼式，门额上方有清嘉庆四年立的"丰田世居"匾额。

门楼后有四柱三间式牌坊。坊额正面书"南山毓秀"，背面书"淑气盈口"。其后为前天街，天街后为三进祠堂。

前堂宽三间。有屏风。

中堂宽五间。后金柱间有屏风门，额书"敬止必恭"四字。抬梁与穿斗式相结合的梁架。

后堂明间为供奉黄氏列祖的牌位和神龛。神龛两侧对联为"绍江夏于无疆昭事先灵期妥佑，溯程溪已有本虔将俎豆荐馨香。"横批"光前裕后"。

后围原有望楼，望楼后又加建一围墙，防范严密，在龙岗客家围中罕见。民国年间黄氏家族人口增多，遂在世居两侧增建横屋及角楼。各穿枋出头雕夔龙首，檩下穿枋及檐板雕刻均彩画贴金，繁冗华丽。

后堂前出廊。神龛今已不存。

天井两侧为卷棚顶廊庑。各开一门与两边横屋相连。两横屋及围屋保存完整。

原有四角楼一望楼，现仅存一前角楼。平面呈方形，高三层。平顶出女儿墙，两山砌风火墙，有灰塑。每层辟瞭望窗及枪眼。

沙坑村廖氏沙坑世居

位于龙岗区坪山镇沙坑村。

建于清末。

朝向北偏东 10°。面阔 98 米，进深 73.2 米，占地面积 7173.6 平方米。围内为三堂四横布局。中轴祠堂建筑及两侧横屋、角楼保存基本完好。所有建筑的梁架均为抬梁式与穿斗式相结合，鼓形柱础，屋顶皆为两面坡瓦顶、尖山式硬山。

前有宽 62 米的月池和宽 12.3 米的禾坪。

正面辟三门。中门与侧门之间距离 35.5 米。中门拱券之上有白底黑字"沙坑世居"四字。

倒座进深 7.85 米。前天街宽 3.7 米。中轴祠堂建筑两侧分别有横屋二排，横屋之间巷道宽度分别为 3.15 米和 2.82 米。

四角有角楼，角楼高三层。三合土夯筑墙体，留有瞭望窗和长方形枪眼。尖山式硬山，船形正脊和垂脊。

三溪村黄氏福田世居

位于龙岗区葵涌镇三溪村委会办公楼院东北侧。

建于清末。

为三堂两横式布局。朝向东偏北 13°。通面阔 72.2 米，进深 50 米，现存建筑占地面积 3610 平方米。前部的月池已填平并建现代楼房，再计入现存的禾坪，原建筑规模约有 5000 平方米。四周围房均为两层，前墙用三合土夯筑，下层房屋墙特别厚实，达 0.8 米，花岗岩条石砌底，上层房墙 0.40 米。四角有三层角楼，除北侧部分围屋与两角楼被侵华日军飞机轰炸后留下残墙外，余皆保存完整。

正面三门，用厚重的花岗岩石料构建。门前三级条石台阶。正门额石匾阳刻"福田世居"四字。

三堂的前堂面阔 7.2 米，进深 6.62 米。灰瓦顶，尖山式硬山，平脊。三合土地面。山墙檐壁有壁画，檩上高浮雕刻花卉图案，施彩。有四柱构架木制屏风门，中间两柱向上承檩，鼓形石质柱础，石质门槛。

前天井用花岗岩条石砌筑。两侧为卷棚式廊庑。四檩，椽板施油漆，檩、飞子刷红色油漆，檐板透雕、浮雕出花卉、动物、折扇等图案，施彩。廊庑内山墙与后墙有壁画，为山水、花鸟、树木，动物、人物等内容。天井四周共开六门。

中堂面阔 5.6 米，进深 7.9 米。亦为瓦顶，硬山，平脊。后金柱间有木质屏风门，屏风门额镶木匾，前题"诒□堂"，后题"燕翼诒谋"，楷体阳刻施墨。两柱直承金檩，柱穿挑檐梁，梁外端从墙中穿出承檐檩。

后天井同前天井，两侧各辟一门，通向两侧，形成横向通道，通道经一小转折直出两侧横街。

后堂面阔 4.65 米，进深 7.63 米。神龛神位不存。

两侧纵向横街，向前经两门通至禾坪，向后经两门通后天街。

整个围内道路四通八达，并有完整的排水系统。

3. 广府、客家混合式住宅

塘朗村老围

位于南山区西丽街道办事处塘朗村北部，背靠塘朗山。

始建于明嘉靖年间，现存建筑均为清代重建。

坐东向西。面阔48米，进深64米。砖木结构。前有禾坪与大月池。

正面中间为门楼。门楼右侧供有土地神。门楼南北两侧连以围墙。

进门楼是一纵巷，巷宽1.6米。有六条横巷与纵巷交叉。在第二横巷北头有古井一口。

清代在围内西北角建郑氏宗祠，西南角建女祠。

围内单元式民居多为一间一套式，少量二间一套式。外墙多为清水砖墙，侧面山墙有的也有灰塑。内墙大部分石灰抹面。门额均有灰塑。屋顶多见辘筒灰瓦，少量板瓦。屋脊多为船形脊。保存较好。

盐田四村伯公树建筑群

位于盐田区小径墩东面山脚，四村新围以南。

建于清咸丰八年（1858年），民国二十一年（1932年）重修。书室的门檐下右侧有"咸丰八年戊午岁建"，左侧有"民国念一年壬申仲冬月重修"字样。这是盐田区内已知惟一有明确纪年的建筑。

以民居为主，现存20座。分为南、北两部分：北区为横4排，纵5排；南区为横3排，纵4排。三口水井南北向等距离分布。月池则位于中部。而祠堂、书塾、角楼杂列其间。配套建筑和设施较为齐备，且布局合理。

经调查统计，有民居145套。为黄土砂石版筑厚墙体，局部用砖、卵石、麻石等垒砌，墙角下部包麻条石。墙体用白灰纸浆抹面。门、窗框、门槛、门楣、天井等也都用麻条石以加固和承压。三合土夯筑地面。杉木檩密集架设，木橼亦精工结实。尖山式硬山，两面坡屋面，高脊两侧装饰抽象兽形脊饰。屋面铺盖三层板瓦，下二层均为仰瓦，呈土红色，瓦片较大。第一层对缝平铺，第二层则压头插尾铺盖于第一层上，最上层为覆瓦，青色，较下二层瓦片小。辘筒灰瓦头，少数为扇形。屋面四周及顶脊均用石灰包裹严实。

单座建筑平面均为中轴线两侧对称分布。一般为二至三进。正房面阔至少三间（一个单元），由一明间和两次间组成。多单元的则两中门共用一个侧间，也有一中门多侧间相连的情况，但都是对称结构。第一进，中门凹进，其后为天井，两廊庑凸出；二进为正房（一明两暗）；第三进格局不一，有正房也有偏房或者后院。大多数房屋保存较好。现举几例：

例一，盐社1，通宽26.65米，进深10.7米。平房。七开间二进，共三个单元。并列三天井及左右廊庑，中间两廊庑共用。中为主门，门上瓦脊装饰繁琐堂皇。船形脊，脊两端下方各有一蟾蜍张口上望。门厅为平顶，正房为两面坡瓦顶。

例二，盐伯 2，面阔 11.4 米，进深 10.8 米。一天井两廊庑一正房。门厅后是天井及左右廊，再后是三开间正房（一明两暗）。天井四周有石作栏杆，瓶形栏柱。天井两侧边缘向外有排水孔，排水孔出口作成花瓣状。

例三，盐西 1，宽 13.3 米，进深 18.5 米。结构基本同盐伯 2。天井四周也设栏杆，细瓶形栏柱。天井前沿两侧有排水孔，出口作成鲤鱼状。正房明间为二层，两次间为三层，明间后部又隔出一小间而分为前后间。

上李朗西村旧居

位于龙岗区布吉镇上李朗西村。

建筑风格属清代晚期。

朝向北偏东 50°。通面阔 51 米，进深 28.5 米，占地面积 1453.5 平方米。

围内有三排横屋。围前有禾坪，现为菜地。半月池仅存一半。

前设三门。右侧门开在中间偏右近 5 米的地方，左侧门则靠左侧围墙，二侧门中间设中门，这样就形成了右侧门近中心位置，这在深圳传统建筑中较为少见。且左侧门右边框靠内，右侧门左边框靠内，形成了二侧门均斜向正中，相对称成"八"字状的"斜门"。中门内门石框上有二排九个菱形穿孔，孔边长 0.09米。二侧门石门框上无穿孔。

围内前后巷相连，设了二个过道，正对二个侧门，这样右侧过道几乎就居于围的中间，起到中轴线的作用。而在过道上建了三层的过街角楼，也成为围居的中心。这在深圳传统建筑中也很少见。过街角楼下的过道宽 2 米，高 2.07 米，长 9.5 米。内用 25 根条石，下立 6 根石柱，支撑起角楼，结构牢固坚实。

平湖村刘氏平湖大围

位于龙岗区平湖镇平湖村。

建于清代中晚期。

建筑面向东。通面阔 146 米，进深 135 米，占地面积 19710 平方米。

围外原有月池，现已被填平。

围内现存建筑为横向三排，纵向十一排。有东西方向巷道四条，南北方向巷道十二条。

正面辟三门。刘氏宗祠位于大围的东南方向，三堂二天井布局。墙体用三合土夯筑而成，灰板瓦屋面，琉璃剪边，船形脊上有灰塑。檐板雕刻复杂，为该围内最早的建筑构件。现被工厂所占用。

祠堂前有一口水井，井壁用青砖砌券，井口用石条砌成，八边形，口径1.70米。祠堂后亦有一口水井，现仍在饮用。

围内37号为三开间二进一天井布局。门厅檐板雕刻人物、花卉。木构件为清中晚期的，而墙体的青砖应为民国时期改建。门头山水彩画，墀头上灰塑山水。正堂木构架为穿斗式与抬梁式相结合，抱头梁与穿插枋间用驼墩，上置一斗三升，驼墩正面为高浮雕人物，背面为云纹。异形栱。穿枋饰夔龙首，雕刻手法细腻。

围内35和36号建筑形式及木结构与37号相同，雕刻亦十分精美。特别是35号屋架雀替上雕一手持鱼，一手拿钱的人物，表情生动，是难得的木雕艺术品。

35、36、37号三处建筑的木雕，为清中晚期的构件，有很高的艺术价值。

平湖村松柏围

位于龙岗区平湖镇平湖村，与平湖大围相邻。

清末民国初建筑。

通面阔100.3米，进深96.7米，占地面积约10000平方米。从前到后依地势逐渐升高，建筑错落有致。现东北围屋不存。半月池被填。

正中原辟三门，现仅存一正门。原门前有松树、柏树各一株，故围名由此而来。

围内有横向街道八条，纵向街道四条。

每一单元均为二进布局。面向东南。多用青砖垒砌，少部分用三合土夯筑。

屋顶有两种形式：一为尖山式硬山，船形脊；另一为镬耳式硬山，平脊。均覆灰板瓦。

14号为围内现存最早的建筑。为二进一天井。穿枋间驼墩及檐板有雕刻，从雕刻手法上看是清末民初的构件。

白泥坑村旧围

位于龙岗区平湖镇白泥坑村。

建于清末。

通面阔80米，进深70米，占地面积5600平方米。有东西走向、南北朝向的广府式建筑七排。有东西街道八条，南北街道四条。据老人讲，围屋原为围墙，因人口增多，原有房屋满足不了居住要求，所以依围墙盖屋而成围屋。建筑均用三合土夯筑而成。

建有东西两门。东门旁有东野公祠（旧围105号）。面阔三间，门额石匾刻有四字，因长年烟熏，已无法辨认。木构架为穿斗式与抬梁式相结合。现为出租屋。西门旁有德元公祠。为三开间二进布局。朝向东偏南10°。前后堂的屋顶用勾连搭连为一体。木构架为穿斗式与抬梁式相结合。现存驼墩有高浮雕，为清代构件。公祠现为"老人娱乐中心"。

在围村东的白泥坑二区另有两个围村。其一，当地人称之为"门厦"的，是白泥坑旧围分出的一支。该围仅开东南门，其中心有四排广府建筑。现存情况尚好，但外围屋被破坏严重。其二，仅存中间三排广府式建筑，亦多处改建。

杨梅岗曾氏梅湖世居

位于龙岗区龙岗镇龙岗行政村杨梅岗自然村。

建于清末。

因地势西南高、东北低，世居也呈西南—东北向。通面阔45米，进深73米，占地面积3285平方米。

围前东北有月池，宽65米，最大垂直距离31米，距建筑约11米。现有公路从中间穿过。

四周为围屋。西南面围屋拆毁一部分。

开三门。正门开在东南面，门楣匾书"梅湖世居"四字。东北面围屋开有两偏门。

围内建有两排广府式建筑。面向东北。围内街道狭窄。

房前屋后及街道两侧均设或明或暗排水沟。

金沙村黄氏昌记号

位于龙岗区坑梓镇金沙村，处在长隆世居与迴龙世居之间。

建于清末民国初。为坑梓十世祖马来西亚华侨黄冠鸿创建。

通面阔50米，进深30米，占地面积1500平方米。

围屋由两排面阔各11间的二层高的排屋前后排列组成。排屋中间为天井。两排屋的两端用横屋相连。四角有角楼。上下两层皆对外开窗。土木结构，小青瓦屋面，平脊，硬山，黛瓦白墙。

金沙村黄氏鸿锡世居

位于龙岗区坑梓镇金沙村，处在长隆世居与迴龙世居之间。

建于民国二十年（1931年）。为坑梓镇黄氏十世祖、美国华侨黄培定创建。

坐北朝南。通面阔30米，进深32米，占地面积960平方米。

由面阔各七间的两排二层排屋前后排列。两排屋之间为天井。两排屋的两端用单层横屋相连，组成一个长方形的小型围屋。上下两层均对外开窗。土木结构。三合土墙体，木结构屋面，小青瓦覆顶，檐口为辘筒灰瓦头，平脊，硬山。黛瓦白墙。

碧岭村廖氏鹿岭世居

位于龙岗区坪山镇碧岭村。

建于民国二十一年。

朝向北偏东27°。面阔57米，进深38.7米，占地面积2206平方米。

前有直径30米的月池和宽12.3米的禾坪。

正面辟一券门。平面作"凹"字形。外口宽4.12米。拱券之上有白底墨书"鹿岭世居"。两侧有民国二十一年（1932年）温达彬所书《兰亭序》和《滕王阁序》片段，左侧为"群贤毕至，少长咸集。此地有崇山峻岭，茂林修竹；又有清流激湍，映带左右，引以为流觞曲水，列坐其次"；右侧为"南昌故郡，洪都新府。星分翼轸，地接衡庐。襟三江而带五湖，控蛮荆而引瓯越。物华天宝，龙光射斗牛之墟"。门楼两侧连以围墙，在距地表1.4米高度砌有方形石窗，估计原有围屋，今已不存。

门楼后面建有房屋前后两排。面阔七间。硬山，瓦顶。

西南角建角楼一座。平面为方形，边长9.2米，高五层。歇山瓦顶，青砖叠涩出檐。三合土夯筑墙体，转角处条石护角。其北面和西面逐层砌有方形窗孔和扁形枪眼。

鹿岭世居为大溪地华侨所建。

三溪村长安世居

位于龙岗区葵涌镇三溪村。

建于民国四年（1915年）。

朝向东偏北4°。通面阔36.2米，进深20.4米，占地面积738平方米。

横向有两排单层房屋，纵向有两排双层房屋。正门被侵华日军飞机炸毁，余尚完好。房屋与角楼均为灰瓦顶、平脊、硬山尖山式。

正堂檩椽密集，脊檩朝下面砍平，浮雕出花卉、云朵等图案，施彩。室内山墙博风处布满绘画，其中一幅竹石双鸟图有"乙卯夏偶笔，麟吐玉书"款。

四角各有一个三层角楼。九层青砖叠涩出宽檐，上覆青色板瓦。楼内以木檩承楼板，木梯盘旋而上。外墙设竖向长方形枪孔。

王母围村王母围

位于龙岗区大鹏镇王母围村。

始建年代不详。民国四年（1915年）重修围门，1989年重修月池。

朝向东偏南20°。通面阔82.5米，进深90米，占地7380平方米。

月池宽63米。禾坪宽11.2米。

围内前后由九排、横向八列房屋组成，房屋进深6米多。

正面辟一券门。内墙镶民国四年重修碑一通，内容是整修围门捐银者芳名录。天街宽7米。天街后又有一券门，檩下枋有民国四年重修木刻题记和"长命富贵、百子千孙"刻字。两门均为硬山灰瓦，灰抹勾头，船形脊。

围内有古井及石板小巷。

据访问调查，围内居住者系从南澳迁此，姓氏较杂，主要有李、林、蔡、陈、王、张、秦、郑、胡、熊、曾、叶、欧阳、廖、郭等。

4．中西合璧式住宅

流塘旧村锦基苑

位于宝安区西乡镇流塘旧村西区60号。

建于民国时期。为刘姓华侨兄弟所建。

坐北朝南。面阔6.95米，进深12.95米，占地面积89.9平方米。

为一座欧式风格的三层楼房。入口处门柱采用巴洛克式。拱券顶门，门额书"锦基苑"。楼顶大平台建穹隆顶凉亭，其东北、西北角有碉堡。

建筑气势宏伟，形制独特，装饰精美，集住宅、休闲、防御于一体。保存完好。

流塘村国际大厦

位于宝安区西乡镇流塘村荔园一路25号。

建于民国时期。为南洋华侨刘姓兄弟所建。

坐北朝南。面阔14.5米，进深20米，占地面积290平方米。

为三层近代欧式建筑造型。混凝土墙体，巴洛克式门柱，拱券顶门，门额书"镇业国际大厦"。楼顶大平台建堡式瞭望台，四角设碉堡，具有较强的防御功能。保存较好。

浪口村瑞霭民居

位于宝安区龙华镇浪口村。

清末民国初建筑。

坐东朝西。面阔4.3米，进深11.1米，占地面积47.7平方米。

一开间二层建筑。底层正中辟门，匾书"瑞霭"二字。顶有卷云雕饰。二层有两拱券顶窗户，顶部正面有扇形封火墙，硬山尖山式青瓦屋面。三合土筑墙，内有木梯。

观澜村南门街洋楼

位于宝安区观澜镇观澜村南门街，在观澜河东岸古榄树东约20米。

建于民国时期。后经修缮。为一座中西合璧的四层楼房。

朝向西南。东西面阔4.5米，南北进深16米。

门前有廊，两圆形廊柱直通楼顶，柱径0.35米。楼门正面顶部有一牌坊式装饰墙，上饰有浮雕图案。每层有阳台，前有护栏，护栏下灰塑龙、凤、鹿、大象、花卉等图案。平顶屋面，周边设护栏。阳台、连廊拱顶、门窗以及顶部的装饰墙均呈现欧式建筑风格。保存较完好。

上星村曾耀添宅

位于宝安区沙井镇上星村。

建于民国时期。因屋主绰号为"得财改"，故当地人称之"得财改楼"。

坐东朝西。面阔15.5米，进深12.62米，占地面积195.6平方米。

为近代欧式三层建筑。内外墙体全部用三合土夯筑。

整栋建筑只有一个大门供出入。入口处采用爱奥尼克式门柱，门内设铁制趟栊门。

底层对外不开窗。二、三层为拱券顶门窗。第三层室外阳台为外挑罗马式连拱。楼顶大平台建穹隆顶凉亭。

内部梁、柱、板均用混凝土浇注。房屋中央是内院式天井。房间沿天井四周排列，每面各三间。

整栋建筑保存比较完好，造型优美，具有较高的保护利用价值。

新屋场村萧氏八群堂

位于龙岗区坪地镇新屋场村。

为斯里兰卡华侨萧毓阑建于 1932 年前后。他育有八子二女，取名"八群堂"的含义是希望八子都能成材和出人头地。

八群堂为三堂两横加外围布局。坐北朝南。前、中两堂均为面阔七开间的单层建筑，两侧山墙博风有卷草彩画。后堂面阔 21.5 米，进深 14.6 米，为五开间带柱廊的二层砖混结构建筑。三堂皆用大跨度的圆弧砖拱取代传统的木作梁架，承重墙体用三合土夯筑，门、窗、椽、檩均用木制作，柱、梁、板用钢筋混凝土浇注。

外围东西两端有五层角楼各一个。其中东角楼顶层外观为哥特式风格，西角楼顶层外观为巴洛克式风格。

八群堂平面为客家围屋式的布局，外观是中西合璧式，内部又有广府式民居的空间布置。1942 年曾遭到侵华日军飞机轰炸，炸毁围屋的门楼和倒座部分。

萧毓阑的子女除仍有一女在香港外，余者在 1945 年以前已离开中国，其后裔约 200 多人分布在香港、新加坡、美国等地。

5. 湘赣式住宅

新二村曾氏宅

位于宝安区沙井镇新二村向西二巷 14 号。

坐东北朝西南。为三开间房带前院的住宅。面阔 9.9 米，进深 12.9 米，面积 127.7 平方米。

正房明间为厅，两次间为居室。正房前为院落。大门开在东南院墙靠正房处，红砂岩石门框，檐口饰卷草纹。进大门即为卷棚顶长廊，卷棚内檐口有"三友图"和"写生图"两幅画。

西南院墙的两侧各有一间小房，为厨房、杂物间。两小房之间是天井。两小房空间的西南围墙上加鹰不落式的压顶，下饰几条弦线纹。再下中间为一长幅、两侧两小幅山水画堆塑。再下正中是方形镂空花窗，其两侧对联为"明月当窗花正馥，清风浮案墨生香。"横批"竹笑兰言"。更可见西南院墙是照壁的另一种形式。

王桐山村钟氏宅

位于龙岗区大鹏镇王桐山村。王桐山村是钟氏家族聚居村落，钟氏大宗祠位于村南边的中轴线上，而"钟氏宅第"紧靠大宗祠东侧。

建造的确切年代尚待考。从建筑风格和营造特征分析，当为清代中晚期。是一座祠宅合一的民居建筑。

建筑为五开间三进两天井带前院落的布局。坐北朝南。通面阔20.65米，通进深30.10米，占地面积663平方米。砖木结构。

长方形前院落的前墙（南院墙）起照壁作用。宅第大门开设在前院落的东西两侧院墙上。

门内各设二层望楼。今木作望楼和院门已不存，砖砌半圆形门洞还保存完好，门洞上有灰塑图案。

宅第第一进当心间为门厅，次间和梢间为倒座房；第二进为前后带花格门窗扇的中厅三间，两梢间为侧房；第三进后厅当心间为祖堂，两侧各有正房二间。祖堂上设有图案繁琐复杂而又精美异常的镂空花雕木作神龛，龛内还有木作祖先牌位。

平面布局与岭南传统民居建筑迥异，带有浓厚的湘赣系民居建筑风格。

建筑的主体结构较为简单，小青瓦屋面，清水砖外墙，外观风格非常简朴。内装饰则极为讲究，建筑艺术也较高，木雕、砖雕和彩画、灰塑均有，与室外建筑风格形成较大的反差。前厅外檐下有砖雕构件点缀，内壁檐口和博风等处绘有苏式彩画，两侧厢房门洞上均有灰塑图案。三进厅堂的木作梁架上有雕饰精美的驼峰隔架，前后厅堂的门额上装有镂空花雕的挂落飞罩。中、后厅堂各有八开雕花屏风门。这些飞罩、挂落、屏风、神龛等木雕构件，不但造型美观，布图构思巧妙，而且做工精细，线条流畅，显示了较高的工艺技术和艺术水平。

宅第一直由钟氏家族居住。二十世纪九十年代后，宅第主人新建了楼房，此宅便被闲置。因年久失修，已呈破旧状态。

6. 碉楼

珠光村得安楼

位于南山区西丽办事处珠光村西侧，与村东碉楼相对。

清代建筑。

高五层。土木结构。平面呈长方形，东西宽 5 米，南北长 6.2 米。门向东开。墙体上开方窗。顶部西北角与东南角有瞭望设施及枪眼。

南园村德馨楼

位于南山区南山办事处南园村与南山村交界处。

民国建筑。

坐西朝东。平面呈长方形，东西宽 5.8 米，南北长 7 米。高五层。砖木结构。门额石匾上刻"得馨楼"三字。内设木梯通向各楼层。

沙井头"爱得我所"碉楼

位于盐田区沙头角镇沙井头。

民国建筑。

碉楼外部不设门，而是在碉楼底层南面有门与面阔三间两层高的住宅（其顶部栏杆正中书"爱得我所"四字）底层的北门相通。

碉楼高五层（19 米）。底层东、北、西三方各开垂直排列两窗。第二层东、北、西三面各开一窗。三、四层的东、南、西、北四方各开一窗。顶层四周中间有一向外突出的封闭的方框形瞭望设施，方框两侧各有一小窗。

楼顶四周有封闭的高围栏。楼顶北面开有排水孔，出口作成鱼形，水从鱼口流出。

田心村树德堂

位于宝安区石岩镇上屋田心村，碉楼坐落于老村中央。

清末民国初年建筑。

坐北朝南。平面呈长方形，长 5.7 米，宽 4.6 米，面积 26.22 平方米。

高四层（约 15 米）。用三合土夯筑而成。木构楼层已毁，仅存部分木梁。

各层四壁设窗和枪眼。顶部四周砌筑护栏式封火墙。

第一层正面有浮雕蝴蝶，并嵌"树德堂"匾。第四层正面灰塑"观音坐莲台"图。

水田村碉楼

位于宝安区石岩镇水田村。

建于 1932 年。

坐北朝南。底平面呈方形，长 5 米，宽 5 米。

高四层（约 15 米）。三合土夯筑墙体。混凝土楼板。层与层之间有木梯相通。各层四壁设窗和枪眼。枪眼长方形，外小内大，呈向内喇叭状。第四层正面灰塑八卦图，其上雕怪兽头像。封火墙若塔刹状。有朱书"1932 年"。

樟阁村碉楼

位于宝安区观澜镇大水坑樟阁村。

清末民国初年建筑。

坐东南朝西北。平面呈长方形，长 6.1 米，宽 4.9 米，占地面积近 30 平方米。高五层（约 16 米）。三合夯筑而成。木构楼梯，混凝土楼板。各层四壁设窗和枪眼，顶部为镬耳式封火墙。

马池田朱氏碉楼

位于宝安区光明街道办白花村马池田。碉楼位于老民居一角。

民国建筑。

呈长方形，长 7.25 米，宽 4.8 米。高四层（约 16 米）。墙体为三合土夯筑而成。混凝土楼板。层与层之间有木楼梯相通。各层四面设窗和枪眼。枪眼长方形，外小内大，呈向内喇叭状。顶部设凉亭。左右为镬耳式山墙，前后有护栏式封火墙。四周亦有枪眼及下水孔。

坂田村就昌楼

位于龙岗区布吉镇坂田村下围。雕楼西侧紧靠面阔三间二层民居。

清末民国初年建筑。

朝向南偏东 30°。底边呈长方形，长 9 米，宽 4.7 米。高五层。土木结构。南面各层都开有一窗，东面除第一层开门外，以上各层均开有二个窗，西面最上二层也各开有二个窗。

平顶略有出檐。东西二向靠顶部涂有红色带以示装饰。碉楼南面上部有"就昌楼"三字。楼号四边有黄色边框带。

南岭南路碉楼

位于龙岗区布吉镇南岭南路 33 号。碉楼连接面阔四间的双层民居。

建于 1929 年。

土木结构。坐西面东。底平面略近方形，长 5.4 米，宽 5 米。高四层。每层四面都开有窗。楼体内部各层楼板和楼梯保存较好。顶部有"女儿墙"，四面各有一向外伸出的封闭的方框形瞭望设施。在其左、右、中和下部均设有长方形枪眼。其上部涂红色，中间分别用灰塑做成八卦和寿字形图案等。东西二山正中向上凸出一块，似封火墙。南北二山面亦向上凸出一块，其上有船形脊。

民居上层屋檐下绘有壁画及题记，已被白灰涂盖，其中一处落款可辨："时在己巳年夏日"等字。由此判断，此碉楼建筑年代应为 1929 年。

石龙坑碉楼

位于龙岗区布吉镇上水径村。

民国建筑。

坐西面东。底平面略呈长方形，长 4.9 米，宽 4.5 米。高四层。土木结构。在每层的左右和前三面开窗。第四层四面设长方形枪眼。顶部前后为平顶，左右向上凸出成硬山面。顶部外墙四周涂了一宽大的红色带，上下留黑色边框。在顶部四角及四面中间饰有倒山花图案，仿内地建筑的歇山面。

葵涌村碉楼

位于龙岗区葵涌镇葵涌村。

清末民国初年建筑。

朝向南偏东 10°。平面呈长方形，长 9.6 米，宽 4.1 米。高三层。土石结构。花岗岩条石基座，夯筑土墙。有圆形、方形和葫芦形枪孔。灰瓦两面坡屋顶，平脊，檐口做辘筒灰瓦头。两山处设封火墙，前后有作防御用的女儿墙，均留有透水孔。

该碉楼保存完整。

石场村碉楼

位于龙岗区葵涌镇石场村外侧的西山脚下。

民国建筑。

朝向南偏西 25°。底平面呈长方形，长 9.74 米，宽 8.53 米。高四层。土木结构。板筑夯土墙体。灰瓦顶。方形枪孔。东西两侧的墙上有封火墙，前后有女儿墙。山墙上部窗口有灰塑蝙蝠纹饰。

第五节 革命纪念建筑及历史名人建筑

深圳是一座富有革命斗争传统的城市。从明代开始直至 1949 年，深圳人民在反击殖民主义侵略，在民主主义革命、抗日战争、解放战争中，英勇无畏，前赴后继，写下了可歌可泣的光辉一页。南头古城、大鹏古城、蛇口左炮台、孙中山庚子首义旧址、宝安燕川村中共宝安县一大旧址及东宝行政督导处旧址、东门老街省港大罢工接待站旧址、龙岗葵涌东江纵队司令部旧址等，都是这段历史的见证和载体。由于南头古城、大鹏古城及蛇口左炮台已在前面述及，本节不再赘述。

历史名人建筑主要指在深圳历史上有较大影响的人物故居，如清代抗英将领赖恩爵、曾任广东省省长的陈郁故居等。

1．革命纪念建筑

南庆街省港罢工委员会接待站旧址

位于罗湖区东门老街南庆街 22 号。

建于清代。

原为水贝村等张氏的"思月书院"。建筑为三开间二进布局。面阔 13.6 米，进深 16.2 米，面积 210 平方米。土木结构。尖山式硬山，博古正脊，垂脊下端亦为博古饰。

1925 年省港大罢工期间辟为接待站，接待往返广州、香港的罢工工人，是一处重要的革命旧址。

1988 年 7 月，深圳市人民政府公布为市级文物保护单位。

1996 年因东门老街改造的需要而被拆除。1999 年重建于东门老街广场。

南庆街叶挺东江抗日游击指挥部旧址

位于罗湖区东门老街南庆街。原为兴建于民国时期的"鸿兴酒家"，1949 年后为邮电工会。

建筑坐西朝东。由一座面阔 8.5 米，进深 10.29 米的砖混结构的三层主楼及其西侧的面阔 4.42 米，进深 12.05 米的二层砖木结构附楼组成，占地面积约 240 平方米。

1938 年叶挺任东江游击队总指挥，设指挥部于此。是一处纪念叶挺当年在深圳领导抗日活动的重要旧址。

1983 年 5 月，深圳市人民政府公布市级文物保护单位。

1996 年因东门老街改造需要而被拆除，并已重建。

三洲田、马峦村孙中山庚子首义旧址

1900 年（庚子年）10 月 6 日至 10 月 22 日，民主革命的先驱孙中山先生在深圳发动和领导了首次武装起义，打响了推翻清王朝统治的第一枪。从此，资产阶级领导的革命由改良转为武装斗争，直至辛亥革命取得成功。

庚子首义旧址有两处。一处是位于盐田街道办事处西北约一公里处的三洲田村。三洲田村原由上围、下围、南坑和阮屋等七个自然村庄组成，为客家人聚集之地。1958 年因水库建设而被淹没于水下。1999 年春天水库干涸，三洲田村落遗址露出水面。经文物工作者初步勘测，暴露出水面的部分遗址面积约有 15000 平方米，主要建筑遗迹有民宅（墙体为三合土夯筑）、禾坪、道路和学校，散落于遗址中的石制建筑构件有门框、门楣、门墩、石柱、柱础等，发现的加工工具有石臼、石磨盘等以及一些生活用瓷器碎片。

三洲田村是计划内的起义出发地，起义前的准备工作主要在这里进行。为掩人耳目，郑士良等在此开了一家小店铺以作联络点，又设立了拳馆，训练起义骨干。司令部最初也设在该村的廖氏祖屋，后因廖氏耆老起而反对，才迁往马峦村罗氏大屋。但 10 月 6 日的起义祭旗宣誓仪式仍在三洲田举行。

另一处是位于龙岗区坪地镇马峦村的罗氏大屋。它是起义前的基地之一，司令部的所在地，也是部分起义军的出发地。

大屋朝向南偏东 30°。通面阔 80 米，进深 25.5 米，面积 2040 平方米。围墙正面开一正门、二侧门。围内建筑由三横三纵排屋组成。每一横排以巷道分隔为东、中、西三部分（即三列），中间部分为七开间，其东西两侧为六开间。每一横排之间以巷道相隔。

中轴线上为一开间的前、中、后三堂，即罗氏宗祠。两面坡顶上覆小青瓦，尖山式硬山上有灰塑博风。山墙高出瓦面约 1 米。檐口有简单的灰塑卷草图案。

在大屋的西北角和东南角各有一座四层高的方形碉楼。底层各面设瞭望通气孔一个。二层以上每面开小窗一个，小窗两侧还设瞭望通气孔各一。

整组建筑皆为三合土夯筑墙体。墙体转角处和门框、窗框用花岗岩制作。室内的檩、椽等用杉木制作。屋面为两面坡瓦顶。

白石龙村广东人民抗日游击总队部旧址

位于宝安区龙华镇白石龙村。

1942年2月广东人民抗日游击总队成立，总队部设在村南一座两层砖木结构的小楼房里。1942年1月至4月，中共南方工作委员会副书记张文彬在此主持召开了一系列会议，统称白石龙会议，对岭南地区的抗日斗争起了重要作用。

楼房现已无存。

白石龙村、樟坑村营救文化界人士旧址

位于宝安区龙华镇白石龙村和樟坑村。旧址中，除白石龙教堂尚保存完好外，余皆残毁或无存。

白石龙教堂原为晚清住宅。三开间两进布局，面阔6.5米，进深11.8米，面积76.7平方米。土木结构。清末民国初改为天主教堂，门额匾书"天主堂"。内部用砖拱结构代替传统的木构梁架。

1942年2月起，根据中共南方局的指示，广东人民抗日游击总队历尽艰险，将滞留香港的国内著名文化界人士和民主人士分批从日寇占领下的香港营救出来，并在宝安县白石龙村广东人民抗日游击队总部、白石龙村天主教堂以及樟坑村等处作短暂停留、休息后，安全护送到解放区。

燕川村中共宝安县第一次党代会旧址

位于宝安区松岗镇燕川村素白公祠。

公祠为三开间二进一天井两廊庑布局。通面阔11.6米，进深18.4米，占地面积213.44平方米。

1928年2月23日，中共宝安县委召开第一次全县党员代表大会，会址原定周家村，后改在此举行。

1999年3月，由宝安区人民政府公布为区级文物保护单位，并在旧址内建立了中共宝安县一大旧址纪念馆。

燕川村东宝行政督导处旧址

位于宝安区松岗镇燕川村陈氏宗祠。

始建年代不详，重修于清光绪二十二年（1896年）。

建筑为三堂两横带后枕杠间的布局。坐北向南。通面阔22米，进深42米，

占地面积约 924 平方米。

1944 年 7 月至 1946 年 6 月，中国共产党领导的东江路西解放区东（莞）宝（安）抗日根据地的抗日民主政府即东宝行政督导处设在此。1949 年后成为燕川小学校校址。

1999 年 3 月，宝安区人民政府公布为区级文物保护单位。同年对其全面维修，并在此建立宝安抗日纪念馆。

楼村中共宝安县第二、三届县委旧址

位于宝安区公明镇楼村陈氏祠堂。

中共宝安县第二届县委（1927 年 6 月至 12 月）、第三届县委（1927 年 12 月至 1928 年 2 月）曾在此办公。此后陈氏祠堂在国民党"围剿"中被烧毁。

土洋村东江纵队司令部旧址

位于葵涌镇土洋村的原天主教堂内。

建于民国年间。为中西合璧风格的天主教堂，由主楼、礼拜堂和附属用房等三部分组成。

主楼居中，面阔三间，长 10.25 米，宽 10.95 米，高 10.85 米。当心间高三层，余为二层的中西合璧式建筑。砖木结构，底层为大门，门外设砖拱门廊。一、二两层布置木作楼梯，楼梯间两侧各有单开间房屋一间。上下两层同此布置。第三层为楼梯间顶部的小平台，屋顶四周设女儿墙。辘筒灰瓦顶，尖山式硬山。原为教堂神职人员居住之所。

主楼东侧为单层礼拜堂。长 14.87 米，宽 6.60 米，高 7 米。入口处有意大利风格的砖拱门廊。砖砌外墙，木作屋架，辘筒灰瓦顶，尖山式硬山。为教堂神职人员布道和信徒礼拜的地方。

附属用房在主楼西侧，长 9.15 米，宽 3.55 米，高 3.35 米。是一座两开间的小平房，砖木结构，小青瓦屋面。原为马厩。

1944 年前后，东纵将司令部设于此地，具有重大战略意义的"土洋会议"也在这里召开。抗战时东纵司令员曾生等领导人曾在主楼部分工作和居住，礼拜堂则作为会议室和作战室，马厩改为工作人员的工作用房。

1984 年 8 月，深圳市人民政府公布为市级文物保护单位。

2002 年 7 月，广东省人民政府公布为省级文物保护单位。

东山寺抗日军政大学旧址

位于龙岗区大鹏镇大鹏古城以东的东山寺。

旧址已被改建，原貌不存。

1944年7月东江纵队创建的东江抗日军政干部学校设于此。由王作尧任校长，李东明任政治委员，林锷任教育长。干校共举办过两期，第一期仅设军事部，学员二百人。同年底，该校第二期扩大招生，增设排级干部训练班，并招收一部分中学生，学员达四百多人。

2. 历史名人故居

南山村陈郁故居

位于南山区南山办事处南山村西巷235号。

始建于清道光年间，民国初年重修。1963年、1975年、1988年各级政府曾拨专款进行保养性维修。1999年再次重修。

为三开间平房。砖木结构。前有院，四周有砖砌围墙。院子面阔13.2米，进深15.7米，占地面积约250平方米。

1901年11月15日陈郁在此出生。在这里度过幼年和童年，15岁离乡往香港打工，从此走上了革命的道路。他曾参加了香港海员大罢工和震惊中外的省港大罢工，成为一名卓越的领导人。1949年任燃料工业部部长，1955年任煤炭工业部部长，后任广东省省长。陈郁同志是中国工人运动先驱者之一，是工人阶级久经考验的伟大战士。

1984年9月，深圳市人民政府公布为市级文物保护单位。

1999年，南山区委、区政府又拨专款进行重修时，院内添设了陈郁半身铜像，室内为"陈郁同志生平事迹"陈列。2000年成立陈郁故居管理处。

沙浦二村蔡学元进士第

位于宝安区松岗镇沙浦二村。

建于清嘉庆十三年（1808年）。

建筑为三开间二进布局。坐北朝南。面阔12.85米，进深20.1米，占地面积258.3平方米。

门厅面阔三间，进深一间。平面呈凹形。明间辟门，门额匾书"进士第"。

两次间为耳房。尖山式硬山，红瓦屋面，博古正脊，脊身有灰塑。檐板有花草图雕饰。

后堂进深一间。尖山式硬山，船形脊，红陶瓦屋面。封檐板上有木雕，檐下有山水壁画。

天井两侧廊庑已毁。

距"进士第"不远有花岗石"进士碑"四通，正楷碑文，皆为"钦取咸安宫官学教习蔡学元立，嘉庆戊辰（1808年）科进士"等字。

赖恩爵"振威将军第"

位于龙岗区大鹏镇大鹏古城内。

建于清道光年间。

坐北向南。通宽50米，进深45米，占地面积2500平方米。由东西两列平行的南北向建筑组成，其间以一小巷道相隔。

大门设在建筑群的东南角，朝东开。门额匾为清道光皇帝书"振威将军第"。门前有一对抱鼓石和一对石狮。檐板、梁枋等饰金木雕刻，上绘人物故事、花鸟草木及墨书诗词等。

门内是一条东西向的巷道，其南为围墙，而围墙的东西两侧又各开一小门，分别通向东南角的倒厢和西南角的前院。巷道北即为建筑群中的东侧一组建筑。

东侧一组为七开间三进布局。中轴线上的门厅为三开间，两侧次间为厢房。前天井、中厅、后天井、后厅（祖堂）为一开间。

中轴线建筑的东西两侧还各有一个三进跨院，包括前厅、前天井、中厅、后天井、后厅。各厅的两次间加天井的两厢房，各有十间房。而东跨院前厅的西厢房、西跨院前厅的东厢房各开两门，分别与中轴线上的前厅和两跨院的前厅相通。也就是说，此两厢房即是中轴线上门厅的两次间。

西侧一组为三开间四进布局。包括门厅、前天井、前厅、中天井、中厅、后天井、后厅。各厅的次间加天井两侧厢房（前天井两侧无厢房）共有十二间房。这一组建筑的西侧还有后院、后花园等。

前后院均有水井。室内地面铺以方砖。天井铺石条。青砖墙体。硬山、青瓦小式屋顶。

1984年9月，深圳市人民政府公布为市级文物保护单位。

刘起龙将军第

位于大鹏古城南门街中段。

建于清嘉庆—道光年间。

坐北朝南。西墙长 29 米，东墙长 18 米，面阔 30 米，面积约 700 平方米。

平面布局可分为南北两部分。北部由并列的左、中、右三座建筑组成。每座为三开间两进一天井两厢房。右座后堂为祖堂。南部，进入开在东墙南侧的大门（门额石匾题"将军第"）后为院子，院子中部建望楼，其下为过道。西南角有一座与北侧左座相对应的平面亦为三开间两进一天井两厢房的建筑，只是在其南部多一小花园，因而整个建筑凸出于南围墙外。

地面铺以砖石。建筑都为石础青水墙，尖山式硬山，灰塑博古正脊，辘筒瓦面，绿色琉璃瓦口。檐板雕刻花鸟、草木、人物故事等。檐壁绘有花草和动物壁画。

建筑保存完好。

1984 年，深圳市人民政府公布为市级文物保护单位。

赖英扬"振威将军第"

位于大鹏古城正街。

建于清道光年间。

坐北朝南。二开间二进一天井布局。面阔 7.8 米，进深 12.4 米，面积约 100 平方米。

第一进，大门开在西间，门额匾书"振威将军第"。门首雕花檐板上刻人物故事。门厅西墙设土地门官神位。大门内设 6 屏仪门。东间上面为阁楼。

天井与一进西间对应，其地面为条石。天井右侧与一进东间对应的是厢房（用作厨房）。

二进西间为祖堂，靠后墙处一隔为上下两部分，上部神龛供奉祖先，下部供桌后有一小间，为老人卧房。东间上面为阁楼。

木梁架，石柱础，石础青水墙。尖山式硬山，博古正脊，脊身有灰塑，小青瓦屋面。

赖英扬（1778—1840 年），新安县大鹏城人。官至浙江定海总兵，封振威将军。

第六节 学校（私塾、书室、书院）

深圳自古就是移民地区，他们因袭中原地区尊师重教之传统，虽历经辗转迁徙千辛万苦而不弃。这就是许多传统建筑被毁后的今天，仍有较多的私塾、书室、书院、学校得以在深圳保存下来的原因。目前深圳发现的最早的学校是始建于明代的茅山公家塾，而第一所现代学校则为建于 1914 年的振能学校。

向南村逢源书室

位于南山区南山街道办事处向南村一坊 24 号。

建于民国十二年（1923 年）。

是一座三开间二进二层带天台的建筑。大门向南，额匾题"逢源书室。民国十二年岁次癸亥季冬吉立。李□八十书"等字。其上有灰塑。

木楼梯开在一层东侧。一、二楼均为水泥彩砖铺地，天花板上绘花卉图案。两次间有精致的木雕花格。

二层原有铁梯通向天台，现已毁。天台设栏杆，绿釉葫芦形栏柱。外墙四周有女儿墙，正面中部凸起，灰塑八卦图案。

新屋吓村培峰书屋

位于罗湖区草埔新屋吓村 10 号。

建于清末。

为三开间二进布局。门厅大门平面为凹式。两面坡顶。檐下石匾书"培峰书屋"。屋顶垂脊为博古饰。天井左右为卷棚顶廊庑，与正房两次间相接。正房前檐出挑。梁架接点用瓜柱。板瓦屋面。三合土夯筑墙体并抹灰。围墙有压顶。

建筑保存完整。

长岭村兰桂长荣私塾

位于罗湖区长岭村 89 号。

建于民国年间。

为三开间二层建筑。大门额匾书"兰桂长荣"四字。屋檐下原有彩绘图案，惜剥落。三合土夯筑墙体，硬山，瓦顶。建筑保存完整。

黄贝中村华侨小学

位于罗湖区黄贝中村。

建于民国时期。

东西向。二层楼。正门拱形，圆柱支撑，顶有长方形板，上有爱奥尼克式柱帽。中间为走廊，左右两边为课室。有房九间。砖砌墙体。平顶上设混凝土栏杆。

建筑物保存较好。

盐田四村伯公树书塾

位于盐田四村伯公树。

始建于清咸丰八年（1858年），民国二十一年（1932年）重修。

从前至后依次为门厅、天井、正房、后院。中轴线上房屋保存较好，左右房屋大部分已拆除，后三进右侧坍塌。

门厅檐下有壁画及年款，右有"咸丰八年（1858年）戊午岁建"，左有"民国念一年（1932年）壬申仲冬月重修"字样。

这是盐田区内已知惟一有明确纪年的一座建筑，也是时代较早的教育建筑之一。民国二十一年的所谓"重修"，实际应是维修，建筑的主体依旧是清代中晚期的风格。

乐群村绮云书室

位于宝安区西乡镇乐群村。

由爱国港胞郑姚创建于清光绪十一年（1885年）。

朝向南偏西20°。建筑群包括门厅、中厅、后厅、东船厅、西书楼、明楼、花园、厨房、水井等，占地面积3000平方米，是深圳历史上最大的私人书室建筑。

建筑上的木雕、石雕、砖雕，工艺精湛，图案精美。尤其是所有木作构件均用粗大的红木制作，质地上乘，选料考究。

书室的主体部分现仍保存完好。

书室曾是宝安县第二区农民运动和党组织的革命活动中心。因此具有较高的历史和艺术价值。

1998年7月，深圳市人民政府公布为市级文物保护单位。

凤凰村茅山公家塾

位于宝安区福永镇凤凰村东部。

始建于明代，清嘉庆己卯年（1819年）桂月重修。

该建筑为三开间二进一天井两廊庑布局。坐东朝西。面阔11.2米，进深19.4米，占地面积217.3平方米。砖木石构筑。

正门用红砂岩石条做框，门额上阳刻"茅山公家塾"。门厅内墙上彩绘民间传说和戏剧人物故事等内容，非常精美。

天井两侧各有一卷棚顶廊庑。前厅檐步架与后厅斗栱、驼墩上雕饰人物故事图案，檐板浮雕花草图案。尖山式硬山。

凤凰村顾三书室

位于宝安区福永镇凤凰村。

始建于光绪九年（1883年）。1983年和1988年曾两次维修。

建筑为三开间三进二天井布局。方向北偏西20°。面阔15米，进深32.2米，占地面积483平方米。大门额匾书"顾三书室"。其内设木制仪门。前天井两侧为卷棚顶廊庑。后天井两侧为卷棚顶廊庑。侧面有门洞与中堂相通。

中厅金柱有木制屏风，上悬光绪九年"爱恒堂"匾。后厅明间设供台。山墙上有灰塑图案。

顾三书室虽经两次维修，但基本保持了原有风貌。

松元厦村振能学校

位于宝安区观澜镇松元厦村松元河南岸山岗上。

建于1914年。

包括一座两层教学楼、一座五层校舍楼及礼堂等。建筑面积2460平方米。

教学楼为九开间，两侧有三开间平房，瓦顶。两层教学楼正中上部为巴洛克式钟楼。其下一横匾上灰塑"观澜中学"四字。

校舍为三开间五层碉楼式建筑。其上灰塑楷书"振能学校"。

建筑现仍为观澜中学使用。

坐岗村智熙家塾

位于宝安区沙井镇坐岗村北帝路口。

建于光绪戊申年（1908年）。

为三开间两进一天井两廊庑布局。朝向东北。面阔13米，进深33米，占地面积429平方米。

大门额匾题"智熙家塾"。款为"光绪戊申秋月谷旦"、"顺德陈敏章敬书"。檐口有彩绘，檐板有戏剧人物、花草、暗八仙等雕刻图案。尖山式硬山墙上有灰塑博风，内容有花草树木、动物等。辘筒灰瓦，博古正脊。清水砖墙，墙裙叠四条石，花岗石砌角，有升起。

后厅为二层阁楼式。卷棚式顶，绿琉璃瓦剪边，辘筒灰瓦覆面，并设镬耳式封火墙。

这是一座家塾和家祠合一的建筑。

沙四村碧涧公家塾

位于宝安区沙井镇沙四村九巷1号。

现存建筑风格为清末。

为三开间两进一天井两廊庑一牌坊布局。土木石构筑。三合土地面。天井两侧的廊庑已被改建为现代二层小楼。

玉律村集芝书室

位于宝安区公明镇玉律村。

建于民国。

为一座中西合璧式的三开间两进一天井三层楼的建筑。朝向东南。面阔13.3米，进深24.1米。外有围墙，长36米，宽30米，总占地面积1080平方米。

整个建筑只有一个大门供出入。石框铁门。门额匾书"集芝书室"，左款"陈敞文书"，右款"□辰年冬月吉旦"。一层墙体用青石砌筑。二、三层为砖砌，且有出廊。栏杆柱为绿釉宝瓶状。三层正面拐脚处有角楼。其四周有喇叭状枪眼。顶部有护栏及镬耳封火墙。上灰塑浮雕花草和动物图案。

该书室风格独特，结构牢固，有较强的防御功能。

圳美村德淳书室

位于宝安区光明街道办事处圳美村。

现存建筑风格为清代中期。

为三开间二进一天井布局。面阔 10.19 米，进深 14.98 米，占地面积 153 平方米。

门厅朝西。门额匾书"德淳书室"，门两侧原有楹联，现已不存。抬梁式梁架，驼墩上精雕人物故事，垂檐下壁画内容为人物故事、山水、花卉，多已模糊。左右次间有二层阁楼。天井两侧为卷棚式廊庑，有拱门洞与后厅相连。后厅硬山屋顶，抬梁式构架。

布吉街村启贤家塾

位于龙岗区布吉街村西门。

建于光绪二十五年（1897 年）。

为三开间二进布局。坐北面南。面阔 14.5 米，进深 23.2 米，占地面积 336.4 平方米。

前厅出前檐。前檐下用四根方形石柱，双束腰方形柱础。大门为石门框内嵌木门框及木门，无雕饰。门额石匾题"启贤家塾"。其上方有二个砖砌亮窗。次间檐柱用月梁式石枋相连，枋上置石狮子承檐檩。门内用楼板隔上下二层结构。硬山，灰瓦顶，绿琉璃剪边，船形脊。

天井院二侧二廊庑亦为三间。抬梁式砖木结构。隔为上下二层。方形梁，用材较小。驼墩梁头有花鸟雕饰并施色。灰瓦顶，博古正脊，绿琉璃剪边。

后厅前出檐。为抬梁式梁架结构。瓜柱下大上小成圆瓶状承檩，脊柱雕成大斗承脊檩。驼墩、梁头皆深浮雕花鸟图案，并涂色施金粉。明间后部两侧用砖砌实墙，梁架伸进墙内。二根石中柱为八边形，双束腰八边形柱础。灰瓦顶，绿琉璃剪边，船形脊。

启贤家塾又叫"六兴堂"，俗称"西门庭"，是布吉曾氏的私家学堂。保存较完整，内部梁架皆为原物。

大围村兰桂书室

位于龙岗区横岗镇荷坳大围村。

建于清末民初。

面阔三间。坐东朝西。宽 14.7 米，总深 25.7 米，占地面积 404 平方米。由前后两座单体建筑组成，前为书室，后为住宅，书室与住宅之间有 1.9 米宽的横巷。

书室明间呈"凹"式。门前有石阶三步，两侧有抱鼓石。墙体下部为夯土筑成，用角石加固，上部用青石砌造。硬山，灰瓦覆面，船形正脊。檐口用鸡胸椽。明间檐板浅浮雕鸟、梅花等。次间前檐用雕有人物故事砖封檐，充满书香气息。后部居室宽三间。硬山，灰瓦，灰塑博古脊。

坑梓镇光祖学堂

位于龙岗区坑梓镇光祖中学。

建于 1905 年。由南洋华侨黄学光、黄学文等人，响应孙中山先生的号召，参照南洋公学（今上海育才学校）的结构和规模，捐资兴建了光祖学堂（今光祖中学的前身）。

学堂呈"井"字布局，分两层。砖木结构。主楼围合花园一座，植草种花，通渠引水为池。学堂配套设施一应俱全，前操场，左膳堂，右宿舍。

第七节　其它建筑

本节包括医院、商铺、会馆、桥梁、古井等内容。现代医院在深圳出现较晚，且数量极少，目前仅发现建于民国四年（1915 年）的念妇贤医院。古代商铺，特别是明清时期的商铺理应不少，然因后期的破坏，存者无几。会馆仅有南头古城内建于清同治七年（1868 年）的东莞会馆。现存的古桥梁有 4 座，时代最早的是清初的大板桥，较为壮观的当属重建于清乾隆五十年（1785 年）的沙井永兴桥。遗存的古井甚多，凡老村内概有古井，分砖砌和石砌两种，井口有方形、五边形、六边形和八边形四种。还有与外来侵略有关系的建筑，如英帝国主义在深圳建立的海关旧址、日本帝国主义修筑的碉堡等。

1. 医院、商铺、会馆

南头古城东莞会馆

位于南山区南头古城内。又称"宝安公所"。

建于清同治七年（1868 年），1996 年重修。是清代东莞商人在新安县设立的商会会所。

为三开间二进布局。面阔 11 米，进深 24.5 米，面积 269.5 平方米。现前殿仅存一开间。方砖铺地。辘筒灰瓦顶，博古式正脊，檐板有雕刻，檐口有壁画。后殿仍为三开间。面阔 11 米，进深 9.04 米。内有修建"宝安公所"时立的四块石碑。

1984年9月，深圳市人民政府公布为市级文物保护单位。

新墟市街 15 号商铺

位于宝安区沙井镇沙四村。

建于民国。

坐东朝西。面阔 4.21 米，进深 8.17 米，占地面积 34.4 平方米。前廊卷棚顶。木门。清水砖墙，瓦屋面。现已改建为居屋，瓷砖铺地，木制楼板。

述昌街念妇贤医院

位于龙岗区平湖镇墟内述昌街。

由平湖籍香港人士刘铸伯独资捐建于民国四年（1915 年）。

为面阔、进深各三间的二层建筑。朝向东南方。面阔 17.35 米，进深 11.2 米。墙体用三合土夯筑而成。大门门额镶匾两块："丙辰仲春，念妇贤医院，铸伯氏立"、"大总统（黎元洪）题褒，乐善好施，绅士刘铸伯，中华民国四年十月"。

建筑为为传统民居形式，但门窗则是欧式风格。

2．桥梁

墩头村大板桥

位于南山区南头办事处墩头村。

始建年代不详。据清康熙二十七年（1688 年）《新安县志》载："大板桥，在墩头里，乡人郑可言建"。

为单跨石拱桥。长 17.4 米，上宽 3.8 米，下宽 4.2 米，距地面高 4 米。桥孔跨度 5.5 米。桥两侧有石栏板。

凤凰村凤凰桥

位于宝安区福永镇凤凰村原凤凰岩古庙西北方向山脚下。

始建年代不详。据传说此桥为宋末元初时期文天祥后人在凤凰岩修建古庙时所建。

桥身朝向西北—东南。长为 11.4 米，宽 1.4 米，石桥板厚度为 0.32 米。桥下有二方形石桥墩，上架三列长条形青石板组成桥面。

新桥村永兴桥

位于宝安区沙井镇新桥村。

始建于康熙年间。清乾隆五十年（公元 1785 年）重建。据清嘉庆《新安县志》载："永兴桥在新桥村之西，锁前溪而跨两岸，当往来要冲，东接黄松岗乌石诸路，西连云林茅洲渚圩。康熙年间监生曾桥川建，日久倾颓。乾隆五十年武生曾大雄、钦赐翰林曾联魁、贡生曾腾光、曾应中等倡捐重建。周围俱以白石砌之阔三丈余，长十丈余，高五丈余。桥孔有三，上列栏杆，工程浩繁，颇为坚固。虽历经沧桑，而依然完好如故"。

为三跨石拱桥。桥长 50 米，面阔 3.4 米，拱高 5 米余。全桥用花岗岩石砌筑。桥面两侧有栏板，浮雕龙凤图案和形象生动的小狮。结构严谨，造型美观。

1984 年 9 月，深圳市人民政府公布为市级文物保护单位。

大鹏官坑桥

位于龙岗区大鹏镇大鹏城北九顿山南麓山脚的小溪之上。小溪因冬季常常无水，当地人又称之为"旱坑"，亦称"官坑"。

建于乾隆三十六年（1771 年）。据清嘉庆《新安县志·建置略》载："官坑桥，在大鹏城北，能广惠冲衢，乾隆三十六年邑庠李福建"。李福乃大鹏城一位私塾先生。

为单孔石板桥。小溪两侧各置桥墩一个，高一丈。桥面由四条丈许的花岗岩石条架成。

大鹏古城东荣荫桥

位于龙岗区大鹏镇大鹏所城东之三角潭畔。

清嘉庆十年（1805 年）建。据传为赖英杨所倡建。嘉庆《新安县志·建置略·津梁条》载："荣荫桥，在大鹏城东，嘉庆十年建。"

此桥为三孔平架石板桥。桥全长约 18 米，桥面宽约 1.5 米。桥之两头皆有一个半月形的桥引。中间有两个橄榄形高约 3 米的桥墩。

此桥是由大鹏镇通往西校场的要道。是大鹏古城附近保存得最好的一座古桥。

大鹏古城西北福隆桥

位于龙岗区大鹏镇大鹏所城的西北面。石桥建于大环河上。

清嘉庆十年（1805年）建。清嘉庆《新安县志》载："福隆桥，在大鹏城西北土名黄泥潭，嘉庆十年监生王广勋建。"

全长11.5米，宽约1.6米，高约2.9米。有三个桥墩，每孔上架四条石板，尚保留原桥的一条石板。在桥东北25米处尚有建桥时所立之石碑。

大鹏古城西门外登云桥

位于龙岗区大鹏镇大鹏古城西门外大环河上。

清嘉庆二十二年（1817年）建。据清嘉庆《新安县志·山水略》载："登云桥，在大鹏城西，嘉庆二十二年县丞余鸣九、守备张清亮倡建。"

桥全长10.43米，高2.4米。三桥墩均用花岗岩石砌成。每孔上架三条花岗石板，每条宽1.6米。

在桥西路侧原立有一石碑，碑已失，碑座犹存。

3．古井

仓前村华光庙大井

位于南山区南山办事处仓前村华光古庙右侧院内。俗称"华光庙大井"。

始建年代不详。

井口呈椭圆形，用花岗石垒砌井圈，形制古朴。

沙头角镇古井

位于盐田区沙头角镇内的沙头角镇和桥头街交汇处。

始建年代不详。

井口为方形，条石井框，边长约1.3米。井壁以卵石垒砌，呈不规则圆形，直径约1.3米。

伯公树村古井

位于盐田区伯公树村。

始建年代不详。

共三口，都为正方形，条石井框。边长1.85米，井深2.25米。井壁以卵石垒砌。现井周为水泥井台。

凤凰岩长寿仙井

位于宝安区福永镇凤凰村凤凰岩古庙北。

始建于明弘治庚戌（1490 年）。现代维修。

井口为圆形，直径 0.58 米。外用边长 1 米的花岗石条砌成方形。井壁用石砌成筒状。

井旁立有红砂岩石碑两块，其一，阴刻楷书"长寿仙井"，有"番禺举人陆莫口题"款。碑已残，残高 0.68 米，宽 0.27 米，厚 0.13 米。另一阴刻楷书"净瓶酒露"，有"明宏（弘）治庚戌进士郑士忠题"款，保存完整。

长寿仙井水质好，四季不涸，现仍在使用。

凤凰村古井

位于宝安区福永镇凤凰村巽岭公家塾东约 20 米。

建于清代。

井口用青石围成正方形，边长 1 米。井壁用石块砌成圆筒状。

井北有一石碑，上书"南无阿弥陀佛"。碑高 1.03 米，宽 0.45 米，厚 0.15 米。

该井水质好，现仍在使用。

上横朗村古井

位于宝安区龙华镇同胜上横朗村西部。

建于清代。

井口为正六边形，边长 1.10 米。用花岗岩石条围砌而成。周围有大型石台。井壁用青石块砌成圆筒状。

井北边有一石碑，为打井时所立，高 0.6 米，宽 0.3 米，厚 0.15 米，正面刻"南无阿弥陀佛"。

该井水质较好，仍在使用。

樟阁村古井

位于宝安区观澜镇大水坑樟阁村杨氏宗祠前。

建于清末。现代维修。

井口用花岗岩条石砌成六边形，直径为 1.1 米。井壁用砖砌成圆筒形。

该井水质较好，仍在使用。

中心村古井

位于宝安区观澜镇中心村西。

建于清末。

井口用条石砌成五边形，直径为 1.4 米。井壁为砖砌圆筒形。

该井水质清爽，口感较好，至今仍在使用。

沙井中学云林仙井

位于宝安区沙井中学大门左侧 300 米处。

据传建于明成化年间。

井口用花岗岩石条砌成方形，石条长 1.42 米，宽 0.11 米。井深 2.5 米。井壁用青砖砌筑。四周现为水泥铺成的平台。

水质上乘，现仍在使用。

衙边村古井

位于宝安区沙井镇衙边村东北的磨盆岗小山下。

始建年代不详。

井口与地面平。口小内大呈瓮形。井口直径约 0.8 米，井内直径约 3 米。井口中间横跨一花岗岩石条，利于提水饮用，同时防止牲畜跌落。

此井清澈见底，清凉甘甜，水质上乘，村人多用此井水做豆腐，故俗称"豆腐井"。用桶在井内提水时，会发出嗡嗡响声，故村人又称为"无底龙潭"。

周木墩老村井

位于宝安区光明街道办东周木墩老村。

建于清代。

井口用规则的花岗岩条石砌成八边形，边长 0.37 米，直径 1.02 米。井口周围用条石铺砌成八边形的井台，呈中间高四周低的缓坡状。井壁用青砖砌筑。

据村民讲，该井已沿用数百年，现水质仍好，在继续使用。

4. 帝国主义侵华建筑

内伶仃岛海关

位于南山区蛇口街道办事处内伶仃岛南湾东部的山谷里。

清光绪二十四年（1898年），英国所谓租借新界后，将海关北迁于此。

有砖瓦房四座，分别为办公房、仓库（或礼堂）、宿舍和厨房。均为白灰披挡青砖墙，红方阶砖铺地，木板天棚，辘筒灰瓦，平脊。

其中办公室面阔21.8米，深5.4米，前有门檐、走廊。仓库面阔10米，进深20米。

1949年后，旧址曾为当地驻军所用，现已弃置。

大铲岛海关

位于南山区蛇口街道办事处大铲岛西北坡的山岗上，居高临海。

建于清末。

该建筑为平房。面阔15.8米，进深5.5米。青砖砌筑，外加护柱。房前有台阶。辘筒灰瓦，平脊。其旁原有石碑一块，上刻："粤海防疫大铲厂界"，侧署"宣统三年（1911年）正月关务处税务司立"。现碑为复制品（原碑藏市博物馆）。

南头日寇碉堡

共三处。位于南头古城西城外二处，鹦歌山西坡下一处。

抗日战争时期日军建筑。暗堡平面均为长方形，宽7.1米，长3.5米。用钢筋混凝土筑成。

沙头角日寇碉堡

位于沙头角镇内桥头街医院门前大榕树下。

1938年日寇侵占沙头角后修建。

碉堡为正方形，边长1.4米，墙厚0.22米，顶距现地面1.25米。钢筋水泥建筑。离碉堡顶0.70米处的东、西、北三面各有一扇形射击孔，孔外侧下方设有枪架，上方有护墙。入口在碉堡南面。

玉律村日寇碉堡

位于宝安区公明镇玉律村南一山岗顶。

抗日战争时期日寇所建。

平面为五边形，面积约11.2平方米。部分已埋入地下，现存高度2.4米。钢筋混凝土浇铸。除正面外，其余四面设有内小外大呈喇叭状的长方形枪眼，枪眼外口长1.55米，宽0.20米。

第六章　古城(寨)　烟墩　炮台

　　本章内容也属"历史建筑"范畴,但因其有军事防御性质这一特殊性,而且与深圳明清时期反侵略斗争紧密相关,在深圳历史上占有重要地位,故此另立一章。

　　深圳现存的古城(寨)、烟墩、炮台均为明代建立的军事防御设施。古城有两座:一是位于今南山区的南头古城,另一是位于今龙岗区的大鹏所城。均始建于明洪武二十七年(1394 年)。大鹏所城是中国 18000 多公里海岸线上保存最完整的明清海防城之一,它在抗倭御英、保疆卫国的战争中发挥了重要作用。大鹏水贝石寨是现存惟一的民间防御设施。深圳的炮台、烟墩主要分布在沿海一带,以蛇口赤湾和大鹏所城附近为多。

第一节　古城 (寨)

　　深圳的两座古城中,以大鹏所城保存较好。其城门、街道、府第建筑等历经六百余年风雨沧桑,大都保存完整。而南头古城,因城内居民兴办工厂,改造旧居,除南城门、主要街巷、少数民居和重要古建筑如东莞会馆等外,其他已面目全非。

南头古城 (又名新安故城)

位于南山区深南大道以北、中山园路以西。

始建于明洪武二十七年(1394 年),即东莞守御千户所。

呈不规则的长方形。城垣范围东西长为 680 米,南北宽为 500 米。

城墙用山岗黄泥沙土夯筑,内外包砖。现除北城墙尚存一段高低不等、断断续续的城墙遗迹外,其余已无存。1997 年深圳文物部门解剖了南头古城的城墙基址,找到了北门,搞清了城墙基础结构。其他三城门中,西城门被毁,东城门虽存但已改为石块构筑,惟南城门保存完好。南城门底宽 11.72 米,高 4.4 米,拱形城门洞宽 2.8 米,长 11 米,高 3.3 米。南门上方有一块长方形石匾,上用小篆阳刻"宁南"二字。

城内道路有六纵三横共有九条,即县前街、显宁街、永盈街、聚秀街、和阳街、迎恩街、王通街、牌楼街、新街等。现仍保存部分市井门楼，其中保护较完好的聚秀街门楼，为一开间，花岗石大门，面阔 3.7 米，进深 4 米，大门宽 2.1 米，砖墙、瓦顶、上塑飞脊，寿字瓦当。门楼内墙有粉红石的神龛。门楼额匾原有街名，"文革"时被封盖。

城内尚保存部分有重要历史、艺术、科学价值的建筑。如保存最为完整、规模最大的是纪念文天祥的信国公文氏祠，还有东莞会馆、报德祠、育婴堂、原新安县衙残留墙体（长 21.4 米，高 3.5 米）和清嘉庆八年（1803 年）始建的凤冈书院遗址以及几十处明清时期具有岭南及南洋建筑风格的民居。

东晋咸和六年（331 年），划出南海郡的东南部，设立"东官郡"，郡治就在南头。东官郡的首县是宝安县，县治也设在南头。隋开皇九年（589 年）废东官郡，宝安县改属南海郡，县治仍在南头。唐开元二十四年（736 年）新设置"屯门镇"于南头城，驻军 2000 人。至德二年（757 年）宝安县改名为东莞县，县治从南头迁至冲（今东莞）。

现存的南头古城，初始为明朝东莞守御千户所所城。以后，明朝在广东建水师共 6 个寨，下辖 6 个巡防前哨基地。东莞所、大鹏所和南头水寨都隶属于南海卫，组成一个相互配合的军事防御区。

明隆庆六年（1572 年），时任广东参政兼提刑按察司副使的刘稳，向朝廷报奏请在南头设县，万历元年（1573 年）朝廷颁发分县诏书，准予设置新县，从原东莞县分出民户 7608 户，男女共 33971 口，定名"新安"，县治设南头东莞所城。刘稳将东莞所城修葺一新，修建了县署和学宫等。新安县的地域大致包括今天的香港地区和深圳市的大部分。

清顺治十八年（1661 年），清政府颁布"迁海令"，初迁划界将新安县境的三分之二，包括县治南头。续迁又划出 24 个村围。康熙五年（1666 年），新安县被裁，并入东莞县。康熙八年（1669 年）正月，清朝廷下令展界，新安在这一年复县。康熙二十三年（1684 年），新安全面复界，县治仍在南头城。"鸦片战争"后，香港、九龙、新界被英国殖民主义强占，新安县境域被划走了五分之三。但新安县治仍保留。

民国三年（1914 年），为避免与河南省新安县重名，恢复古名宝安县，县治仍在南头城。

1983 年 5 月，南头古城南门和北城墙被深圳市人民政府公布为市级文物保护单位。1984 年 9 月，信国公文氏祠、东莞会馆、育婴堂三处又公布为市级文物保护单位。1988 年 7 月，南头古城址被公布为市级文物保护单位。同时政府陆续拨专款对重点文物建筑进行复原修缮。1996 年，南山区政府批复同意南山区文物管理委员会整修新安故城（南头古城）。1997 年 4 月，深圳市人民政府办公厅转发全国政协八届五次会议第 2234 号提案《关于对深圳市新安县城进行全面规划保护的建议案》。同月，南山区政府发布《关于整修新安故城的通知》，对新安故城（南头古城）进行全面保护。1999 年 9 月，南山区人民政府正式成立新安故城管理处，负责日常的文物保护管理事务。

2002 年 7 月，广东省人民政府公布南头古城垣为省级文物保护单位。

大鹏古城

位于今龙岗区大鹏镇鹏城村。

明洪武十四年（1381 年），明王朝决定设立大鹏和东莞两守御千户所。洪武二十七年，大鹏所城开筑。起初选址在大鹏半岛最南端的西涌（位于今南澳镇西涌新屋村西 100 米处），那里现尚存二段城墙：一段残高 2 米，长 80 米，底宽 5 米多；另一段长 60 米，其中还尚存一处 20×12 米的平台，为拟建敌楼之处。同年，广州左卫千户张斌相度形势，在大鹏半岛险要处筑立所城即今天的大鹏所城。

据清康熙《新安县志》记载：大鹏所城"内外砌以砖石，沿海所城，大鹏为最，周围三百二十五丈六尺，高一丈八尺，面广六尺，址广一丈四尺，门楼四。敌楼如之。警铺一十六，雉堞六百五十四。东西南三面环水，濠回三百九十八丈，阔一丈五尺，深一丈。"

城内有三条主要街道，分别为东门街、南门街、正街（西门至南门街相交），以及其它一些小巷。明清时代城内建筑有：左营署、县丞署、参将府、守备署、军装局、火药局、关帝庙、赵公祠、华光庙、天后宫、晏公庙等。现县丞署、关帝庙、赵公祠、晏公庙等基址尚存（或残存断垣残墙）。东、西、南三城门仍保留明代建筑，北门清末已塌毁。城内还有建于清嘉庆、道光年间的"振威将军第"，即广东水师提督赖恩爵府第、福建水师提督刘起龙"将军第"。建筑规模宏伟，保存完好。

大鹏所城的建立，是为防御海盗、倭寇侵扰。其时，城内的官员有正千户一员、司吏一员、副千户一员、武官三员、驻军 223 名。成为一个备倭镇抚的地方性防卫组织。清初改"大鹏守御千户所城"为"大鹏所防守营"，官兵 500 名。康熙四十年（1704 年）更改营制，改"大鹏所防守营"为"大鹏水师营"，兵员增至 931 名。这时候的大鹏水师营，已是一个管辖珠江外洋东部海路的海防军事机构。在海上要塞设立九营汛：东涌口、水陆塘、大屿山、红香炉、盐田、关湖塘、老大鹏、上沙塘、下沙塘，与南头的新安营遥相呼应。此后，新建炮台四座：沱泞炮台、佛堂门炮台、南头炮台和大屿山炮台。

道光十九年（1839 年）七月二十七日，英军在九龙洋面袭击清军，挑起了"九龙海战"。大鹏营参将赖恩爵率水军果断反击，英勇作战，取得了对英军的首战胜利，从而拉开了鸦片战争的序幕。林则徐在"九龙海战"后，与提督关天培研究了在香港区域的军事部署情况，将大鹏改营为协。大鹏协在鸦片战争中发挥了重要的作用。

1983 年 5 月和 1984 年 9 月，深圳市人民政府将大鹏城东、南两城门及赖恩爵"振威将军第"、刘起龙"将军第"先后公布为市级文物保护单位。

1988 年 7 月，深圳市人民政府公布大鹏古城为市级文物保护单位。

1989 年 6 月，广东省人民政府公布大鹏古城为省级文物保护单位。

2002 年 7 月，国务院公布大鹏古城为全国重点文物保护单位。

大鹏水贝石寨遗址

位于龙岗区大鹏镇水贝村周围。

始筑于宋代，为大鹏大姓欧阳氏所筑。欧阳氏自宋代迁徙至大鹏水贝村居住。至明代时，水贝村欧阳氏已有二千多人，里面设有圩市，还招有外地壮丁为护乡武装。其规模仅次于大鹏所城。

清初废弃。现寨墙、寨门大部分夷为平地，仅存村后西北部寨墙。水贝石寨属地方民间防倭、防寇、防盗的防御设施。

第二节　烟墩　炮台

目前深圳尚存明清烟墩 6 个。据康熙《新安县志·兵刑志》载，明代大鹏附近有 5 个："野牛墩、大湾墩、旧大鹏墩、水头墩、叠福墩。以上五墩，每墩驻守旗军五人"。现存烟墩的形状和大小不一，有方斗形和圆台形两种，以圆台形为多，均建在面海的高山上。炮台只有蛇口赤湾左炮台和右炮台。左炮台保存基本完好，右炮台大部已毁，其所在山体也因基本建设几被推平。

1．烟墩

赤湾烟墩

位于南山区赤湾小南山山顶。

建于明洪武二十七年（1394 年）。1995 年重修。

烟墩呈圆台形，底径 11 米，顶径 6 米，高约 6 米。顶部中间凹陷，墩台护坡用石块和砖砌筑。

该烟墩位于珠江口东岸，与赤湾古炮台构成防御体系，是明代东莞所城最重要的烽火台。嘉靖三十年（1551 年），东莞所千户万里率军抗击番夷，战死在此。

1988 年 7 月，深圳市人民政府公布为市级文物保护单位。

鳌湾墩遗址

位于西乡与固戍之间一个伸出海面的小山尖上，山高近 100 米。

明洪武年间建成。

20 世纪 50 年代上部被改建碉堡，因而烟墩具体形状、规模及建筑材料不详。

大鹏叠福墩遗址

位于龙岗区大鹏镇咸头岭村东北求水岭的山坡上。山上有深葵公路经过。

"叠福墩"亦名"叠福烽堠"，明洪武年间置。

墩台呈方斗形，东西长 6.5 米，南北宽 5.5 米，高 2.6 米。用石头垒砌，附近发现有瓦片及遗物。

该烟墩隶属于大鹏所城管辖。筑在高约 250 米的山头上，可观察沙头角至南澳一带的大鹏湾洋面，王母、葵涌等地也在其俯瞰之中。

大鹏野牛墩遗址

在今大鹏核电站东面的山头上。

"野牛墩"又名"野牛角烽堠"，明洪武年间置。

其形状、规模大小及建筑材料和构筑方式同叠福烟墩。

大鹏大湾墩遗址

位于龙岗区大鹏镇大坑南滨海的山岗上，当地人称烟墩山。现墩台东、北均属大亚湾核电站范围。墩台筑于高约 100 米的山岗上，南临大亚湾龙歧澳。

"大湾墩"也叫"大坑烽堠"，明洪武年间置。

为圆台形砖土结构。墩台底径 10 米，顶径 3.6 米。上部有一径约 2.2 米，深 1.2 米的圆坑，并有一宽 0.9 米的缺口作为风门，门开向西北，墩台上部周围砌砖。

现墩台尚存，保存较好，也是离大鹏古城最近的一个墩台（约 1.5 公里）。

1984 年 9 月，深圳市人民政府公布为市级文物保护单位。

南澳水头墩遗址

位于龙岗区南澳镇水头沙村北边海拔约 180 米的英管岭山嘴上。

"水头墩"也名"小头烽堠"，建于明洪武年间。

墩台为圆形。用黏土与小石块筑成，十分坚固。台高 6 米，底径约 10 米，顶径 4.5 米，东面一宽 0.8 米的缺口为风门。其东北面 1.5 米处另有三个小圆形墩台，小墩台径约 2 米，残高 0.8 米。

2．炮台

赤湾左炮台

位于南山区赤湾村东鹰嘴山上，为东莞所（南头城）之前哨，与赤湾右炮台遥相呼应。

建于清康熙八年（1669 年）。

该炮台坐北朝南。平面呈长方形，长 26.2 米，宽 15.5 米，高 4.5 米。上部青砖砌成，底部石块砌筑。内原有营房七间，现已毁。据清嘉庆年间编撰的《新安县志》记载："赤湾左炮台一座，兵二十名，生铁炮六位"。

"鸦片战争"期间，赤湾左、右炮台重修。在对英海战中，赤湾炮台发挥了重要的号炮作用，为广东水师提督关天培在穿鼻洋、伶仃洋和深圳湾击败英军作出了重要贡献。

光绪十八年（1893 年），赤湾左、右炮台被废弃。

1984 年深圳博物馆对该炮台进行了发掘，出土了清代的陶瓷器、枪弹、铁炮弹、匕首、砚台、铜钱和象棋子等。

1979 年，招商局蛇口工业区开发赤湾，投资修葺了左炮台。同时在左炮台旁竖立一尊民族英雄林则徐铜像。

1983 年 5 月，深圳市人民政府公布为市级文物保护单位。

1995 年 5 月，深圳市委、市政府命名为深圳市爱国主义教育基地。

赤湾右炮台

位于南山区赤湾村与东鹰嘴山相望的无名山上，为东莞守御千户所（南头城）之前哨，与赤湾左炮台遥相呼应。

始建于清康熙八年（1669 年）。

原有铁炮 12 门。炮台所在的山体，大部已崩毁，仅存部分石构件。两门铁炮由深圳市博物馆保存。

第七章　馆藏文物

　　馆藏文物是国家宝贵的历史文化遗产，是博物馆工作的基础，是衡量博物馆整体水平的标尺。为此，特区成立二十年来，深圳各博物馆一直把丰富馆藏文物作为重要的业务工作。截至 2002 年，本市各博物馆馆藏文物从 1981 年的 700 余件增加到 30000 余件，增长近 50 倍，其中不乏精品。如西周"硕父"铜鬲、"虢宫父"铜盘，汉代踞坐俑、"九九乘法口诀"刻文砖，南北朝三区段式神人纹铜镜，明代祝允明草书《晚晴赋》、《荔枝赋》卷等。

　　私立博物馆和私人藏品不列入本志收录范围。

第一节　化石　石器　玉器

　　深圳本地不产化石，馆藏化石多为从辽宁省购入的中生代晚侏罗纪至早白垩纪化石，种类有恐龙和鱼类化石。石器主要为新石器时代的生产工具。本志收录的玉器除一件为西汉，一件为明代外，其余皆为新石器时代到战国时期，其中以出土于内蒙古的新石器时代的玉猪龙较为珍贵。

1. 化石

贵州凤岗黔羽枝

　　古生代志留纪

　　化石有暗红色羽枝状条纹，植物体没有根、茎、叶的分化。

　　黔羽枝是世界上已知的最早的陆地植物，对人类认识陆地植物的起源、演化以及早期陆地生态系统的形成具有十分重要的科学意义。

　　2001 年深圳古生物博物馆入藏。

河南西峡恐龙蛋化石

　　中生代早白垩纪

蛋体长径变异范围在 70－80 毫米，短径变异范围在 50－60 毫米，蛋壳平均厚 1.5 毫米。

一窝有 29 枚，加上周围被破坏的，估计这窝蛋有 30 余枚。同窝蛋基本处于同一平面，排列较为零散。蛋体略呈圆形，光滑。大部分蛋壳表面裂纹较多。蛋壳颜色有深灰、浅灰两种。

由于蛋体顶部有不同程度的缺失，或在石化过程中受地层压力，使得大部分蛋体侧面显得略扁。初步鉴定为上田西坡副圆形蛋。

市公安局缉私文物。2001 年移交深圳古生物博物馆收藏。

河南西峡恐龙蛋化石

中生代早白垩纪

蛋体为长椭圆形。长径约 5.5 厘米，短径约 2 厘米，蛋壳厚度小于 1 毫米。

一窝有 14 枚，成簇状排列。蛋壳光滑，颜色浅灰。

蛋体顶部有不同程度的缺失。初步鉴定为特小长形蛋。也有学者估计为龟鳖类蛋化石。

市公安局缉私文物。2001 年移交深圳古生物博物馆收藏。

四川井研马门溪龙

中生代侏罗纪

长约 20 米，高 4 米，重达 3 吨。

这具恐龙骨架 60% 为真品。

2001 年深圳古生物博物馆藏。

细小矢部龙化石

中生代晚侏罗纪—早白垩纪

灰黄色。石面呈不规则的椭圆形，扁平体。长 32 厘米，宽 23 厘米。上嵌有长条形的细小矢部龙，头部、身躯、爪均清晰可辨。

1991 年发现于辽宁省义县金刚山。1997 年深圳市博物馆购藏。

室赞氏狼鳍鱼化石

中生代晚侏罗纪—早白垩纪

灰黄色。化石平面为不规则的多边形。长 29 厘米，宽 15 厘米。

石面中心一侧有首尾相背呈色一深一浅的二条鱼，鱼呈"S"状游动姿态，尾鳍骨骼清晰可辨。

1991年发现于辽宁省义县金刚山。1997年深圳市博物馆购藏。

室警氏狼鳍鱼化石

中生代晚侏罗纪—早白垩纪

灰黄色。长方形扁平。长26厘米，宽21.2厘米。

石面中嵌有室警氏狼鳍鱼化石四条。中央部分三条狼鳍鱼身作弯曲状，清晰可辨，右下角亦有残狼鳍鱼的躯体。

1991年发现于辽宁省义县金刚山。1997年深圳市博物馆购藏。

北票鲟鱼化石

中生代晚侏罗纪—早白垩纪

灰黄色。石面近似长方形，长21厘米，宽12.3厘米。

中间嵌有一长条形北票鲟鱼，体肥壮完整，其头、尾、身躯、鳍等，均清晰可辨。

1991年发现于辽宁省义县金刚山。1997年深圳市博物馆购藏。

矢部龙化石

中生代晚侏罗纪—早白垩纪

灰白色。石面近似长方形，扁平体。石块断裂经过黏合。长74厘米，宽35厘米。

石面中间嵌有一条矢部龙化石，形态为四肢张开，后腿弯曲。头部模糊不清，但四肢、躯干骨骼、尾骨清晰可辨。

1991年发现于辽宁北票。2000年深圳博物馆购藏。

鹦鹉嘴龙化石

中生代晚侏罗纪—早白垩纪

灰白色。石面近似长方形，完整。长26.5厘米，宽15厘米。

石面中间嵌有一条鹦鹉嘴龙，龙的神态生动，身躯弯曲，四肢张开，一侧前后肢弯曲。头、眼、躯干、四肢、爪骨、尾骨清晰可辨。

1991年发现于辽宁北票。2000年深圳市博物馆购藏。

中华白鲟化石

中生代晚侏罗纪—早白垩纪

灰白色。石面不规则，一端平齐，一端尖凸。石块断裂黏合。长 53 厘米，宽 25 厘米。

石面中间嵌有一条中华白鲟，尖嘴，身笔直。鱼头、脊骨、鱼鳍和鱼尾清晰可辨。

1991 年发现于辽宁北票。2000 年深圳市博物馆购藏。

2．石器

石磨盘、磨棒

新石器时代裴李岗文化（距今约 8000 年）

灰黄色砂岩。磨盘长 56.5 厘米，宽 9.8 厘米，高 6.5 厘米。

为平面呈靴底形，两端圆弧，前宽后窄，盘面平坦，底部有四个矮柱形足。磨棒近圆柱体形。两端加工精细，中间稍粗。长 31.5 厘米，最大径 4.8 厘米。有使用的痕迹，保存完好。

1978 年在河南省新郑裴李岗遗址出土。1996 年河南省博物馆调拨给深圳市博物馆收藏。

石镰

新石器时代裴李岗文化

青褐色砂岩。长 13.5 米，厚 0.5 厘米，高 5.8 厘米。

扁平体，尖首，弧拱背，刃部平直并成锯齿状，后端宽大，上下各有一弯缺口，以便装柄。器体打磨光滑，保存完好，是裴李岗文化代表性的石器。

1979 年在河南省新郑县裴李岗遗址出土。1996 年河南省博物馆调拨给深圳市博物馆收藏。

刮削器

新石器时代

灰色板岩。长 3.5 厘米，宽 2.5 厘米，厚 1 厘米。

外形近长方形，台面平，器体两面均有打制的凹口，刃部呈锯齿状，器表凹凸不平。

1980 年在深圳市小梅沙遗址采集。深圳市博物馆藏。

有段石锛

新石器时代

灰色细砂岩。长 6 厘米，宽 3.8 厘米。

梯形，上下端平齐，下部较厚，呈阶梯状，单面刃。制作规整。

1984 年采集于深圳市观澜镇湾下岭遗址。深圳市博物馆藏。

石锛

新石器时代

灰黑色细砂岩。长 10.2 厘米，宽 6 厘米，厚 1.6 厘米。

长方形，下端呈弧形，单面刃，通体磨光，局部留有打制痕。

1985 年深圳市大鹏镇咸头岭遗址发掘出土。深圳市博物馆藏。

石斧

新石器时代

灰黑色细砂岩。长 16.5 厘米，宽 7 厘米，厚 2.5 厘米。

长方体，下端呈弧形，双面刃，通体磨光，但局部留有打制痕。

1985 年深圳市大鹏镇咸头岭遗址发掘出土。深圳市博物馆藏。

3．玉器

双兽首玉石雕

新石器时代红山文化（距今约 5000 年）

佩玉。青色，近底处发白。长 7.2 厘米，宽 3.9 厘米。

对钻穿孔成双目，去地阴刻成嘴。以三条凹槽将身体分为头、身和角。底有小部分突出体沿，作尾或足。

内蒙古自治区赤峰市松山区阳河出土。2000 年深圳市博物馆从天津购藏。

玉石猪龙

新石器时代红山文化

佩玉。深褐色。长 6 厘米，宽 5.2 厘米，厚 1 厘米。

龙呈圆形弯曲状。扁体。以两道去地阴线将龙分为头、身、尾三部分。深刻圆眼。背面装饰两条凹线。正中穿孔对钻而成。

内蒙古自治区赤峰市巴林右旗与翁牛特旗交界处五分地出土。2000年深圳市博物馆从天津购藏。

玉璧

商时期

灰白色。直径14.5厘米，孔径6.4厘米，厚1.6厘米。

圆孔的两侧有凸棱，璧面（肉）有一圈凸弦纹。

此种璧在安阳殷墟妇好墓、江西新干、四川广汉三星堆等商代墓葬和遗址中都有出土。这表明深圳虽不在商王朝的势力范围内，但已受其文化影响。故该璧有重要文物价值。

2001年深圳大梅沙村遗址出土。中英街历史博物馆藏。

青玉佩饰

商代

青色。局部有褐色沁。径3.8厘米，厚2厘米。纺轮形。两端平整，上面有两层台，中心圆形穿孔，对钻而成，呈马蹄眼状。柱体以双勾起阳技法琢成蝉纹图案。此器是利用璧环类钻心制成，同类器亦见于殷墟妇好墓。

深圳市公安局五处缉私文物。深圳市博物馆藏。

黄玉手镯

商代

黄色。局部有褐色沁蚀斑。直径7.5厘米，高2.9厘米。

器体中部有凸弦纹二周。中部较厚，两边稍薄。通体打磨光滑。玉质温润，纹饰朴素。

深圳市公安局五处缉私文物。深圳市博物馆藏。

玉玦

春秋

青黄色。直径2厘米，高2.3厘米。

圆柱体。上下两端平整，中有镂空及缺口。上面阴刻重环纹，底光素。柱体饰双线勾云纹。

深圳市公安局五处缉私文物。深圳市博物馆藏。

夔龙玉璜

春秋

青色。长 4.4 厘米，宽 1.3 厘米，厚 0.3 厘米。

体扁平，呈三分之一环形。外沿有脊，两端饰张口龙首。中部有一穿孔。正面以变形虺纹和卷云纹作装饰，背面阴刻勾云纹。主纹饰用减地勾撤法及细线阴刻等技法精琢而成。其雕工精湛，反映出春秋时代较高的琢玉水平。

深圳市公安局五处缉私文物。深圳市博物馆藏。

玉兽

春秋

青色。长 3 厘米，宽 1.9 厘米，厚 0.4 厘米。

体扁平。兽作回首状。朵云耳，阴刻圆眼，短身，螺形尾。前肢匍匐，后肢略弯。臀部上翘，呈扑食状。颈至臀部有通孔。通体阴刻卷云纹。

深圳市公安局五处缉私文物。深圳市博物馆藏。

龙首玉璜

战国

青黄色。长 5.8 厘米，宽 1.6 厘米，厚 0.4 厘米。

扁体，形如半环，中心部位穿一小孔，两端饰张口龙首，并有对称牙脊。以绞绳纹为界将璜分为三部分，龙首与龙身均饰蚕纹、卷云纹。背面光素。

深圳市公安局五处缉私文物。深圳市博物馆藏。

玉剑饰

西汉

青色。局部有白色沁蚀。长 6 厘米，宽 2.4 厘米，高 1.5 厘米。

长方形，两端下垂内卷，背有一长方形銎。璏面高浮雕一大一小子母螭，作左盼状。大螭弯颈挺胸，腰部隐起，长尾前卷。小螭在其尾部，与之相映成趣。两螭造型刚健有力，雕琢浑朴精细，生动别致。

深圳市公安局五处缉私文物。深圳市博物馆藏。

白玉带板

明代

白色。长7.4厘米，宽5.1厘米，厚0.9厘米。

长方形，扁体，双层透雕，壁边打磨光滑。正面饰云龙纹、万字卷云纹、如意纹、山石等。背面镂空卷草纹，四角有对斜穿孔。

深圳市公安局五处缉私文物。深圳市博物馆藏。

第二节　陶瓷器

深圳馆藏陶瓷器是馆藏文物中最多的一类，比较珍贵的有新石器时代仰韶文化的彩陶、汉代的陶楼、东晋南朝时期的青瓷、唐代的三彩器、宋元的白瓷和青瓷、明清的青花瓷等。

1. 新石器时代

双耳红陶壶

新石器时代裴李岗文化

口径4厘米，高16.8厘米。

泥质红褐陶。小口，口沿微侈，短颈、圆腹、圜底。器表面磨光。肩部装半月形双耳，耳有小穿孔。此器是裴李岗文化的典型器物。

河南省长葛县石固遗址出土。1996年河南省博物馆调拨给深圳市博物馆收藏。

彩陶盆

新石器时代仰韶文化（距今约6000年）

口径40厘米，底径11.8厘米，高17厘米。

橙黄色泥质陶。大口，口沿微侈，腹向下收缩，平底。外腹施由涡纹、三角纹、圆点、直线纹组成的黑彩纹带。

陕西省彬县下孟村出土。1998年陕西省考古研究所调拨给深圳市博物馆收藏。

弦纹彩陶壶

新石器时代马家窑文化（距今约5000年）

口径 8.8 厘米，底径 10.5 厘米，高 29 厘米。

泥质橙黄陶。侈口，口沿外折，长颈、丰肩、深腹、平底。腹部有对称竖耳。器身施墨彩。由颈至腹中部绘平行弦纹。肩、腹绘以双竖短线平行粗条纹，肩部并施四对圆点。此器是马家窑文化马家窑类型彩陶的典型器物（残破修复）。

青海省海南藏族自治州出土。1998 年青海省文物商店调剂给深圳市博物馆收藏。

菱格锯齿纹彩陶壶

新石器时代马家窑文化半山类型

口径 16.3 厘米，高 42 厘米。

泥质橙黄陶。侈口、短颈、鼓腹、平底、双系。器身施红黑彩，口沿里绘连弧纹，外有对称假耳。颈部绘黑色宽带和二圈锯齿纹。腹部以上绘菱形网格纹，其上下饰红色宽带和黑色锯齿纹。腹部绘连续垂弧纹。图案繁褥绚丽，富有变化，属黄河上游地区马家窑文化半山类型典型彩陶。

1992 年武警边防六支队移交给深圳市博物馆收藏。

鸟纹彩陶壶

新石器时代马家窑文化半山类型

口径 8.3 厘米，底径 9 厘米，高 12.3 厘米。

黄白色夹砂陶。侈口、直颈、丰肩、敛腹、平底。施紫红彩。口沿饰三折线纹，肩部绘写意鸟纹，其下贴附加堆纹一周。肩以下拍印交错绳纹。风格质朴，彩陶纹饰独特。

青海省海南藏族自治州出土。1998 年青海省文物商店调剂给深圳市博物馆收藏。

红陶双耳罐

新石器时代齐家文化（距今约 4000 年）

口径 9.5 厘米，底径 5 厘米，高 12.3 厘米。

泥质红陶。侈口、粗颈，腹部微鼓，颈腹分界线明显，平底。口腹间有双大耳，耳较宽。中间饰长条形镂孔，两侧各刻划两条竖线。器表素面光滑。造型独特，是齐家文化代表器物之一。

青海省化隆县出土。1998 年青海省文物商店调剂给深圳市博物馆收藏。

篮纹红陶罐

新石器时代齐家文化

口径 21.5 厘米，底径 11.8 厘米，高 50 厘米。

泥质红陶。喇叭口、长颈、大斜肩、折腹斜收、小平底。折腹以下拍印篮纹，肩部无纹饰。

青海省乐都县出土。1998 年青海省文物商店调剂给深圳市博物馆收藏。

夔纹陶釜

春秋时期

口径 39.3 厘米，高 37 厘米。

泥质灰陶。胎体坚硬。敞口、束颈、垂腹、圜底。口沿外壁与腹下部及底部拍印方格纹。腹中部及颈下拍印夔纹并刻有细弦纹（破损，修复）。烧成温度高，纹饰繁褥，拍印清晰，器形大而规整，反映出深圳地区青铜时代已具有较高的制陶工艺水平。

深圳观澜镇湾下岭遗址出土。深圳市博物馆藏。

2. 秦、汉、魏晋、南北朝时期

灰陶踞坐俑

秦代

高 68 厘米。

泥质灰陶。头部细发中分，束发挽髻。髻垂于脑后呈圆锥形。五官清晰，神态庄重。头与身分制后，套合成一体。宽肩，直背，双膝着地，踞坐。身穿右衽长袍，袍盖双膝。造型生动，神态逼真。

1992 陕西省临潼上焦村秦始皇陵附近出土。1996 年陕西考古研究所调拨给深圳市博物馆收藏。

彩绘灰陶踞坐俑

西汉早期

高 31.8 厘米。

泥质灰陶。头略前倾，长发中分，垂髻于脑后。眉目清秀，面部表情温顺。

身穿交襟右衽长袍。两臂自然下垂，双手笼袖。施红、黑彩，彩绘部分剥落。塑造技法纯熟，人物形象准确生动。

西安市东郊汉文帝霸陵出土。1996年陕西考古研究所调拨给深圳市博物馆收藏。

青釉双耳壶

西汉

口径17.6厘米，底径16.5厘米，高43厘米。

敞口、高直颈、圆鼓腹，下部收敛，浅圈足。口沿下和颈部刻划弦纹和带状水波纹。肩两侧置铺首衔环。上腹饰凸弦纹三周。施青绿釉至腹上部。胎体坚硬。

港英政府1991年缉私归还文物。1993年国家文物局拨交给深圳市博物馆收藏。

绿釉陶望楼

东汉

底层长32.3厘米，宽31厘米，通高87厘米。

泥质灰陶。为三层楼阁式，二重檐，庑殿顶，由下至上逐层缩小。每层大门洞开，四周绕以方形回廊。第一、二层各有侍俑三人，均双手拱于胸前，作恭奉状。三层四人，其中室内站立一人，门前端坐一人，左右侍立二人。门楣、围栏刻划菱形纹。围栏四周有长条形镂孔装饰。外施绿釉。

缉私文物。由广东省文物管理委员会拨给深圳市博物馆收藏。

青釉单耳杯

东汉晚期

口径4厘米，高11.4厘米。

敞口、深直腹、单竖耳、平底微凹。杯外壁装饰四道旋纹。米白色胎。里外施青釉，釉大部分剥落。

1981年深圳市南头红花园出土。深圳市博物馆藏。

青釉印花钵

西晋

口径17.2厘米，底径13.7厘米，高9.8厘米。

广口微敛，深腹、平底。口沿至腹刻划弦纹多道，以弦纹相间上下印联珠纹，中间夹斜方格纹。装饰带部位贴塑三个等距铺首。胎灰白。质地坚硬。施青釉，釉色均匀亮泽。此钵采用了刻、印、贴等装饰技法，使规整简单的带状纹饰具有浅浮雕艺术效果。

港英政府 1991 年缉私归还文物。1993 年国家文物局拨交给深圳市博物馆收藏。

青釉猪圈

西晋

口径 13 厘米，底径 12 厘米，高 7.1 厘米。

圆形栅栏。正面有窗式栏口，栏沿下有凸棱弦纹一周。栏内置有食槽，一猪作觅食状。通体施青釉，釉面亮泽。

港英政府 1991 年缉私归还文物。1993 年国家文物局拨交给深圳市博物馆收藏。

青釉鸡首壶

南朝

口径 6.5 厘米，底径 6.5 厘米，高 17.8 厘米。

盘口、长颈、圆鼓腹、平底。口沿至肩部置弯曲高执柄，流作鸡头状，肩饰对称桥形系。胎呈米黄色。通体施青釉。

1984 年深圳市西乡铁仔山出土。深圳市博物馆藏。

青釉四系罐

北周

口径 8.5 厘米，底径 10 厘米，高 21 厘米。

直口、圆唇、短颈、圆腹，平底假圈足。肩饰弦纹二周，置四个复式系。腹部有较粗的突棱，突棱之上刻划一周覆莲。胎灰白，施釉至腹部。釉面有冰裂纹。口略残。造型庄重，釉色青亮。

1988 年陕西省咸阳国际机场工地北周纪年墓出土。1996 年陕西省考古研究所调拨给深圳市博物馆收藏。

3. 唐、五代

彩绘陶女俑

唐代

高 30 厘米。

胎呈米白色。施以红、绿色彩绘。女俑作站立状。头高髻上卷，眉目清秀，体态丰韵饱满。身穿短袖襦衣和曳地长裙。肩披长巾，脚登高履。双手自然垂于腰前。

1996 年河南省博物馆调拨给深圳市博物馆收藏。

三彩武士俑

唐代

高 85 厘米。

头上束发成高髻。竖眉，怒目圆瞪，咧嘴，留有八字胡须，面目凶猛。身穿甲衣，两肩有兽头覆膊，左、右手前曲握拳，拳心留有持兵器的小孔。胸前凸起护胸和护心。腰束粗带，足穿尖足长靴，踏于卧兽之上。兽下有长方形座台。胎灰白色。通体施黄、绿、白色彩釉。釉色自然浸润，晶莹夺目。

1996 年河南省博物馆调拨给深圳市博物馆收藏。

三彩镇墓兽

唐代

高 69 厘米，宽 30 厘米。

人面兽身。双目圆睁，头顶有螺旋向上的独角，双耳硕大尖竖，凸胸，胸侧有竖起的双翅，前腿直立，后腿屈曲，蹲坐于长台座上，台座一周镂有五个圆孔。胎色灰白。此器除头部外，身与台座均施黄、绿、赭三色釉彩。造型生动，神态诡谲，釉色华丽。

武警深圳边防六支队缉私文物。1992 年移交深圳市博物馆收藏。

黄釉胡人牵马俑

唐代

高 48 厘米。

头戴幞头。深目高鼻，面部轮廓分明。身穿翻领开襟长袍，双臂前曲，作牵马状。腰系结带，足穿长靴立于方形底板之上。胎呈橙红色。此俑为胡人形象，是古代中外文化交流的见证物。

深圳沙头角公安分局缉私文物。1992 年移交深圳市博物馆收藏。

彩绘陶卧驼

唐代

长 51 厘米，高 23.8 厘米。

作卧伏状。伸颈昂首，双目圆睁，嘴唇闭合，身躯肥壮。背上双驼峰左右微弯，头和颈有明显的鬃毛和驼绒，富有质感。泥质橙红陶。全身饰红、黄色彩绘。形象逼真传神，栩栩如生。

1996 年由河南省博物馆调拨给深圳博物馆收藏。

长沙窑褐绿彩花鸟纹执壶

唐代

口径 8.6 厘米，底径 9.5 厘米，高 18.4 厘米。

侈口，粗直颈，瓜棱腹，饼形足。足沿饰凹弦纹一周。肩置八角棱形短流，颈腹间装扁带状执柄。腹饰褐绿彩绘花鸟纹。方法是先在坯胎上刻鸟的轮廓，再以绿色填绘，褐色线条描画细羽和双足，并衬以花草。胎色米黄。釉已脱尽。

1987 年广东省文物管理委员会拨交给深圳市博物馆收藏。

越窑青釉执壶

五代—北宋

口径 5 厘米，底径 9 厘米，高 21 厘米。

喇叭口，长束颈，瓜棱腹。矮圈足。颈腹两侧分置扁形曲柄和弯曲长流。口沿下、颈部、圈足刻划弦纹，腹部饰双线水波纹。纹饰简洁。胎质灰白致密。釉面有细碎开片，釉色青翠，典雅别致。此壶造型秀巧动人，线条优美流畅，是五代至北宋越窑中的佳品。

港英政府 1991 年缉私归还文物。1993 年国家文物局拨交给深圳市博物馆收藏。

衡山窑酱釉执壶

五代

口径 10 厘米，底径 10.5 厘米，高 21 厘米。

盘口，丰肩，筒形腹，平底。颈上装双小耳，腹两侧置弓形执柄和弯曲长流。胎米白色，质较粗。通体施酱釉，釉色亮泽。其造型粗犷浑厚。

港英政府 1991 年缉私归还文物。1993 年国家文物局拨交给深圳市博物馆收藏。

4．宋（金）、元

绿釉绞胎花枕

北宋早期

长 21 厘米，宽 12.5 厘米，高 10.8 厘米。

枕为弧边，如意头形。前低后高，背有孔。枕面饰褐白相间的绞胎团花三组，中间一组较大，为五瓣花叶，两边二组较小，形若花蕾。以绿釉为地。团花周围及枕侧戳印花叶及点、圆、小三角组成的小花，戳印内凹的花纹内嵌有褐色瓷土。底施绿釉。此为“裴家花枕”。

1991 年深圳市公安局边防分局交深圳市博物馆收藏。

临汝窑青釉盘

金代

口径 15.3 厘米，底径 4.8 厘米，高 3.3 厘米。

盘口微敛，浅壁，小圈足。胎厚致密，细洁坚硬。通体施青釉，釉面亮泽，釉面布满小片纹。

1996 年深圳文物商店调剂给深圳市博物馆收藏。

青釉五管瓶

宋代

口径 8.8 厘米，底径 8.8 厘米，通高 31 厘米。

直口，粗颈，溜肩，椭圆腹，浅圈足。笠帽式盖，盖顶作镂孔圆管形，瓶体为五层塔式。肩部均匀地竖立五个向上的菱形管。胎灰白，通体施青釉，釉面有冰裂纹，釉色均匀亮泽。上腹部刻划细菱格纹，下腹部有莲瓣纹。纹饰生动，制作精巧。五管瓶是专用陪葬器，五代开始出现，流行于北宋中期。

港英政府 1991 年缉私归还文物。1993 年国家文物局拨交给深圳市博物馆收藏。

海康窑梅瓶

元代

口径 6.5 厘米，底径 14.3 厘米，高 36.6 厘米。

直口，圆唇，短颈，丰肩，斜腹收成台形足。肩附双系，与双系相对应的下方圈足两侧有二对穿孔，便于穿系。胎呈米黄色，除颈和足施酱色釉外，其余均在素胎上绘褐彩。彩绘纹饰分五层，从上到下依次为莲瓣纹、卷草纹、龟锦纹为地的折枝牡丹菱形开光、莲瓣纹、卷草纹及朵花纹菱形开光。此梅瓶一对，造型秀美，纹饰繁密，但主题突出。为广东地方瓷窑有代表性的佳作。

1981 年深圳南头后海出土。深圳市博物馆藏。

龙泉窑连座梅瓶

元代

口径 3.5 厘米，底径 4.7 厘米，高 16.7 厘米。

连座式。小口外侈，短颈，丰肩，弧腹，浅圈足。瓶座圆唇平折，束颈，座身斜收，其上有三个过来壶门式镂孔，座底置四小足。瓶身与座可以活动装卸。通体施青釉，口沿与瓶身以褐釉点彩作装饰，幽雅古朴。此器从造型、装饰及胎釉上看，不失为龙泉窑中的佳品。

港英政府 1991 年缉私归还文物。1993 年国家文物局拨交给深圳市博物馆收藏。

5. 明、清

青花海螺纹碗

明代

口径 13.2 厘米，底径 5.9 厘米，高 7 厘米。

敞口，小弧腹，圈足。里外饰青花。碗心绘海螺水浪纹。内外壁以勾勒平涂技法绘莲花、鱼藻纹等，底部衬以波浪。口沿外及圈足外绘弦纹二周。此碗青花呈色淡雅，釉色莹润，纹饰布局疏密有致，属景德镇明代中期民窑产品。

1982 年深圳南头后海明墓出土。深圳市博物馆藏。

彩绘陶院落

明代

面阔 91 厘米，进深 112 厘米，通高 40 厘米。

浅灰胎硬陶。院落平面呈长方形，为三进四合院布局。由院门、前院、前房、后院、正房及前、后院左右厢房组成，四周有围墙。正面为院门，置门扉两扇。门外有敞开护墙。门内有照壁，其正面绘山水图。院门、前房、正房、厢房屋顶均为悬山式。正脊上有鸱吻，垂脊前端有垂兽，房檐下有斗栱。前、正房与前院两厢房中两扇门洞开，房内置桌椅、几案、床榻等。后院两座厢房房门关闭。院内有井台、磨盘。大门外置轿，轿旁站立一侍俑。门两侧有备鞍的马。院落分件组装而成。部分以红色彩绘。这座完整的院落是墓主生前居所的真实写照，也为研究中原地区明代建筑提供了形象的实物资料。

河南省杞县高山村出土。1996 年河南省博物馆调拨给深圳市博物馆收藏。

孔雀蓝釉香炉

明代

口径 13 厘米，通高 14.5 厘米。

口微敛，斜腹，平底附三足。覆碗形盖，盖顶塑一蟠螭，螭首昂起，螭口中空与顶盖孔洞连通，盖周边贴塑朵花并有对称圆孔。炉足由三只回首向上的蟠螭塑成，其中两螭向上弯曲成立耳。炉外壁纹饰以三螭身体及朵花贴塑点缀而成。螭头与立耳涂金，身和盖外壁施孔雀蓝釉。

港英政府 1991 年缉私归还文物。1993 年国家文物局拨交给深圳市博物馆收藏。

青花"洪都新府图"海碗

清代

口径 46.4 厘米，底径 24.8 厘米，高 21.9 厘米。

胎厚致密，釉色青白。里外青花纹饰。大口微侈，深腹、圈足。碗心绘福寿纹。内口沿以蓝地白花装饰技法绘缠枝莲纹一周。外壁绘山水人物图。根据题字，可知画面为清中后期南昌城广润门和章江门及滕王阁一带的自然景观和人文风貌。此碗纹饰构思独特，采用了勾勒渲染、平涂等绘画技法，形象地展示清代南昌城外的景观，为研究南昌历史面貌提供了参考资料。

1992 年九龙海关移交给深圳市博物馆收藏。

青花折枝花卉纹六方尊

清代

口径 19.8 厘米，底径 23.8 厘米，高 66.5 厘米。

六方体。尊口沿下与圈足各饰一周青花回纹，在六个面上绘有青花纹饰，颈部与腹部绘折枝花果纹，颈部绘菱形花卉纹，底心有青花篆书"大清乾隆年制"三行六字款。此尊造型大方，釉色莹润，青花色泽鲜艳。

1993 年中国文物流通协调中心拨交深圳市博物馆收藏。

第三节　青铜器

深圳馆藏青铜器约 400 件。藏品主要来自河南、陕西等省兄弟馆的调拨，商承祚教授家属的捐赠，海关和公安系统缉私罚没文物和本地出土的文物。青铜器藏品中主要是礼器，其次是兵器，有少量生活器具和生产工具。时代以商周时期为主，其次为汉代。

1．商时期

"丙"簋

高 16 厘米。

敞口，束颈，双兽首耳，耳下有钩状小珥。鼓腹，高圈足。颈部和圈足均饰以云雷纹组成的饕餮纹，颈部间附浮雕兽首一对。

内底铸铭文"丙"字。

陕西岐山凤鸣镇出土。1999 年陕西省岐山县博物馆调拨给深圳市博物馆收藏。

无柱铜斝

口径 15.3 厘米，高 22.3 厘米。

器身厚重。侈口，圆唇，高领，鼓腹。分三档，柱足。一侧有鋬。除颈部饰一周凸弦纹，余为素面。

陕西岐山京当乡出土。1999 年陕西省岐山县博物馆调拨给深圳市博物馆收藏。

兽面纹爵

流长 17 厘米，通高 16.2 厘米。

窄长流上扬，短尖尾，流口相连处有蘑菇形双短柱（一柱残缺）。爵体分为颈、腹两段。长颈，浅鼓腹，平底下附三扁锥足。一侧有鋬。颈部饰凸线兽面纹，上下以乳钉镶边。此器造型古朴，纹饰简练，形体轻巧。

河南郑州二里岗出土。1996 年河南省博物馆调拨给深圳市博物馆收藏。

饕餮纹爵

流长 15.2 厘米，通高 9.8 厘米。

窄长流，短尖尾。口与流相连处有蘑菇形双柱。柱顶饰涡纹。深腹，一侧有兽首，圜底，下置三扁锥足。腹部饰饕餮纹，流、尾、鋬饰三角雷纹。

河南洛阳出土。1996 年河南省博物馆调拨给深圳市博物馆收藏。

饕餮纹觚

口径 15.1 厘米，底径 8.5 厘米，通高 24.8 厘米。

喇叭形口，细颈，圆柱腹，鼓腰，喇叭圈足。腰部及圈足凸起四道棱。腰部饰饕餮纹。

河南洛阳出土。1996 年河南省博物馆调拨给深圳市博物馆收藏。

饕餮纹钺

长 16.6 厘米，宽 11.3 厘米。

扁平体近方形，中有一大圆孔，下端弧刃，两肩各有一条形穿。内穿有一小圆孔，其上部两面各饰半边饕餮纹，合为一完整饕餮纹。

原为商承祚教授藏品，1997 年其家属捐赠给深圳市博物馆收藏。

2．西周时期

虺纹附耳鼎

口径 21 厘米，通高 18.5 厘米。

圆形大口，斜沿外敞，双附耳。圆腹，圜底。三肥大兽蹄足，里侧内凹。口沿下饰虺纹一周，腹部中间有凸棱一圈。

河南省三门峡市虢国墓地出土。1996 年三门峡市虢国墓地博物馆筹建处调拨给深圳市博物馆收藏。

鸟纹立耳鼎

口径 42 厘米，通高 41.5 厘米。

平沿，立耳，圆腹，圜底。粗壮兽蹄足里侧内凹。口沿下饰窃曲纹一周，腹部饰凸弦纹一道和凤鸟纹一周。此器是一套七件列鼎之一。

河南省三门峡市虢国墓地出土。1996 年三门峡市虢国墓地博物馆筹建处调拨给深圳市博物馆收藏。

重环纹立耳鼎

口径 28.5 厘米，高 26 厘米。

口沿微敛，平沿，立耳，圆腹，圜底。粗壮兽蹄足里侧内凹。口沿下饰重环纹一周，腹部中间饰一道凸弦纹。

河南省三门峡市虢国墓地出土。1996 年三门峡市虢国墓地博物馆筹建处调拨给深圳市博物馆收藏

窃曲纹双兽首耳带盖簋

口径 20.2 厘米，通高 25.4 厘米。

弇口，鼓腹，圈足，下置三兽首形小足。兽首耳，耳下有方形小垂珥。口沿下饰窃曲纹一周，腹部饰瓦纹，圈足饰一周垂鳞纹。盖面隆起，盖顶有圈形提手。盖面饰瓦纹和窃曲纹。

河南省三门峡市虢国墓地出土。1996 年三门峡市虢国墓地博物馆筹建处调拨给深圳市博物馆收藏。

重环纹双兽首耳带盖簋

口径 17 厘米，通高 18 厘米。

弇口，圆腹，双兽首耳。三短足。盖顶有圈形提手，盖面饰瓦纹和重环纹，腹上部饰重环纹，下部饰瓦纹，圈足饰一周垂鳞纹。

河南省三门峡市虢国墓地出土。1996 年三门峡市虢国墓地博物馆筹建处调拨给深圳市博物馆收藏。

乳钉夔龙纹簋

口径 25.3 厘米，足径 17.8 厘米，高 16.6 厘米。

平沿外折，深腹微弧，高圈足外侈。口沿下饰浅夔龙纹一周，并用三个浮雕牺首间隔，腹饰斜方格乳钉纹。

陕西省岐山县京当乡出土。1999 年岐山县博物馆调拨给深圳市博物馆收藏。

"硕父"鬲

口径 18 厘米，高 13.3 厘米。

宽平沿，束颈，鼓腹，平裆，三蹄足（内侧有一凹槽）。腹部饰三组由两头变形大象组成的窃曲纹，并以三个扁棱分别对应三足。

口沿内侧环铸铭文 24 字："虢仲之司子硕父作季嬴羞鬲其万年子子孙孙永宝用享。"铭文所记的硕父是西周厉、宣王时期虢国国君"虢仲"之子，任管理与火有关事务的"司"官职。文中记硕父为夫人季嬴作器。此器对研究西周晚期虢国历史具有重要价值。

河南省三门峡市虢国墓地出土。1996 年三门峡市虢国墓地博物馆筹建处调拨给深圳市博物馆收藏。

"虢宫父"鬲

口径 17.1 厘米，高 12.2 厘米。

宽平沿，束颈，弧腹。实足不分档，三蹄足，内侧有一凹槽。腹部饰三组由两头相背的兽纹组成的图案，并以三扁棱分别对应三足。

口沿内侧环铸铭文 9 字："虢宫父作鬲用从永永。""虢宫父"鬲为研究西周晚期虢国历史增添了资料。

河南省三门峡市虢国墓地出土。1996 年三门峡市虢国墓地博物馆筹建处调拨给深圳市博物馆收藏。

"虢宫父"盘

口径 32.8 厘米，高 12.8 厘米。

敞口，窄平沿，浅腹，平底。双附耳，圈足。圈足下附有三短足。腹外壁饰窃曲纹一周。圈足饰垂鳞纹。

盘内底铸铭文两行 9 字："虢宫父作盘用从永永。"此铭文与"虢宫父"鬲相似，都属虢宫父自作用器。

河南省三门峡市虢国墓地出土。1996 年三门峡市虢国墓地博物馆筹建处调拨给深圳市博物馆收藏。

重环纹簋

口径 22.4 厘米，高 14.5 厘米。

直壁浅盘，平底，下有束腰粗圈足。圈足中腰有一道凸棱。盘外壁饰重环纹。圈足上部饰镂孔兽带纹。此器造型别致，花纹繁复。

河南省三门峡市虢国墓地出土。1996 年三门峡市虢国墓地博物馆筹建处调拨给深圳市博物馆收藏。

重环纹盨

口径 22.2×15.9 厘米，足径 20×15.3 厘米，通高 17.3 厘米。

圆角，隆盖，盖顶有四矩形钮。器身两侧附兽首耳。弧腹，圈足外侈，中间有对称凹形缺口。盖边及口下饰重环纹，腹与盖顶有瓦纹，盖钮间饰夔龙纹。

陕西省岐山县青化乡出土。1999 年岐山县博物馆调拨给深圳市博物馆收藏。

窃曲纹分体方甗

口径 29.4×24.6 厘米，通高 39.5 厘米。

由甑、鬲两部分组成。甑，长方体，侈口，斜收腹，平底。有数个"一"字形箅孔，四壁均饰窃曲纹和兽目交连纹，间有宽带纹。鬲，附耳，弧肩，平底，分裆，四蹄足。口沿部有一周凹槽与甑的榫圈相扣合。

河南省三门峡市虢国墓地出土。1996 年三门峡市虢国墓地博物馆筹建处调拨给深圳市博物馆收藏。

窃曲纹带盖方壶

口径 16.2×12 厘米，通高 47.5 厘米。

直口，长颈，垂腹，圈足。盖作长方形，圈顶子口盖。颈部饰兽带纹，两侧各有铺首衔环耳。腹部四面共饰八组两两相对的兽纹组成的图案，并被四个交叉点为方锥状的宽带十字纹相隔。圈足饰斜角云纹。盖顶饰窃曲纹，盖缘饰对角云纹。捉手四侧面饰兽带纹。造型沉稳，纹饰繁丽。

河南省三门峡市虢国墓地出土。1996 年三门峡市虢国墓地博物馆筹建处调拨给深圳市博物馆收藏。

3．春秋时期

蟠螭纹立耳鼎

口径 53 厘米，通高 55 厘米。

圆形大口，平沿，立耳稍外侈。圆弧腹，浅圜底，兽首蹄形足。腹饰蟠螭纹，中部饰一道凸起的绚索纹。用六条短竖棱脊分隔周腹，其中三条棱脊与蹄足上部的兽面中脊对应垂直。

1923 年河南省新郑县城关李锐菜园出土。1996 年河南省博物馆调拨给深圳市博物馆收藏。

蟠螭纹鉴

一对。口径 39.8 厘米，高 22.7 厘米。

平沿，束颈，弧腹，圈足。腹部饰铺首衔环一对。腹壁上部主题纹饰为蟠螭纹，下部饰"S"形龙纹，上下腹之间饰一周海贝凸弦纹。圈足饰绚索纹。

1991 年深圳市公安局边防分局移交给深圳市博物馆收藏。

双兽首耳鉴

口径 60.5 厘米，腹围 178 厘米，高 28.5 厘米。

大口，宽平沿，束颈，弧腹敛收。腹两侧各有一兽首环耳，平底。通体素面。

1936 年河南省辉县琉璃阁出土。1996 年河南省博物馆调拨给深圳市博物馆收藏。

蟠螭纹甬钟

铣间 17.8×14.3 厘米，鼓间 14.3 厘米，通高 29.3 厘米。

圆柱形实甬，甬下部有旋和半圆形干。钟体作合瓦形，凹弧形口，两铣尖锐。钲部两面各有圆柱状枚 18 个。篆间饰三角云雷纹构成的变体蟠螭纹，舞部和鼓部饰蟠螭纹。

1936 年河南省辉县琉璃阁出土。1996 年河南省博物馆调拨给深圳市博物馆收藏。

蟠螭纹镈钟

铣间 20.8×15 厘米，鼓间 16 厘米，通高 30 厘米。

舞上饰一对顾龙纹搭桥镂空钮。腔体深阔，平口，两面钲部各有谷钉形枚 18 个，舞、篆、鼓部均饰蟠螭纹。

河南省淅川县出土。1996 年河南省博物馆调拨给深圳市博物馆收藏。

长方銎弧形体宽刃钺

二件：大的长 11.8 厘米，宽 10 厘米；小的长 7 厘米，宽 6.6 厘米。

器形相似，正面均呈扇形。上厚下薄，束腰，方銎口，中空至刃部。銎部有一道凸棱线。大者刃部弧度较宽大。小者刃部弧度较小，且刃角勾翘。

1993 年深圳大梅沙遗址出土。深圳市博物馆藏。

钺

高 6.6 厘米，刃宽 6 厘米，銎口长 4 厘米，宽 1.9 厘米。

扇形，束腰，方銎口，中空至刃部。两侧各有一道凸线。

2001 年深圳大梅沙村遗址出土。中英街历史博物馆藏。

柳叶形扁茎式剑

长 22 厘米，宽 3.7 厘米。

剑体呈柳叶形，锋一侧略残，双刃略凹弧形。中脊由锋尖至茎孔处起棱线。斜从，下端斜收，无格。短扁平茎，上有一穿，无首。

1993 年深圳大梅沙遗址出土。深圳市博物馆藏。

凹口骹矛

长 16.2 厘米，宽 4.5 厘米。

短体，阔叶，锋尖稍残。双刃略呈凹弧形，端体成锐角，中脊起突棱，凹弧形骹口，骹粗短，断面呈菱形，一侧有一穿。

1993 年深圳大梅沙遗址出土。深圳市博物馆藏。

凹口骹阔叶矛

长 35 厘米，宽 6 厘米。

长体，阔叶，锐锋，刃部凹弧，靠本部处锐凸，中脊有突棱线。长骹断面呈圆形，骹口分叉内凹呈燕尾状，一面有双穿，骹口燕尾分叉处有 3 厘米宽的缠绑痕迹。

1993 年深圳大梅沙遗址出土。深圳市博物馆藏。

圆骹平口长体阔叶矛

长 34 厘米，宽 7 厘米。

长体，阔叶，尖锋，双面刃，中脊有凸棱线。长骹圆身，平口，近口处有一穿。

1993 年深圳大梅沙遗址出土。深圳市博物馆藏。

刮刀

共出土五件。大小有别，最大者长 10.7 厘米，宽 2.6 厘米；最小者长 7.2 厘米，宽 1.7 厘米（其中两件残）。

整器作片状矛形器，弓背形，器小且薄，尖锋上翘，中脊起棱线，断面作"人"字形，扁平茎与刃部无明显分界。有的刮刀在茎部两边各做一缺口，以便安把绑绳，有捆绑痕迹。中脊两侧近茎处饰云雷纹。刮刀为华南地区有地方特色的青铜器，它们的发现为研究广东青铜文化提供了宝贵资料。

1993 年深圳大梅沙遗址出土。深圳市博物馆藏。

4．战国时期

蟠螭纹立耳鼎

口径 54.5 厘米，通高 46 厘米。

圆形大口，斜沿。立耳稍外侈。半球形腹。圜底，三蹄形足。中腹饰蟠螭纹，腹外中部有上下两道凸起绚索纹，内饰蟠螭纹，下腹外部饰三角形蝉纹。

1936 年河南省辉县琉璃阁出土。1996 年河南省博物馆调拨给深圳市博物馆收藏。

双环耳三立人形足𬭚

口径 25.2 厘米，底径 12.8 厘米，高 14.3 厘米。

平沿略卷，深弧腹，平底，三矮足。腹部两侧有铺首衔环耳一对。腹饰弦纹三道。足作站立人形，高鼻隆目，双手叉腰，背承器物。此器轻巧，造型生动别致。

1988 年广东省文物管理委员会调拨给深圳市博物馆收藏。

四兽纹镜

直径 18.9 厘米，沿厚 0.8 厘米。

宽素卷边。有裂纹。镜面黑亮。镜背置三弦钮，圆钮座外围一周凹形环带，以羽纹为地。主纹为四个回首张口咆哮怪兽，怪兽长尾卷曲，一后肢踏在圆钮座之外圈，一前肢和另一后肢踏在镜外沿上，另一前肢握另一兽之长尾。四兽绕钮座排列成圈，形态生动。

原为商承祚教授藏品。1997 年其家属捐赠给深圳市博物馆收藏。

四山纹镜

直径 13.8 厘米，缘厚 0.5 厘米。

素卷边。镜背置三弦钮，方钮座，外围凹面带方格。以羽纹为地，主纹为四"山"字纹，其间有花瓣和绚纹作分区间隔。

原为商承祚教授藏品。1997 年其家属捐赠给深圳市博物馆收藏。

柿蒂纹镜

直径 10.2 厘米，沿厚 0.3 厘米。

薄身，边沿高起。钮作弦纹细钮，钮座饰柿蒂纹，钮座边饰宽边正方形纹。钮座外嵌四绿松石，其座亦饰柿蒂纹，间以叶纹和勾连云纹。外圈有凸起圆形纹一周边。

原为商承祚教授藏品。1997 年其家属捐赠给深圳市博物馆收藏。

"郑武库"戈

长 24.9 厘米，宽 11.4 厘米。

长援微弧，援体上扬，前锋尖锐，中起脊棱，中胡二穿，上援末有一小穿。内长方体斜上扬，有一条形穿，援末下缺一小角。

胡一面铸有"郑武库"铭文。

1971 年河南省新郑县白庙出土。1996 年河南省博物馆调拨给深圳市博物馆收藏。

"阳成令"戈

长 24.5 厘米，宽 12.7 厘米。

援体上扬，长胡有阑，阑线凸起，中胡二穿，上援末一小穿。内体斜上扬，中部有一长条形穿，内端三面刃，似刀。内体上有铭文"八年阳成令□□工师□□冶鶪"。

河南省新郑县白庙出土。1996 年河南省博物馆调拨给深圳市博物馆收藏。

5．两汉至三国

错银云纹带钩

西汉

长 17.1 厘米，钮径 1.4 厘米。

侧视呈"S"形。上端曲首为钩，用细银丝镶嵌出兽首。顶部饰涡纹，钩体饰错银云纹，钩尾饰三角纹。背有圆形扣钮。

1991 年 2 月深圳市公安局边防分局移交给深圳市博物馆收藏。

"长宜子孙"内向连弧纹镜

东汉

直径 20.5 厘米，沿厚 0.8 厘米。

素宽沿。镜背正中置半球形圆钮，柿蒂纹钮座。四叶间铸"长宜子孙"铭文。其外为一周短线纹和一周凸线纹。再外为内向八连弧纹，连弧间铸有"寿如金石、佳且好兮"。外圈纹饰由两周短线纹夹对角线、涡纹组成。

港英政府 1991 年缉私归还文物。1993 年国家文物局拨交给深圳市博物馆收藏。

神人纹镜

东汉

直径 17.5 厘米，沿厚 0.4 厘米。

素沿。扁圆钮。内区纹饰被夹钮的两条平行线分上中下三段。上段中部为玄武座，背上竖华盖，左侧端坐一神像，神像后站立侍者三人，华盖右侧有面向主神躬身站立手持笏的侍者六人；中段两侧主神头朝钮端，夹钮对置；下段二神身躯后仰作凤舞状，二神中间有"8"字形蔓带间隔。外区 12 个方枚内各有一字："吾□明镜□山□□涷三 商 冈。"其外为一周斜线纹和缠枝纹带。

1986 年广东省文物管理委员会拨给深圳市博物馆收藏。

"黄武元年"神兽纹镜

三国（吴）

直径 13.8 厘米，沿厚 0.3 厘米。

薄身，宽边镜沿高起。扁平状圆钮。钮外有一圈链珠纹。内区为环绕式神兽纹。外圈为突起的半圆块与九方枚相间成一周。

方枚内铸有铭文九字："三公九卿十二大夫士。"内铸反面文字带一周："黄武元年（222年）太岁 在 酉帝 国 太平五月时午□□卯日中周师制作百涑之竟（镜）□□□祈者万 年 世皇侯王保子孙祥吉"共45字。

原为商承祚教授藏品。1997年其家属捐赠给深圳市博物馆收藏。

第四节　铁器　金银器

铁器易锈蚀，难保存，尤其在呈酸性的红土壤中更是如此，故深圳馆藏文物中铁器较少。其中叠石山战国遗址中出土的四件铁斧较为重要。金银器中，明代银元宝是研究当时赋税制度和漕运情况的重要材料。

1．铁器

铁斧

战国

长8.2厘米，宽6.4厘米。

长方形，薄刃，銎中空。锈蚀严重。

1987年南山叠石山遗址发掘时在第二层中出土了4件铁斧，这是其中之一。

深圳市博物馆藏。

洪圣宫铁钟

清

通高0.55米，口径0.45米。

钟钮铸两龙首与四龙爪。

钟身铸"沐悬梅坑村众信绅耆敬奉洪圣大王案前。道光二十八年（1848年）冬月吉旦立。万盛炉造。风调雨顺，国泰民安"铭文。

现存于龙岗南澳镇东农村委杨梅坑村西南处洪圣宫内。

铁炮

清

长 210 厘米，口径 21 厘米。

为前膛铁炮。炮身作长条圆筒形，其上有箍纹七道及圆柱形短双耳，后端逐步收缩成葫芦形，后顶端作一向后突出的球形体，尾部有一导火线圆洞。

炮身铸有六行铭文，已锈蚀不清，仅可看清"十九年二月□□"字样。从式样和出土地点看，可能为道光十九年（1839 年）即鸦片战争前夕所铸造的海防大炮。

1982 年深圳市博物馆从大鹏古城征集。现置深圳市博物馆南广场。

2．金银器

"天启二年"银元宝

明

长 14.4 厘米，宽 8.3 厘米，高 8 厘米，重 1880 克。

椭圆形，两头翘起，中间凹下，外壁凹下部有微凹槽，底部微凸。内底平坦，錾刻有文字四行，行字不等，内容为："江夏县徵完天启二年（1622 年）的漕折银五十两艮匠徐壬。"此银元宝是明代赋税制度和漕运史上较具历史价值的实物资料。

1991 年 12 月深圳市财政局移交给深圳市博物馆收藏。

刘起龙夫人金耳坠

清

一对。长 4.5 厘米，宽 2 厘米，重 3 钱 3 分。

坠头作谷穗形，后有长把弯曲下垂至穗旁，再卷曲作环形，坠头做工精细，花纹繁密。

刘起龙夫人林太君墓出土。深圳市博物馆藏。

第五节　书法　绘画　印章

深圳的馆藏书画中不乏明清及近现代书画名家的作品。如明代祝允明的《晚晴赋》和《荔枝赋》卷，董其昌行书《颜平原争座位帖》和《送刘太冲序》手卷，清代王铎的行书诗轴，郑燮墨笔《风竹图》轴，任颐设色《桃花白鸡图》轴及现代徐悲鸿水墨淡彩《柳鹊图》轴等，都是难得的佳作。印章藏品多为铜质，其中有军事将领佩印，如汉代"朔方将军章"铜印和"骑部曲将"铜印等，对研究汉代军队制度有着重要史料价值。

1. 书法

祝允明草书《晚晴赋》、《荔枝赋》卷

明

纵 30 厘米，横 457 厘米。纸本，绫裱。

墨笔草书。题《晚晴赋》，文 33 行，行 3—10 字不等；又题《荔枝赋》，文 77 行，行 5—10 字不等。

落款"枝山允明书于春蛰堂中壬午改元（嘉靖六年，1522 年），三月一日也。"下钤白文"祝允明印"，朱文"希哲父"印。卷首钤白文"太原"印。引首隶书为清人冯志沂所题。长卷上另有姜绍书、徐广缙、商承祚等人收藏鉴赏印 8 方。

四米多长巨帧行笔放而不纵，线条自然流畅，点画变化多，具有强烈的节奏感和运动感。为祝允明晚年作品。

原为商承祚教授藏品。1994 年其家属捐赠给深圳市博物馆收藏。

茅坤草书《游西湖诗》卷

明

纵 33 厘米，横 370 厘米。纸本，绫裱。

墨笔草书。自录游西湖诗数首。83 行，行 1—11 字不等。

落款"万历辛丑（1601 年）。秋九月望日九十翁茅坤顺甫书于玉芝山房"。钤白文"茅坤之印"、"鹿门山长"长方印。卷末钤一小收藏印，另附近人叶恭绰题跋五行。

此卷为茅坤九十岁绝笔之作。书法潇洒流畅，婉转秀润，是明代文人书法的典型风格。

原为商承祚教授藏品。1994 年其家属捐赠给深圳市博物馆收藏。

董其昌行书《颜平原争座位帖》、《送刘太冲序》卷

明

纵 25 厘米，横 214 厘米。纸本，绫裱。

墨笔行书。《颜平原争座位帖》,文 24 行,行 5—9 字不等;《送刘太冲序》,文 11 行,行 5—9 字不等。正文后有自书跋语 5 行:"鲁公立朝大节千古不磨,故书法一如其人,此二帖尤公书之桓赫者,故时时背临以志吾好。"

落款"其昌",钤朱文印"董其昌"、白文印"宗伯学士"。卷首有朱文"玄赏斋"长方印。手卷上钤有收藏印三方。

此卷行书潇洒秀逸,是董其昌佳作。

原为商承祚教授藏品。1994 年其家属捐赠给深圳市博物馆收藏。

汪道昆草书《和张南湖诗》卷

明

纵 24 厘米,横 748.5 厘米。纸本,纸裱。

墨笔草书。此卷前半部录张綖《效韩致光香奁体八首》,77 行,行 2—8 字不等。后有跋语 8 行,款 2 行。后半部为书家自作《和张南湖香奁韵八首》,63 行,行 3—10 字不等。

落款"南溟居士醉书"。长卷中部与尾部落款均有朱文"子冲"印一方。中部接缝上有朱文"戏墨"印及一字迹模糊的小印。卷后拖尾有叶恭绰题跋。

原为商承祚教授藏品。1994 年其家属捐赠给深圳市博物馆收藏。

王问草书《杂咏诗》卷

明

纵 29.5 厘米,横 515 厘米。纸本,纸裱。

墨笔草书。五言诗 41 行,行 1—4 字不等。

落款"右杂咏,仲山王问书"。钤朱文"王氏子裕"、"台宪之章"二印。卷首有朱文"舆司马"长方印。另卷首、尾下角各有一收藏印。

笔画刚劲多姿,气势非凡。

原为商承祚教授藏品。1994 年其家属捐赠给深圳市博物馆收藏。

刘正宗行书诗卷

清

纵 20.9 厘米,横 180.4 厘米。

墨笔行书。诗九首,其中五言诗八首,七言诗一首,共 57 行,行 2—9 字不等。篇名分别为《斋宿直庐》、《瀛台晓色》、《斋宿天坛羽士精舍》、《钦遣内供奉就直庐写像纪恩》、《西苑柳絮》、《署中偶兴》、《西清晚眺》、《晚直》、《雨中下直》。诗后自书跋语二行。

落款"甫史正宗具草"，钤白文"刘正宗印"、朱文"大学士章"。引首压题有朱文"甫斋"印。

此卷行草相间，功力深厚。

原为商承祚教授藏品。1994年其家属捐赠给深圳市博物馆收藏。

光鹭行书诗轴

清

纵135厘米，横32厘米。金花笺纸，绫裱。

墨笔行书。七言诗一首，4行，行4—18字不等。诗后有自书小字跋语二行。

落款"八十四老人鹭草"，钤朱文"光鹭"、"迹删"印。其下另有鉴藏印三方。

此轴为光鹭晚年之作，笔墨酣畅，气势贯通，骨力强健。

1984年广东省文物管理委员会拨给深圳市博物馆收藏。

王了望草书诗轴

清

纵192厘米，横48厘米。绫本，绫裱。

墨笔草书。七言绝句一首，3行，行7—11字不等。

落款"了望"，下钤朱文"王了望"、白文"荷泽"印。卷首另有十六字朱文篆书长方印一方。

原为商承祚教授藏品。1994年其家属捐赠给深圳市博物馆收藏。

王铎行书诗轴

清

纵240厘米，横49厘米。

墨笔草书。五言诗一首。

落款"忏诗之三王铎"，下钤白文"王铎之印"、"烟潭渔叟"印。轴下方另有收藏印"朱之赤鉴赏"、"卧庵所藏"各一方。

此轴用笔苍老劲健，沉着含蓄，字形奇险，章法结构稳中有险，是王铎代表作品之一。

原为商承祚教授藏品。1994 年其家属捐赠给深圳市博物馆收藏。

张照行书五言联

清

纵 103 厘米，横 26 厘米。描金笺纸，绢裱。

墨书行书"无事此静坐，有情还赋诗"。

落款"张照"，钤白文"张照之印"、朱文"瀛海仙琴"印。上联引首有朱文"既醉轩"椭圆印，下方有二鉴赏印。

原为邓拓先生藏品。1984 年由邓拓夫人丁一岚女士捐赠给深圳市博物馆收藏。

黄慎草书七言联

清

纵 176 厘米，横 22.5 厘米。纸本，绫裱。

墨笔草书。联曰："水之江汉星之斗，鹤在云霄冰在壶。"

上题"乾隆丁丑（1757 年）秋九月"。下款"瘿瓢子醉书"。钤朱文"黄慎"、白文"瘿瓢"印。上联右下角有二收藏印。

此联笔姿放纵，不拘一格。

原为商承祚教授藏品。1994 年其家属捐赠给深圳市博物馆收藏。

陈邦彦行书诗轴

清

纵 103 厘米，横 37.5 厘米。纸本，绫裱。

墨笔行书。四行，行 11—15 字不等。录七言诗一首。

落款"邦彦"，下钤白文"邦彦之印"、朱文"世南"印。引首有朱文"春晖堂"双龙印一方。右下角有二方收藏印。轴下部绫裱上有商承祚小字题跋十行并朱印三方。

笔劲字道，结体宽舒，平和自然。

原为商承祚教授藏品。1994 年其家属捐赠给深圳市博物馆收藏。

洪亮吉行书诗赋横披

清

纵 22.7 厘米，横 122.7 厘米。

墨笔行书自作诗赋。前有序文四行，行 4—14 字不等。下钤朱文"斗昆仑虚度星宿海"印。接着为七言长诗，20 行，行 10—16 字不等。后有跋语二行。

落款"更生居士洪亮吉稿"。钤朱文"更生居士"印。

此幅是洪氏六十岁时所作，意气苍郁，深沉古雅。

原为邓拓先生藏品。1984 年由其夫人丁一岚女士捐赠给深圳市博物馆收藏。

包世臣行书八言联

清

纵 171.5 厘米，横 30 厘米。粉笺本，绫裱。

墨笔行书"春晖秋明海澄岳静，准平绳直规圜矩方"。

上款"寅叔先生雅鉴"。下款"安吴包世臣"。下钤白文"包世臣印"、朱文"慎伯"印。

此联笔势圆转稳健，飘逸沉着。

原为商承祚教授藏品。1994 年其家属捐赠给深圳市博物馆收藏。

伊秉绶隶书横额

清

纵 45.5 厘米，横 193 厘米。纸本，绫裱。

墨笔隶书"毋自欺斋"。

行书落款"果泉先生雅属，伊秉绶书，嘉庆二十年（1815 年）"。钤白文"吾得之忠信"、朱文"默庵"印。引首为朱文"柘湖"椭圆印。左下角另有收藏印一方。

此是伊秉绶成熟阶段作品，结体方整，气势雄浑。

原为商承祚教授藏品。1994 年其家属捐赠给深圳市博物馆收藏。

张问陶行书诗轴

清

纵 106 厘米，横 42 厘米。纸本，绫裱。

墨笔行书五言诗五行，行 15—17 字不等。

落款"星垣六兄先生属书即正，癸亥中秋，船山问陶"。下钤白文"群仙之不欲升天者"、朱文"船山"印。另有"契斋暂保"收藏印一方。

此轴书写流利舒畅，轻灵之处，颇具意趣。

原为商承祚教授藏品。1994 年其家属捐赠给深圳市博物馆收藏。

王文治临《快雪时晴帖》轴

清

纵 128 厘米，横 37.5 厘米。纸本，绫裱。

墨笔行书。临王羲之《快雪时晴帖》两行，行 11 字。后为自书跋语二行，行 15—19 字不等。

落款"文治临"。下钤朱文"文章太守"印。卷首钤有朱文"柿叶山房"长方印。

此轴字体俊秀潇洒，飘逸流畅，结构端丽清雅。

原为商承祚教授藏品。1994 年其家属捐赠给深圳市博物馆收藏。

梁同书行书轴

清

纵 126.5 厘米，横 50.5 厘米。纸本，绫裱。

墨笔行书。四行，行 16—17 字不等。录文摘一段。

落款"景林学长兄属时乙未至前三日，山舟梁同书"。下钤白文"梁同书印"、"山舟"印。轴左下角钤一鉴藏印。

此轴书写徐疾有致，典雅洒脱，结字严谨，章法疏朗。

原为商承祚教授藏品。1994 年其家属捐赠给深圳市博物馆收藏。

何绍基行书七言联

清

纵 125 厘米，横 30 厘米。洒金笺本，绫裱。

墨笔行书，联文为"蚍蜉布阵雨将作，蛱蝶成团春已浓"。

落款"子贞何绍基"。钤朱文"何绍基印"、白文"子贞"二印。上联右下角有收藏印二方。

此联布局疏朗，用笔恣肆秀逸，自然而不做作。

原为商承祚教授藏品。1994 年其家属捐赠给深圳市博物馆收藏。

莫友芝篆书七言联

清

纵 130 厘米，横 30 厘米。纸本，绫裱。

墨笔篆书，联为"且与扬雄说奇字，莫从唐举问封侯"。

上款"芸圃大兄雅鉴"，下款"邵亭莫友芝"。钤白文"友芝私印"、"邵亭眲叟"印。

此联笔法苍劲，富有金石气。

原为商承祚教授藏品。1994 年其家属捐赠给深圳市博物馆收藏。

张裕钊行书七言联

清

纵 129 厘米，横 31 厘米。洒金纸本。

墨笔行书，联文为"沙苑马闲秋猎罢，天街车斗晚朝归"。

上款"渔山尊兄大人属书"。下款"廉卿张裕钊"。钤白文"裕钊"、"廉卿"二印。

此作行笔方圆互用，劲洁清拔，精气内敛，字体疏朗。

原为商承祚教授藏品。1994 年其家属捐赠给深圳市博物馆收藏。

李文田行书十一言联

清

纵 237 厘米，横 38 厘米。红色洒金笺，纸裱。

墨笔行书，联文为"游目骋怀此地有崇山峻岭，仰观俯察是日也天朗气清"。

上款"静山粂戉老先生雅鉴"。下款"仲若李文田"。下钤白文"臣李文田"、朱文"乙未探花"。

此联工稳平和，笔画圆实，有骨有肉。

原为商承祚教授藏品。1994 年其家属捐赠给深圳市博物馆收藏。

吴大澂篆书七言联

清

纵 148 厘米，横 36 厘米。

墨笔篆书，联曰："博涉史书讹强识，广求文献亦多能。"

上款隶书"晋卿仁兄同年大人察书"。下款隶书"吴大澂"。钤白文"吴大澂印"、"愙斋"印。

此作融古籀文意态，结构严谨，笔法圆劲，古意盎然。

1932 年吴湖帆得此联于沪上，1933 年持赠徐俊卿。后为商承祚教授所藏。1994 年其家属捐赠给深圳市博物馆收藏。

翁同龢行书七言联

清

纵 165 厘米，横 40.5 厘米。纸本，绫裱。

墨笔行书，联文："文学纵横乃如此，剧谈精壮故依然。"

上款"戟门一兄大人属"。下款"叔平翁同龢"。钤白文"翁同龢印"、"叔平"印。

此联用笔骨劲恣肆，结构宽博开张，字体潇洒新奇。

原为商承祚教授藏品。1994 年其家属捐赠给深圳市博物馆收藏。

康有为行书五言联

近代

纵 169 厘米，横 45 厘米。红色洒金纸

墨笔行书，联文"金石响高宇，松桂比真风"。

落款"康有为"。下钤白文"康有为印"。"维新百日，出亡十六年。三周大地，游遍四洲，经三十一国，行六十万里"。

此联气势雄伟，结体宽博，纵横奇宕，超然洒脱，不失为康氏书法中的精品。

原为商承祚教授藏品。1994 年其家属捐赠给深圳市博物馆收藏。

梁启超隶书七言联

近代

纵 140 厘米，横 30.5 厘米。纸本，绫裱。

墨笔隶书，联文"九流分周孔之绪，六艺悬日月不刊"。

落款"梁启超集张迁碑"。下钤白文"新会梁氏"、朱文"启超私印"印。

体势方扁，用笔方圆并见，点画造型凝练、稳沉。

原为商承祚教授藏品。1994 年其家属捐赠给深圳市博物馆收藏。

刘春霖、朱汝珍、商衍鎏、张启后楷书四条屏

近代

纵 123 厘米，横 30.5 厘米。

有诗有文。每条四行，行 6—18 字不等。均有落款及朱印二方。

此屏书作是由中国古代科举制度的末科（即 1904 年的甲辰科）状元刘春霖、榜眼朱汝珍、探花商衍鎏、传胪张启後每人书写一条组成。各条上除各进士私印外，还分别钤"甲辰状元"、"甲辰榜眼"、"甲辰探花"、"甲辰传胪"印。

原为商承祚教授藏品。1994 年其家属捐赠给深圳市博物馆收藏。

章炳麟篆书七言联

近代

纵 130 厘米，横 28.2 厘米。纸本，绫裱。

篆书联文"对人芳药繙繙出，近日浮云细细开"。

上款行书"书赠乙青"。下款"章炳麟"。钤白文"章炳麟印"、朱文"太炎"印。

此作用笔直率劲健，风格简朴秀雅。

原为商承祚教授藏品。1994 年其家属捐赠给深圳市博物馆收藏。

吴昌硕集石鼓文七言联

近代

纵 132 厘米，横 32 厘米。纸本，绫裱。

墨书石鼓文："横矢射虎出又中，大网载鱼硕而鲜。"

上款行书"二如先生正，集猎碣字，黄作横，又作有，本阮氏释"。下款"戊午年朝吴昌硕"。下钤朱文"俊卿之印"、白文"仓硕"印。又上联左下方有白文"缶无咎"印。

此联是吴氏七十五岁时所作，用笔凝练遒劲，气度恢弘，仍显其充沛的精力。

原为商承祚教授藏品。1994 年其家属捐赠给深圳市博物馆收藏。

黄宾虹集古籀文七言联

现代

纵 142 厘米，横 26 厘米。纸本，绫裱。

墨笔古籀"鹿洞山灵喜来客，龙潭海若会朝宗"。上联有行书题释文"鹿洞山灵喜来客，龙潭海若会朝宗"。

落款"宾虹集古籀文字并书"。钤白文印"黄宾虹"。

此作结体颀长秀丽，用笔极具金石趣。

原为商承祚教授藏品。1994 年其家属捐赠给深圳市博物馆收藏。

2. 绘画

陈遵《芦雁图》轴

明

纵 134 厘米，横 58.5 厘米。纸质，设色，绫裱。

以写意手法画荷塘土坡上一只芦雁转颈曲身，勾爪理羽，其旁荷叶擎伞，莲花盛开。

落款"壬子秋日写，陈遵"。钤白文"陈遵之印"、朱文"汝循氏"两方印章。

用笔简练，造型准确，形态生动。

1982 年九龙海关移交给深圳市博物馆收藏。

佚名《文会图》轴

明

纵 195 厘米，横 136 厘米。绢本，设色，绫裱。

画面共绘人物十七位，描绘文人墨客在山林郊野雅会之盛事。人物活动主要分为两组，其一在松树下桌案前吟诗作画，其二背靠假山石弈棋。围绕着主人的活动，童仆们执扇、送琴、煮茶、备点。背景为湖石蒲葵，小桥流水，松柏掩映，环境清雅。

左上角题"文会图"三字。画面钤朱印五方，除右下角篆书阴文"广陵徐氏珍藏"六字朱印一方清晰可辨，余皆模糊不清。

画笔工细，设色明快，层次井然。人物形象刻画细腻生动，表现意态生动自然，构图宾主分明，聚散合宜。虽人物众多，但呼应自然，有条不紊。所绘桌案用具，结构准确，造型合理。

原为邓拓先生藏品。1984 年由其夫人丁一岚女士捐赠给深圳市博物馆收藏。

佚名《云岭飞瀑图》轴

明

纵 321 厘米，横 144 厘米。绢本，墨笔设色。

巨幛大幅，画面设色绘云岭沟壑、飞泉瀑布、溪涧桥梁、松林楼宇。

无款。经国家书画鉴定小组鉴定，此画与广东省博物馆藏吴彬《山水图》风格相似，故疑为明吴彬所作。整幅画气势宏伟，笔墨丰润，意境新颖。

原为邓拓先生收藏。1984 年其夫人丁一岚女士捐赠给深圳市博物馆收藏。

赵备《万竿烟雨图》卷

明

纵 29 厘米，横 408 厘米。纸本，墨笔，绫裱。

墨绘山水和竹子。巧妙之处在于描绘万竿修篁的同时，还表现了洲渚坡石，润之于风雨云烟，生动地表现了江南乡野的幽静和湿润。

后题"千岩流涧水潺潺，万玉参差翠黛间。□□清风收不住，又随寒雨过秋山。"款署"四明湘道人赵备写。"钤白文"赵备私印"一方。旁有收藏章"契斋暂保"、"永安沈氏藏书画印"、"万草山房"朱印。

作者用纤细工致的笔墨绘竹林，或远或近，或隐或现，或疏或密，或聚或散，其间杂以怪石、流泉。层次分明，浓淡变化富有节奏。

原为商承祚教授藏品。1994 年其家属捐赠给深圳市博物馆收藏。

陈淳花卉图轴

明

纵 88.5 厘米，横 26.5 厘米。纸质，设色，绫裱。

以没骨法画丁香花二枝。

上有草书"春是花时节，红紫各自点，勿□落□粉，适之表贞素"诗句。款署"道复"。钤篆书阴文"白阳山人"朱印一方。右下角有篆书阳文"曾在上海蒋幼节处"朱印一方。

淡墨浅色，画风疏放秀逸。

原为邓拓先生收藏。1984 年其夫人丁一岚女士捐赠给深圳市博物馆收藏。

吴令《坐看云起图》镜心

明

纵 56 厘米，横 37.5 厘米。绢质，绢裱。

淡设色绘山水人物。描绘一老者坐水边坡岸上，仰观云气，表现了文人雅士的情趣。

款署"丙子（崇祯九年，1636 年）春日摹洪谷子吴令"。下有朱印"吴令之印"一方。右下角有收藏章"□山沈氏珍藏"。

作者以劲硬方折的笔墨成功表现出山石形质之美，同时又用绵软曲柔的线描将行云流水的动感之态刻画得淋漓尽致。

原为商承祚教授藏品。1994 年其家属捐赠给深圳市博物馆收藏。

汪珏《竹林清夏图》轴

清

纵 101 厘米，横 44.3 厘米。绢质，设色，绫裱。

绘一山耸立于画面上方，云雾缭绕，瀑布高悬直下。近处茂密的竹林中，掩映着茅舍一座，室内案几上放着书函，门前石台上有烹茶火炉，一旁的修竹下书童在玩耍，主人却不见踪影。左上角题"甲戌（康熙三十三年，1684 年）夏日仿赵文敏竹林清夏图，唐罗山汪珏"。

下有朱印二方，一为篆书阴文"汪珏之印"，一为篆书阳文"汝阳"。

整个画面充满了幽雅、安详、静谧的气氛。

1983 年深圳市博物馆收购。

徐言、刘源等十人书画册

清康熙年间

纵 23 厘米，横 17 厘米。纸质，绫裱成册页。

全册有绘画六件，书法八件。绘画有徐言的《仿米海岳笔意》和《尽似随翁老先生》山水两件，刘源的《江流天地外，山色有无中》山水、《仿巨然笔垂钓图》、《师文与可墨竹》三件，徐惊山水图一件。除刘源一幅山水为设色外，余皆为水墨。书法作品有田雯行书五言诗和楷书七言诗各一件、田雯和张玉书楷书五言诗各一首，王士禄及严我斯、史鹤龄、郭棻行书七言诗各一件。

原为邓拓先生收藏。1984 年其夫人丁一岚女士捐赠给深圳市博物馆收藏。

黎简《奇峰古刹图》镜心

清

纵 70 厘米，横 29 厘米。纸本，水墨，绫裱压镜片。

水墨绘峰峦重叠，青松挺拔，山径幽深，一僧人曳杖行进其中。半山处有一座寺院，近景高大乔木下，一戴笠老人拄杖而立，意态闲适。山石用披麻皴，浓淡墨一气呵成。远处丛林横点落笔，着墨前深后淡。

题《奇峰古刹图》及"甲辰（乾隆四十九年，1784年）夏四月，秋屏老弟过我村庄，夜阑以黄鹤山樵笔法书写此图，将以长付添丁为世好也。愚兄黎简记"。下有"石鼎"葫芦形朱印一方。左下角有收藏印一方。

原为商承祚教授藏品。1994年其家属捐赠给深圳市博物馆收藏。

郑燮《风竹图》轴

清

纵143厘米，横74厘米。纸本，水墨，绫裱。

水墨绘一巨石兀立，旁出秀竹几枝，苍翠欲滴，天趣自生。此画以淡墨作折带皴画石，嶙峋之态趣生。竹叶皆实按虚起，一抹而成，老嫩分明，浓淡自然。

上有题跋诗一首："咬定青山不放松，立根原在乱崖中。千磨万折还坚劲，任尔癫狂四面风。充轩老父台老先生政，板桥郑燮。"下有白文朱印"郑板桥"、"书而作画"各一方。左下角有收藏印二枚，印文不清。

原为商承祚教授藏品。1994年其家属捐赠给深圳市博物馆收藏。

任薰《海屋添筹图》轴

清

纵178厘米，横91.5厘米。纸本，设色，绫裱。

内容为"麻姑海屋添筹"。绘二仙女站立云端，微倾身躯，将手中的筹签向下方云隙处露出一角的屋宇抛去，为人间增寿降福。

左上角题"同治庚午（1870年）夏五月阜长任薰写于吴门寓斋"，并有篆书阴文"任薰之印"朱印一方。

原为商承祚教授藏品。1994年其家属捐赠给深圳市博物馆收藏。

祁豸佳山水图扇页

清

纵17厘米，横51厘米。洒金纸，装裱成扇面折页。

水墨描绘山林房舍，构图简洁，笔法粗放。

款署"丙申（1656年）春日写，祁豸佳"。下有朱印"豸佳"一方。

原为商承祚教授藏品。1997年其家属捐赠给深圳市博物馆收藏。

任预设色花鸟、常笑山行书诗文成扇

清

扇面长 53 厘米，扇骨高 32.9 厘米。竹骨纸质成扇。

纸质扇面一面是设色花鸟，题"偶忆及宋人明月宿鸟图粉本，漫拟一过，乙酉（1835 年）冬仲应质卿仁兄大人大雅之属，立凡任预"，下有朱印"任预"、"立凡"各一方。

另一面为常笑山行书诗文 28 行，行 8 字，后题"质卿仁兄大人正，笑山常"。下有朱印"恭常印"一方。

原为商承祚教授藏品。1997 年其家属捐赠给深圳市博物馆收藏。

任颐《桃花白鸡图》轴

清

纵 136 厘米，横 54 厘米。绢本。

设色绘繁花怒放的桃花树下有一白鸡缩颈作觅食状。作者用没骨法绘粉红的桃花和嫩绿桃叶，以淡墨烘染粉白晕点的白鸡，活现出蓬松的羽毛质感。

左上角题"光绪乙酉（1885 年）春三月时望山阴任颐伯年写"。旁有"颐印"朱印一方。左下角有"邓拓欢喜"方印一方。

原为邓拓先生藏品。1984 年其夫人丁一岚女士捐赠给深圳市博物馆收藏。

高俨山水图轴

清

纵 147 厘米，横 41 厘米。纸本，设色，绫裱。

上部绘高山叠岭，瀑布高悬直下；中部林木茂盛繁密，屋宇参差错落；近写溪水潺潺，巨石古木，路有高士策杖。

题"丙寅（康熙二十五年，1686 年）上元画于棠溪书舍，高俨"。钤白文"高俨"、"望公"二印。原签有"高望公先生山水轴，玉鹿轩藏子枢题"。

构图布景取平远法，笔力沉稳，设色简淡。

原为商承祚教授藏品。1994 年其家属捐赠给深圳市博物馆收藏。

马荃花卉折页（二开）

清

纵 31.7 厘米，横 30.7 厘米。画心竖方形，设色，绢本。

以工笔设色重彩绘折枝牡丹。

题为"美人新浴"，并有楷书题诗一首，款署"江香马荃写"。下有"江香"、

"马荃"阳文篆书朱印二方。

此折页勾勒精妙细致，设色清丽润雅。

原为邓拓先生藏品。1984 年其夫人丁一岚女士捐赠给深圳市博物馆收藏。

童钰《梅花图》轴

清

纵 143 厘米，横 66 厘米。纸本，水墨，绫裱。

此图截取梅树一角，老干嵯岈，新枝挺俏，繁花密萼，一片生机。

作者以浓淡墨绘枝干，苍老古朴；用淡墨圈花，浓墨点蕊，清秀冷俏。运笔密而不乱，繁而有韵，绘出了老梅凌寒、疏影暗香的境界。

右上方有草书"春入名园何处寻"七言诗一首，款署"乾隆辛丑（1781 年）仲春写于弋阳书院之□□寓中，二树山人"。下有"童钰之印"、"白马山长"、"百花墨为拙戏"朱印三方。左下角有篆书阳文"梅花"及篆书阴文"不知是我是梅花"朱印二方。

九龙海关缉私文物。1984 年移交给深圳市博物馆收藏。

王原祁山水扇页

清

纵 18.2 厘米，横 54.5 厘米。洒金笺纸，水墨，折页式装裱。

扇面水墨绘群山起伏，平湖开阔，坡石疏林。

左下角题"臣王原祁恭画"，钤"臣原祁"朱印一方。

此扇页笔墨苍润，意境深远，应为王原祁中期作品。

原为邓拓先生藏品。1984 年其夫人丁一岚女士捐赠给深圳市博物馆收藏。

苏六朋人物图扇册

清

纵 18.5 厘米，横 54 厘米。纸本，淡设色。

四开：一绘两个头戴笠帽的老人携一书童，骑驴行走在山间路上，左上自题"仿唐解元笔意，画□山南水之桥，枕琴苏六朋作"；二写一群文人在山林岩石旁书画、弹琴等活动，左上自题"□□二兄大人属正，己酉（1849 年）□□□□六朋"；三据杜牧诗意绘一长者坐在路旁山石上，观赏眼前的红叶，旁有书童，路边仆人伫候车旁，左上自题唐诗"停车坐赏枫林晚，霜叶红于二月花。写唐人句意，□□二兄大人正，六朋"；四画山林瀑布下，一长者躺卧在松旁岩石上，会见前来拜访的三位客人，来访者身后有捧物随侍的小童，左上自题"写意，道长大兄属，咸丰五年（1855 年）□□二月六朋"。

一、三、四页分别钤白文篆书"枕琴"印，第二页钤"六朋"葫芦形朱文印。

此册各扇页画面简洁，情致优雅，古趣盎然。

1987 年深圳市博物馆购藏。

徐枋《仿巨然山水图》轴

清

纵 87 厘米，横 44 厘米。纸本，水墨。

绘层峦叠嶂，林木蓊翳，村落溪桥，分布其间；近处长松下小道上二人迎面而遇，一人扭头与隔岸水榭中人遥相呼应。山石用披麻皴，峰顶多置矾头，树干双钩，圆润苍健，树叶随类而点。

款署"乙丑（康熙二十四年，1685 年）冬日仿巨然笔意，画于涧上草堂，俟斋徐枋"。

构图层次分明，尺幅千里，空灵秀逸，意境深远。

原为商承祚教授藏品，1994 年其家属捐赠给深圳市博物馆收藏。

何香凝《虎啸图》轴

1910 年留学日本期间所绘。

纵 82 厘米，横 40 厘米。绢本，绫裱，设色。

绘一猛虎在山坡上昂首长啸，双目如炬，须毛怒张。毛色斑斓，虎尾如鞭，威武雄健，生动引人。

右上有廖恩焘（廖仲恺之兄）题记六行，行字不等。其下钤篆书阳文"忏盦"、"索浮山人"朱印二方。诗堂有商承祚教授题记。

原为商承祚教授藏品，1994 年其家属捐赠给深圳市博物馆收藏。

陈宝琛《青松图》轴

近代

纵 65 厘米，横 26 厘米。纸本，设色。

绘一棵青松斜贯画幅，枝干虬曲苍劲，松针茂密葱翠。以淡赭润树身，用浓墨点苔，松针则以细笔描绘。

整个画面透出挺拔苍劲，高傲不屈的风格。

画幅右下方自题行书七言诗一首："秋老严霜落九霄，寒城木叶下萧萧。谁知岁晚空山里，百尺青松独不凋。"款署"戊午（1918年）春日为任公文坛作，宝琛题於沽上"。

原为商承祚教授藏品。1994年其家属捐献给深圳市博物馆收藏。

徐悲鸿《柳鹊图》轴

现代

纵105.8厘米，横34.3厘米。纸本，绫裱。

水墨绘柳枝扶疏，从右至左斜伸而出，柔软细长的枝条随风轻拂，一只喜鹊迎风作振翅飞翔。

左上角题"藻亭先生方家教正，戊寅（1938年）始夏悲鸿"。下有朱印"徐悲鸿"一方。

此画在重庆为商衍鎏作。画面疏朗，笔墨简练，线条流畅。

原为商承祚教授藏品。1994年其家属捐献给深圳市博物馆收藏。

溥儒《空山秋雨图》轴

现代

纵113厘米，横48厘米。纸本，设色，绫裱。

设色绘两山夹峙的空山幽谷中楼阁高耸，溪流潺潺，山头丛翠错落，近处群松虬结。水阁内二人对坐闲话，重楼中有人谈经论道，小桥上一人曳杖前往，小童携琴紧随其后。

右上角题诗"空山秋雨晦，端居日多暇。时有幽人来，邂逅松风下。心畬。"钤"旧王孙"、"溥儒"朱印二方，"长毋相忘"闲章一方。

此作笔墨秀润，色调明快，淡雅俊逸，实为佳作。

原为商承祚教授藏品。1994年其家属捐赠给深圳市博物馆收藏。

3．印章

"军假司马"铜印

东汉

长 2.2 厘米，宽 2.2 厘米，高 1.9 厘米。

方台形。桥形钮。印面阴刻篆书"军假司马"四字。"军假司马"为两汉时期领兵武官。据《后汉书·百官志》记载，两汉时期，大将军营有五部，各部有校尉一人，军司马一人，校尉所领营部置军司马以佐之。若不置校尉之部，则置军司马为长官，又置军假司马、假候为副职。军假司马秩比千石。

河南省博物馆 1985 年征集，1996 年调拨给深圳市博物馆收藏。

"骑部曲将"铜印

东汉

长 2.2 厘米，宽 2.2 厘米，高 2 厘米。

方台形。桥形鼻钮。印面阴刻篆书"骑部曲将"四字。部曲为汉晋时期军队编制，将军领军者下辖有部，部下辖有曲。部以部校领之，曲以军候领之。此印应为统领骑兵部曲将领的印章。

河南省博物馆 1985 年征集，1996 年调拨给深圳市博物馆收藏。

"朔方将军章"铜印

汉

长 2 厘米，宽 2 厘米，高 2 厘米。

方台形。龟钮。印面阴刻隶书"朔方将军章"五字。微残。据《后汉书·百官志》载："将军不常置。"本注曰："掌征伐背叛。"又载："前后左〔右〕众多，皆主征伐，事讫皆罢。""朔方"为西汉时期朔方刺史部，位〔于〕宁夏、陕北一带，属汉代边陲。推测"朔方将军"属汉代临时设置的〔朔方〕刺史部的官职。

缉私文物。1995 年 12 月深圳市文物管理委员会办公室移交给深圳市博物馆收藏。

"京兆尹印"封泥

汉

厚 0.8 厘米，直径 3 厘米。

圆形，扁平体。正面上端及左旁边棱凸起，中间凹下平整，印有"京兆尹印"阳文篆体。背面留有封发物件时用绳捆缚痕迹凹槽一道，凹槽两边布满席纹。京兆尹为西汉京畿地方行政长官，参与朝政，位列九卿。

原为商承祚教授藏品。其家属于 1994 年捐赠给深圳市博物馆收藏。

第六节　砖刻　石雕(刻)　碑刻

　　本节收录的砖刻虽少，但对于研究深圳历史有较高价值，如东汉熹平四年(175 年)纪年砖，为深圳地区汉墓的分期研究，提供了难得的实物资料。东汉"九九乘法口诀"砖，是目前我国汉墓中出土的惟一一块乘法口诀刻铭砖，为汉代数学史研究提供了珍贵的实物资料。其他如东汉的画像砖、金元时期的"教子学书"和"打马球"砖雕，对研究当时的文化、艺术、教育、体育等，提供了实物标本。石雕仅收录了南山区赤湾天后庙前的石狮子和大鹏镇赖恩爵将军墓前的石人、石马。碑刻较多，主要为明清两代重修衙署、寺庙等建筑时所立。另外还有清代记载村民买地碑、民国褒奖徐铸伯捐资建学校和医院的碑等。这些碑刻对研究深圳的地方史，具有重要史料价值。部分碑刻散落于野外，非馆藏文物。但限于材料较少，不足以单立，故将野外碑刻并入本节。

1．砖刻

"熹平四年"砖

东汉

⬛厘米，宽 17 厘米，厚 58 厘米。

⬛方形，呈暗红色。砖的一侧拍印"熹平四年"，即公元 175 年。"熹平⬛灵帝刘宏年号。

1986 年在深圳市宝安西乡镇铁仔山一砖室墓出土，共发现了三块，此为其中之一。深圳市博物馆藏。

青龙朱雀画像砖

东汉

长 48.5 厘米，宽 12 厘米，厚 9 厘米。

长方形，青灰色。砖两头有半圆形的榫头。砖正面有相向的青龙和朱雀，外围有边框。砖一侧有绳纹，另一侧与背面为素面。此砖花纹线条流畅，图像清晰。

河南省新郑县郑韩故城出土。1996 年河南省文物考古研究所调拨给深圳市博物馆收藏。

"九九乘法口诀" 刻铭砖

东汉

长 37 厘米，宽 17 厘米，厚 4 厘米。

长方形。砖面拍印菱形网格纹，并有青黄色斑。其中一面菱形网格纹占砖面三分之二，三分之一面积竖向阴刻"九九乘法口诀"。两行：第一行从中间开始刻"三九二十七，二九十八，四九三十六"；第二行自上而下刻"九九八十一，八九七十二，七九六十三，六九五十四，五九四十五"。字是在砖坯未干时所刻，隶书。字迹清晰，但不甚工整。

此砖是目前我国汉墓中出土的惟一一块乘法口诀刻文砖。

1981 年在深圳市南头红花园 M3 东汉墓出土。深圳市博物馆藏。

教子学书砖雕

金元时期

长 27.4 厘米，宽 24.2 厘米，厚 4.7 厘米。

长方形，扁平体。砖正面四周雕凹下的壶门，壶门内浮雕内容为：右侧为一童子坐于方桌后，桌前卧一只昂首的小猫，桌上有书、石板。童子右手执笔于石板上，仰面视母作询问状；其母坐于方桌左侧椅上，左脚置于椅前足踏上，右腿搁于左膝上，右手抬起作解说手势。

此砖雕形象逼真传神，为研究金元时期建筑、雕刻艺术和社会风气提供了实物资料。

1993 年国家文物局拨交给深圳市博物馆收藏。

打马球砖雕

金元时期

长 24 厘米，宽 21.5 厘米，厚 6 厘米。

长方形，扁平体。砖正面四周雕凹下的壶门，壶门内浮雕一打马球骑士，骑士方脸，眉清目秀，头戴弯脚幞头帽，身穿长袍，足蹬马靴，骑于马背上。左手执缰，右手持球杆，作击球状。马备鞍鞯，马尾打花结，作奔跑状，一蹄腾空。古称打马球为"击鞠"，唐宋时盛行，至金元仍沿袭。

1993 年国家文物局拨交给深圳市博物馆收藏。

2．石雕

"良极文公拜石"石匾

宋末元初（？）

长 140 厘米，宽 30 厘米，厚 120 厘米。位于宝安区福永镇凤凰村凤凰岩古庙东南约 160 米处。

白花岗岩质地。正面"良极文公拜石"六字，楷书阴刻，自右而左排列。据说，立碑主人文良极与南宋文天祥同辈，因此这块石匾可能为当时的遗物。

蜈蚣岭题诗石刻

明

位于龙岗区大鹏镇乌涌村西蜈蚣岭半山一个大石头侧。

题诗石刻高 6 米，宽 20 多米。为阴文竖刻，诗周围还刻一高 44 厘米，宽 106 厘米的方框。

诗为："要同元结一摩崖，刻石题诗示后来。分讨山灵当爱惜，莫教春雨长莓苔。嘉靖甲午（1534 年）仲冬吉旦云窝亮书。"

蜈蚣岭古有西山寺，山下有明代大鹏所的乌涌屯。这首题诗应和明代屯军或西山寺隐居者有关。

赤湾天后庙石狮

清

原位于南山区蛇口赤湾天后庙

一对。花岗岩雕琢而成。雄狮长 165 厘米，宽 65 厘米，高 188 厘米；雌狮长 169 厘米，宽 64 厘米，高 189 厘米。

两狮均作蹲踞状，张口露齿，并各含珠一枚。双眼圆突，鼻孔上扬，双耳后张，右足微提，左足斜立于长方形底板，双后足作踞坐状。尾向上扬起，后披呈伞盖状。狮的毛发均作卷毛螺旋纹状。雄狮头部向右侧视，右足爪下有一球，底板右侧边上刻"嘉庆丙子年（1816 年）仲春"七字；雌狮头部向左侧视，右足爪下有一幼狮，底板左侧边上刻"南海谢天佑敬送"七字。

雕工娴熟，线条精细流畅，虽略有残损，但仍不失威猛气势。

1983 年深圳市博物馆工作人员在赤湾天后庙遗址征集。现置于深圳市博物馆南广场。

赖恩爵墓石人石马

清

原位于龙岗大鹏镇大坑山鸡爬地赖恩爵废弃墓地。包括石人一对，石马一对。均有局部残损。

石人一为文官，高195厘米，宽60厘米，厚35厘米。作站立状。方形面，长髯，双目前视。头戴冠，身穿宽袖长袍，袍上刻有海水云龙纹，右手置于腹前，左手执一笏板。下有方形台座。

另一石人为武官，高195厘米，宽63厘米，厚34厘米。作站立状。方形面，长髯，双目前视。头戴冠，着甲胄，身右边披宽袖长袍，腰系革带。右手作扶革带状，左手握佩剑。袍衣上刻云纹，袍衣下端露出双靴。下有方形底座。

石雕立马均长148厘米，高153厘米，其一宽51厘米，另一宽49厘米。均昂首闭嘴，双目前视，备鞍鞯、马镫，四蹄直立于长方形底座上。

1983年秋深圳市博物馆发现并征集。现置深圳市博物馆南广场西侧。

东山寺"东山古刹"石匾

清

原位于龙岗区大鹏镇大鹏所城东门外东山寺之寺门上。

花岗岩质。阴刻楷书，已断为两截，残长135厘米，宽65厘米。

石匾上原为楷书"东山古刹"四字，现有"东山"二字，另一截尚未找到。右侧为楷书"壬子年（1852年）重修"，传说是赖恩爵所书。

1984年深圳市博物馆考古人员文物普查时在鹏城小学内发现。深圳市博物馆藏。

3．碑刻

圭形造像碑

北朝

长46.5厘米，宽27厘米，厚12厘米。

石质。正面浮雕造像分两层：上层为一佛二菩萨，佛为坐姿，手施无畏印。两旁胁侍菩萨站立在俯莲台上，一菩萨双手合十，一菩萨手中拿一长剑形物。下层为相向蹲踞的两狮子。佛头部、手指及狮子稍残。

深圳边防分局缉私文物。1990年广东省文物管理委员会拨给深圳市博物馆收藏。

南头古城"重建参将府记"碑

明万历癸未年（万历十一年，1583年）

原位于南头中学西侧。

高139厘米，宽75厘米，厚15厘米。

青石质。圆首方身。碑额阴刻"重建参将府记"六个篆字。碑身边线刻卷草纹。碑文为楷书，共20行，行28字。为新安县儒学教谕周继董撰。文字有漫漶，碑有残伤。碑文为："将府之设其来久矣。新安襟带溽海，倭酋凭险四出，汛期则藉督舟沛，以捍出境；外暇则奠兹运筹，以坐哨不轨，卷舒呼吸，生灵安危，攸仗甚矣。将府之不能已于设也。旧府位城南，形势逼欷回，迄今二百余载。倾□□秋，风雨大作，圮颓无完宅。东望秦公经国，镇东人也。以本粤都闽荣耀，游击莅任，旁际期无何，旋度城西善地，伟然阓布足观，间杂军营旷土，遂捐俸售直合为一址，日内详诸。两台暨巡海存敬朱公东光，海防阳山朱公一柏，相计共事，金蒙俞允，即卜吉构造，前之木石砖瓦，不及朽毁，足堪营善者，移仍如故。余所缺损，补辑靡遗。首诿千户沈良节，持己贵以资办。树财拓基，凿地鸠工趋事，筑砌庇盖，连月不休。得建正堂一座，左右寝室及庑各一，带头门五间，仪门五间，土地堂三间，皂隶房十间，书舍者三，厨舍者三，而以大楼一座终焉。详稽大工之董多任，曩府故物所不敷者，弗吝私囊出偿，止后座未备行，县支银助建，此外无及焉。夫力则取船兵，不骚动民间也。是举也，经始于壬（午）冬十月十三日，落成于癸未春三月廿八日。不伤财，不害民，苟有利于社稷，殊无惜乎劳瘁，倚与卓哉之莅嗤也。顾宜寻其迹而思其忠，预弭防之计，贻帖席之安，务期骈襛，国家斯善矣。故特纪以诏来者。新安县儒学教谕周继董谨撰。万历癸未仲夏吉日立。"

结合《新安县志》记载，明代沿海地区深受倭寇的骚扰。为防倭患，明王朝在新安设立南头寨。从嘉靖四十四年（1565年）起，南头寨最高职官为参将。原参将府位于南头古城南，因年久失修毁塌。至明万历十一年，由时任游击的秦经国用俸银在城西（今南头中学操场一带）购地重建。碑文详细记述了参将府重建时间、经过、资金出处和府第规模，是研究深圳明代历史和海防史的重要实物资料。

1982 年 6 月发现，深圳市博物馆征集入藏。

燕川村明进士陈向延墓志

明天启元年（1621 年）
位于宝安区松岗镇燕川村北部罗田林场办公楼东北侧杉山南坡。

墓志位于墓西侧案台前部，内容为："公讳向延，字仪翔，号美用。汀州府别驾菊评公之次子也。生于隆庆四年（1570 年）庚午十一月廿一日辰时。由新安邑庠应万历癸巳（1593 年）选贡，丁酉（1597 年）岭南几乡荐登戊戌（1598 年）进士，官户部广西司郎中，升山东提学、四川主考。终于万历四十七年（1619 年）己未十月二十五日，享年五十。天启元年辛酉四月初二日奉枢葬于鹅公岭子午向之原。"

凤凰岩"莺石点头"碑

清康熙丙辰（康熙十五年，1676 年）
位于宝安区福永镇凤凰村凤凰岩古庙北一花岗砂岩石下。
残高 50 厘米，宽 28 厘米，厚 15 厘米。

红砂岩质。碑文为阴刻楷书，"莺石点头"的"头"字残缺。为"康熙丙辰进士文……"所刻。

山厦村罗山石碑

清康熙年间（1662—1722 年）
位于龙岗区平湖镇山厦村外罗山半山腰。
高 74 厘米，宽 48 厘米。

青石质。内容为合资买山地的时间、范围以及对所购山地的规划等等。碑文内容为："启者我乡严、叶、邬、罗、冼各姓先祖，于清康熙年间合资买受山厦宅场一所。并连此地螺岭山冈一座，面南背北，上至岭后脊，东、西、南三面俱至田边为界。当日通乡即安茔汝南蓝氏夫人于此山中部。历年准期中秋日，宰猪屠牛，通乡举行秋祭之典。纪念遗爱，永志不忘。其余之地则留为后日各姓孙支繁衍时，开辟新基起造围场之用。经将此山完全测量，就地绘则，规定一切。拟何地建门楼，何地造公益之所，何地为公众游乐之场，划为一定。余则由各姓起造屋宇图式，注明在册。各宜依式而行，毋得更改。以昭划一，特将原日决案勒石以垂世守焉。山厦乡东林社严、叶、邬、罗、冼各姓□。"

大鹏古城"参戎许总爷去思碑记"

清雍正十年（1732 年）

位于龙岗区大鹏镇大鹏古城西门外墙南侧。

高 146 厘米，宽 72 厘米。

花岗岩质。碑额楷书"参戎许总爷去思碑记"。碑文阴刻，内容如下："古有不忘，必志铜柱之勒，示丰功。古僻隘，揉潦荒芜。我朝始立营汛，镇宵匪。雍正四年，加升将秩，以重军权。当是任者，才略始石大总爷许讳国腾，以勋华胄子，经纬兼才，夙侍圣祖，宸泽光辉有日；今天子宠命，历任海疆，讳韬铃盛著。调任鹏营，靖共率属。爰以礼义，画为干橹。修明军纪，并播德威。廉介由其天性，赏罚出于至公。凡水务谙悉，才技长者，必行拔擢而于行阵。尤加操演，饷赡给时。体下爱人，同其甘苦。是以士饱气扬，而彼鲸影绝；桑麻扬茂，弦歌相闻。向之僻隘者，今且以舒。几属有生，无不欢欣鼓舞。即古之伏波太傅，空远益州，何以边焉。顾德懋声隆，犹敢宁谧自安，仍得简练整饬，尽竭鸟裴。夙夜匪解，明信当道鉴知。昨岁荐炎入现，天颜愉悦。今夏特授澄海协帅，成例拂许借寇。吾侪闻命，既喜且忧，如失怙恃。虽澄鹏均属粤境，由是建节全省，沾恩有日。然而，爱公厚泽，文母孔迩。倏离孺抱，恋慕之，歇能已之。爰述其概，勒诸贞民，亦之铜柱山之遗，以垂不朽。雍正拾年岁次壬子孟秋谷旦下沐恩阖营牟兵（以下署 82 人姓名）等同立。"

许国腾为惠州协大鹏水师营第二位参将，福建海澄人。贡生。雍正六年，以带兵有方，深谋大略，升任大鹏水师营参将。在任期间能与兵士同甘共苦，赏罚分明，因此军威大振，士气昂扬。雍正十年夏升任澄海协帅。大鹏水师营全体官兵为怀念他，特立去思碑于大鹏城西门外南侧墙边，以垂不朽。

深圳市博物馆于 1984 年文物普查时发现，现藏深圳博物馆。

万丰村邓氏四世祖墓碑

清乾隆甲子年（乾隆九年，1744 年）

位于宝安区沙井镇万丰村后山岗北坡。

为南宋邓氏第四世祖邓益逊墓。

高约 120 厘米，宽 60 厘米，厚约 20 厘米。

碑文为楷书阴刻，自右而左共六列，100 字："公讳益逊，乃万里公次子，元祯之孙也。宋举选贡，授新州儒学教授，阶从侍郎。元配宜人廖氏，男光大、居原、石井，系出皇姑。孙勤可、敬可、宗可，暨宜人，同穴墓于本山，子向兼午之原。四世祖考益逊邓公，妣廖氏宜人之墓，乾隆甲子季冬谷旦，东新裔孙重修立碑。"

怀德村潘氏宗祠重修碑

清乾隆庚子年（乾隆四十五年，1780 年）

位于宝安区福永镇怀德村潘氏宗祠前厅右耳房外墙上。

碑宽 80 厘米，高 90 厘米。

花岗岩质。碑文为楷书阴刻，碑文为："祖宗灵爽所凭，未必鸟毕翠飞，金施玉饰，而朴素浑坚，时加洒扫，是亦妥□先灵，行祀典、敦诗书、宴宾客所需，为子孙者各宜珍惜，以体当年缔造之意。其间有无耻恃蛮辈，恒于祠内，堆积燥湿，擅放物料，毁烂墙砖场坁。合立碑石，形列禁条，如有犯规，定行责罚，断不姑息。禁开场聚赌，禁贮灰放粪，禁积木堆柴，禁养鸭绚牛，禁张缯打禾，禁脱门放车，禁锁踞长住，禁毁狮破鳌，禁教习拳棍，禁擅放农器，禁经布打磨，禁长放烂轿。已上条款是乃阖于公议所设，各宜禀遵。倘敢拒谏抗违，将他物件经从掷出，本人及家长一并责罚，不许入祠。乾隆庚子孟冬谷旦重修立碑。"

沙浦村进士碑

清嘉庆戊辰年（嘉庆一十三年，1808 年）

位于宝安区松岗镇沙浦村委沙浦二村 342 号老年人活动中心大门两侧。东、西侧各有一红砂岩石质垒砌的碑座，上各立有 2 碑，共 4 通。

两侧碑和碑座的形制及大小基本相同。碑座平面为方形，剖面为梯形，上宽170 厘米，下宽 180 厘米，高 90 厘米。碑为白花岗岩质，长方形，宽 28 厘米，高 100 厘米，厚 12 厘米。东、西两侧石碑相距约 9.7 米。

4 通石碑碑文均为楷书阴刻，内容相同，"嘉庆戊辰科进士钦取咸安宫官学教习蔡学元立"。

林布山福隆桥碑

清嘉庆十六年（1811 年）

于 1995 年发现于龙岗区大鹏镇林布山麓。大鹏城人王广勋等建福隆桥所立。

碑高 172 厘米，宽 70 厘米，厚 28 厘米。

碑文为："福隆桥，国学王广勋，男国学嘉元、群庠嘉猷建造，董理弟王遴贤、王日祥、侄王维坊同立。嘉庆十六年辛未岁春月吉旦。"

由大鹏镇政府征得，现藏大鹏古城博物馆。

南头古城"重修观音阁碑"

清嘉庆己卯年（嘉庆二十四年，1819 年）

原位于南头古城九街。

高 155 厘米，宽 74.5 厘米，厚 8 厘米。

青石质。碑额刻"重修观音阁碑"六个楷书大字。碑文为小楷竖刻，共 35 行，行 57 字。碑文为："邑治去都会二百四十里，延袤广狭，环海负山，倨然东南一巨镇也。署后有山，曰后山。因山之势而筑以城郭。山之麓多林木，怪石嵯峨，榕荫茂□。其西数十武，地宇恢廓，山川秀灵，遂因东城外福如庵之香火而迁于斯，乃颜之曰'观音阁'。崇祯间，邑令乌公帅同官葺而新之。我朝鼎兴以来，綦二百载而岿然独存。越庚子，前令高公始集父老，葺后殿垣墉榱桷易腐以坚。迄今四十寒暑，而栋宇剥蚀，陨然欲颓。咸相与慭之，顾费伙而莫之，无从出也。岁丁丑，邦伯吴公摄篆兹土。越明年，首捐橐装，为众善倡。既而调东官，弗获就。后嗣是舒侯、孙侯，偕诸大宪，俱出资，踵成其事。前年岁己卯夏六月始拣日，佽工经营，图度分中为观音殿，后为大雄殿，左为文昌楼，楼后为僧舍，又后为维摩室，仍其旧也。右为武帝楼，楼后为财帛星君祠，即其故址。而式廓之神皆塑以金像，法相庄严，殿宇宏敞，阅五月而告竣焉。是举也，共费白金二千五百有奇。其次助男女姓氏，咸称是寺成。爰命工伐石，勒诸次助爵里姓氏于碑阴，以志重建所由始。"

根据碑文记载，观音阁前身是位于南头城东福如庵，后迁至城西，更名为观音阁。明崇祯年间（1628—1644 年），邑令乌文明首次修葺。至清乾隆庚子年（1780 年），县令高质敬召集当地父老再次修葺。嘉庆丁丑年（1817 年）县令吴延扬倡议捐资重修观音阁，后任县令舒懋官、孙颖昌嗣承，众富绅都出资促成此事。修葺工程于己卯年（1819 年）六月动工，历五月竣工。这次重修的观音阁规模宏大，富丽堂皇，碑文有详细记述。

1983 年 6 月，深圳市博物馆考古人员发现并征集入藏。

南头古城"重修观音阁碑"

清道光年间刻

原位于南头古城九街。

高 142 厘米，宽 72.5 厘米，厚 4 厘米。

青石质。碑上部阴刻"重修观音阁碑"六个楷书大字。碑文右侧刻"重修观音阁序"，记载了观音阁的地理形势，壮观气象，修葺沿革，本次修葺原因，倡导捐资人，出力捐资人和上街劝捐人姓名。钟诏琦撰文，吴荣阶书，李葆周镌刻。碑文左侧为捐资者之芳名及捐资数目。碑文内容填补了嘉庆《新安县志》的不足，是了解南头古城历史的重要资料。

1983 年 6 月，深圳市博物馆考古人员发现并征集入藏。发现时右下角残缺。

大鹏古城刘起龙"功名碑"

道光十一年（1831 年）

位于龙岗区大鹏镇大鹏古城城隍庙清遗址一草屋门梁上。为刘起龙"天子门"牌坊构件之一，原位于牌坊正中。

碑两面均有文字，正面为刘起龙所立之家谱，背面为刘起龙死后朝廷为其所立的"功名碑"。正面碑文为："公之会□□□明。祖讳闰高，生芳，皆诰赠如公。秩母黎氏，诰赠一品夫人。本生父讳仕开，也封武显将军，南澳镇总兵。生母陈氏，诰封夫人。嫡配林夫人乃林文学鹏高公女，副室陈氏、潘氏。子二人，长重亮，现任大鹏营左哨头司把总，次盛桂，庶母陈氏出，幼学。孙祖全，长子重亮出。兹因勒石爱并志以垂不朽云。皇清诰授振威将军刘起龙立。"

背面碑文为："尝思莫为之前虽美弗彰，莫为之后虽盛不传。故人之丰功伟烈欲信今而传后者，未有不勒碑刻铭以垂永久。况秩秩犬獒，并蒙保障，为朝廷所倚赖如振威将军云齐刘公者乎！公讳起龙，字振升，号云齐，广东新安县人也。英年从事戎行，嘉庆八年（1803 年），得通仕籍，垂三十年。驰驱王事，兢兢业业，鞠躬尽瘁以报效国家。至道光六年（1826 年）擢升福建提军。叨蒙赐恤，叠授恩荣方冀享遐龄。应厚实以乐天年，乃忽然长逝，遽召王楼，于道光十年（1830 年）正月十二日告终福建提督任所，享年五十有九岁。道光十一年岁次辛卯仲春花月谷旦。"

2000 年发现。现藏大鹏古城博物馆。

刘起龙"御祭文"碑

清道光十一年（1831 年）

原位于龙岗区大鹏镇大鹏所城东校场刘起龙迁葬墓墓室右侧。

高 46 厘米，宽 47 厘米。

花岗岩质。阴文楷书。碑文为："御祭文皇帝谕祭病故原任福建水师提督刘起龙之灵曰：鞠躬尽瘁，臣子之芳踪；赐恤报勤，国家之盛典。尔刘起龙，性行纯良，才能称职，方冀遐龄，忽闻长逝，朕用悼焉。特颁祭典，以慰幽魂。呜呼，宠锡重垆，庶沐匪躬之报；名垂信史，聿昭不朽之荣。尔如有知，尚克歆享。"

现藏深圳市博物馆。

大鹏古城刘起龙"古之遗爱"碑

清道光十一年（1831 年）

原立于龙岗区大鹏镇大鹏所城东校场刘起龙迁葬墓堂左侧。

高 46 厘米，宽 47 厘米。

花岗岩质。碑文为："古之遗爱。太子少保、兵部尚书、总督闽浙部愚弟孙尔准，兵部侍郎、巡抚福建提督军务愚兄韩克均，提督福建学政内阁学士愚弟陈用光，署镇闽将军统辖陆路副都统愚弟富亮，福建提督陆路等处地方军务愚弟马济胜，署福建水师提督军务愚弟陈化成，提督广东全省水师军务愚弟李增阶，福建兴泉永分巡兵备道愚弟倪秀。"

清湖老村"重修三界庙碑"

道光十二年（1832 年）

位于宝安区龙华镇清湖老村三界庙大门左次间墙上。

高 25 厘米，宽 51 厘米。

碑文为："三界古庙，遍海内皆有。而我清湖之庙，则有异焉。何异？其神之显灵而御敌也。昔明有草寇攻破老围，神以大旗掩护，乡人窥之，围墙已破，弗胜惶恐。贼视之，围墙如故，遂去之。此非□圣爷显灵护祐，曷克臻此。此不但已也，其声灵赫濯，善者福之，恶者祸之。固又神之所为，鉴视不爽者。盖其庙在村前之西，阳台鼎峙于前，鹅岭特立于后，左金龟而萦环，右珠峰而耸翠。而且道接通衢，门成市所。清流激湍，绿树阴浓，至斯境者，莫不睹庙貌而仰神灵也。缅维旧址，仅存两间，左立圣爷，土君右侧。迄于今，世远年湮，不无颓朽之灵；风雨摧残，曷胜圮倾之感。而圣爷之灵爽式凭，则依然如昨矣。道光壬辰年，族长广培、族耆坚中，偕于绅士，毕集斯庙，议欲重建。男妇乐助，集腋成裘，其不敷者，则课粪银以续之。令广培、坚中二公督理，以劝厥事。于是鸠工庀材，化二为三，左立二帝之宫，右为土神之室，而圣爷则居正焉。栋宇重新，奂轮诔美，虽非极壮观，而亦可以阙恫也。善夫惟神以灵，福人惟人以诚。答神感应之妙，捷于影响，肃书于在，俾观斯庙者，咸知神之异，而知所以报其异者。是为序。……（姓名）道光十二年岁次壬辰季秋月。"

大鹏古城"重修城隍庙乐助芳名碑"

清道光己亥年（道光一十九年，公元 1839 年）

龙岗区大鹏镇大鹏古城内征集。

共 2 块，均为青石。每块高 104 厘米，宽 60 厘米。

碑中记载了重修大鹏古城城隍庙时捐款人的乐助芳名。其中有新安县县丞章煜、龙门协副将赖恩爵等。该碑为研究大鹏古城历史有着重要的参考价值。如碑文记载，大鹏古城内的姓氏多达 60 余个，反映当时城内的守军和居民来自不同的省份和地区。大鹏古城内有各类商店 30 多家，说明大鹏古城在清中期已相当繁华。

现藏大鹏古城博物馆。

大鹏古城黄老夫人墓碑

清道光庚子年（道光二十年，1840 年）

原置于龙岗区大鹏镇大鹏古城内正街振威将军第内。

高 52 厘米，宽 37 厘米，厚 5 厘米。

花岗岩质。上刻："皇清诰封正二品夫人显祖妣赖太母黄老夫人之墓。孙浙江定海镇总兵官赖英扬，大鹏营外委把总升扬，香山协左营千总信扬。曾孙龙门协副将呼尔察图巴图鲁恩爵、恩沅、恩普、恩华、恩禄、恩纶、恩隆，元孙绍贤、绍平、绍魁、绍元、绍裘等同立。"右侧为："清道光庚子年季夏上浣吉日重修。"

现藏大鹏古城博物馆。

水贝村赖英扬墓志铭

清道光二十年（1840 年）

原嵌在龙岗区大鹏镇水贝村北约一公里处的虎地龙山西坡赖英扬墓室的左侧。

长 82 厘米，宽 50 厘米，厚 5 厘米。

青石质。均为阴刻隶书，26 行，行 20 字。记载了赖英扬的戎马生涯及功绩："显考云台府君，乃广州府新安县之大鹏所城人也。生于乾隆戊戌年（1778 年）十二月初十日戌时。少而肄业读书，长则投笔从戎。历拔大鹏营外委，获盗著劳，升补把总。坐驾楼船，身先士卒，擒获乌石二等洋盗三百八十二名案内，升授水师提督中营千总，署理广海寨守备调署提标右营守备，署理□洲营都司，阳江镇中军游击兼获阳江镇总兵印务。续署海门营参将，题升碣石镇中军游击，历升平海营参将，署理龙门协副将。道光十一年（1831 年）五月内，统带官兵剿办崖州黎匪，善后事宜告竣，旋奉奏署琼州镇总兵，续署香山协副将，奏升澄海协副将，署理碣石镇总兵官。道光十八年（1838 年）正月初一日，钦奉上谕补授浙江定海镇总兵官，是年五月内到任。十九年（1839 年）二月内陈请终养未遂，旋于三月初一日接到讣音，因刘太夫人在籍仙游，随报丁忧回籍守制。经营窀穸，竭尽孝思。不料道光二十年四月内忽患气喘病症，调医罔效，竟于道光二十年（1840 年）六月初五日亥时在籍寿终正寝，享寿六十二岁。爰为之缮述生平官阶历任，用镌诸石，以垂不朽云尔。"

1984 年 6 月为深圳市博物馆征集，现藏深圳博物馆。

水贝村赖英扬风水铭碑

清道光二十年（1840 年）

风水铭原嵌于龙岗区大鹏镇水贝村北约一公里的虎地龙山西坡赖英扬墓室的右侧。

碑长 80 厘米，宽 50 厘米。

为小楷阴文，记述墓之形制及其风水发脉："鹏山之麓名虎地牌者，乃营葬先大人之处也。坟茔中，边石镶横亘数丈，拜堂外竖石狮华表，立石人石兽各二，盖遵熙朝定制焉。其地则寅山申向，坐箕宿二度，向参宿七度，分经之原，溯厥来龙，由蜈蚣岭发脉，大气磅礴，蜿蜒而下。顾其上则层峦叠嶂，耸翠标奇；而其下则岳峙渊亭，钟灵毓秀。是亦一阴阳和合之区也。故登斯穴者辨其形，见其山势超越，俨如虎踞，因遂以渴虎饮泉，名之由是，而卜云其吉终焉。允撼以之妥，先灵裕后昆，虽不必龙耳。衿奇湖灯炫异然，于古人崇封之意，盖石惟东西面北之人有所取识，即历诸千秋百世。而下俾后嗣子孙，春秋享祀不成，犹将数典而不忘祖焉。是则区区之心也。时道光二十年，岁在尚章困敦葭月中浣六日立。扦穴定针辉山宗先生。"

1984 年 6 月由深圳市博物馆征集入藏。

"凤凰岩古庙重修序"碑

清同治甲戌年（同治十三年，1874年）

位于宝安区福永镇凤凰村凤凰岩古庙外。

碑高140厘米，宽72厘米，厚5厘米。

花岗岩质。碑额、碑文均小楷阴刻。碑文曰："尝谓：神灵赫濯，祈祷者拜谒如云；古迹巍峨，游观者往来若织。原凤凰岩观音庙者，元初时。三世祖应麟公所建也。□□龙穴，□带虎门；佳气郁□，芳林发郁。□造物特开□窝穴，洵邑之□区也。左侧望烟楼、鸡心岩、石乳湖；右侧有莺哥石、净瓶石、石地塘；后侧有飞云顶；前有松琴径。八景森列，天造地设。明季蔡若圩得□于此，仙□堪□□初文凤，□开垦田园，微劳可溯。创建以来，遐迩人士，游玩置□，礼谒惟虔，由来已久。更有骚人墨士，吟山咏物，多著诗章；名师宿儒，讲学授徒，长留教泽。回忆□年，举人蔡玉田、岁贡文德华、进士蔡榕蒲、□贡陈肃山、岁贡陈上林、副贡曾泰中、岁贡庚宝所、举人海门增生、文星桥诸先生，前后相承，在兹振铎。自是邑中知名之士，多由此发迹而飞腾，则信乎地灵人杰者哉。中间屡经倾圮，乾隆辛亥，邑侯陆公，嘉庆丙子，邑侯孙公，叠次倡修，堂庑多□□□□，然有倍于昔。迄今世远年湮，风雨所侵，□□□蚀，不无墙倾瓦解之处，□斯土者，其能度外置之乎。爰是经营筹划，鸠工庀材，举□□及左右，□□□房等处，重为修□□者。换梁加柱，并故□□□者。黑垩垣墙，丹涂栋角，并石路，增建凉亭贰座，园内加起女□叁间，费□□，不得不仰资众力。尚幸人心踊跃，题助欢欣。经始于壬申年十月□，成于甲戌年九月□□□，大功告□，谨将诸君芳名□，以志不朽云。是为序。"其后署劝捐芳名：特授新安县正堂伊绍鉴、辛丑进士钦点户部主事陈桂籍、特授新安县儒学正堂梁允福、钦办内□中书衔新安县正堂郑□荣、特授新安县右堂黄致斋、钦加副将衔游府补参府周权、署水师提标左营龚需恩、署理龙门守府文岐凤、水师提标左营右□总司卢定安、文应麟太祖等400多人。

固戍村"重修文阁碑记"

光绪元年（1875年）

碑立于宝安区新安街道办事处固戍村侧文阁内。

碑文为："原夫文阁创建，由来已久。其规制分建三层，各祀神在圣其上。前人原取形家丁财两贵之说，为一乡风水计者，三旬洁良意美。迨乾隆年间，祀事者不戒于火，一时木料文笔燃烧殆尽，由是列圣共祀一龛上，□面旁风，黯然无光。因循任其颓废者，距今垂百年矣。辅每岁时叩谒，或值天晦，负雨骤至，展拜不成礼，惕不安于心。屡约同人，签募重修，其中多成于风水方位之说，往往不界，窃常混焉。夫吾侪文人，各有阎庐，以庇风雨，况神圣在上，灵爽式凭乎。是以赫然震怒，于同治癸酉岁，受假雷电之威，以警亵慢之罪。神之垂戒，可谓深切若明矣。辅等益加寅畏，遂于甲戌二月，亟与同事诸君募捐修治，鸠工庀材，悉仍旧贯。阅月余而告竣。盖至是得以妥神灵崇祀。姜昌畏敬撰。光绪元年岁次乙亥冬月。"

大鹏古城"重修大鹏所城碑记"

清光绪七年（公元 1892 年）

2001 年大鹏古城博物馆根据村民提供的线索于龙岗区大鹏镇大鹏古城内东北华光庙旧址发现该碑。时该碑作为灶台，切成四块，经拼合仍不完整。

"重修大鹏所城碑记"为篆书。碑文内容为隶书，书法端庄秀美。碑文记载大鹏古城于光绪七年进行最后一次重修，重修时的规模与大鹏古城始建时的规模一致。对研究大鹏古城历史有重要的参考价值。

现藏大鹏古城博物馆。

下涌村"重修天后宫"石碑

光绪丙申年（光绪二十二年，1896 年）

位于宝安区松岗镇塘下涌村委松黄公祠前小院西北角。

碑高 80 厘米，宽 36 厘米，厚 12 厘米。

花岗岩质。"天后宫"三字为阳刻正楷。右下阴刻小楷"光绪丙申年重修"。

沙头角中英街界碑

清光绪二十四年（1898 年）

位于盐田区沙头角镇内。

共 8 块。花岗岩质，上小下大，横截面为方形，纵剖面呈梯形。上边长 30 厘米，底边长 40 厘米，高 70 厘米。

1899 年 3 月中英双方根据《香港新租借合同》，划定大鹏湾至沙头角的边界线为东起大鹏湾北岸东端（东经 114°30″）"潮涨能到处"，向西沿北岸水线一直到沙头角，且以沙头角西侧的干涸小河为界河，界河中线上树立 8 块界碑（整个边界上共竖 20 块）。界河后被逐渐填平，形成中英街，因此 8 块界碑也就成了中英街的中心线。

碑文以第二号界碑为例：面对沙头角镇一侧刻"光绪二十四年/中英地界/第二号"；面对新界一侧刻"ANGLO CHINESE BOUNDARY 1898 NO.2"。

1941 年香港沦陷后，日军以妨碍交通为名，将中英街第三号到第七号界碑拆除。1948 年中英双方重新将 5 块界碑竖立原处，并分别在其上刻"中华民国三十七年四月十五日重竖"。

1984 年 9 月，深圳市人民政府公布为市级文物保护单位。

1989 年 6 月，广东省人民政府公布为省级文物保护单位。

内伶仃岛"九龙新关地界"石碑

清光绪年间

原置于内伶仃岛南湾蚱蛇塘。

高 153 厘米，宽 41.5 厘米，厚 16.5 厘米。

花岗岩质。上部制作工整，阴刻有"九龙新关地界"六个楷书大字。下部为碑座，未雕琢，故厚薄不均，稍比上部宽大。它是研究深港历史和中国海关史的重要实物资料。

1984 年 6 月，深圳市博物馆考古人员文物普查时发现并征集入藏。

平湖老街"广东督军署布告碑"

民国五年（1916 年）

该碑砌于龙岗区平湖镇平湖老街 11 号墙上。

高 110 厘米，宽 58 厘米。

青石质。正文楷书，12 行，行 33 字。碑文为："广东督军署布告　第二十六号　为布告事，现据刘绅铸伯函称，窃以敝乡平湖，村居僻壤，风气固塞，学务不兴。地复瘠贫，人多失学。处此生活程度日高之时代，以智识不开之贫民，夫将何以自立。仆情关故里，言念之下，用是矜怜，爰解私囊，倡办小学堂一所，名曰纪劬劳学校。一则借以教育贫民，俾资自立；一则念家慈抚养教育之劳，底仆于成，乃有今日。爰命是名，以留纪念，永志不谖。复以敝乡村人贫苦，若遇疾病，苦无良医为之调理。并妇人生产，亦无练习接生，以致夭折甚多，殊乖天道。故复独自捐赀，建设医院一所，名曰念妇贤医院。一则拯乡人之疾苦，一则念故室内助之贤，亦以示不忘之意。刻下，小学堂及医院两处，兴工构筑以来，数月于兹，工程均将告竣，开幕在即。用特肃函，敬请钧座，以予宪示，俾资保护，而兴观感。异时学风丕振，寿域宏开，无一非凭福曜所赐也等情。前来查核，绅独立捐资，在平湖乡倡设学校、医院各一所，具见热心公益，殊堪敬佩。所请出示保护，自可照准，合行布告，仰该乡各界人等知悉。尔等须知，设立学校、医院，系为嘉惠贫民、拯救疾苦起见，务各劝勉维持，以成善举，毋得借端阻挠为要。特此布告。中华民国五年十一月十七日　督军陆荣廷。"

平湖老街"广东省长公署布告碑"

民国五年（1916年）

该碑砌于龙岗区平湖镇平湖老街11号墙上。

高102厘米，宽57厘米。

青石质。正文楷书，6行，行24字。碑文为："广东省长公署布告　第七三号　为布告事，照得：刘绅铸伯，独自捐资于宝安县平湖乡，创立纪劬劳学校，原为不忘母氏劬劳，启迪后人智慧而设。刘绅之孝恩不匮，即乡人之受益无穷。凡属乡人，自应体念刘绅之热诚，保兹学校于勿替。合行布告，军民人等一体知悉。须知此校原为教育乡人而设，务宜合力保护，俾垂久远。倘敢肆行骚扰，定当重惩不贷。其各凛遵勿违。特此布告。中华民国五年十二月二十四日　省长朱庆澜。"

平湖老街宝安县知事周德馨碑

民国五年（1916年）

该碑砌于龙岗区平湖镇平湖老街11号墙上。

高63厘米，宽57厘米。

石灰岩质。正文楷书，9行，行13字。碑文为："五等金质单鹤章，一等银色嘉祥章，署宝安县知事兼警察事务所所长周，为出示保护事，照得：教善分财，古风未泯；训劳诫逸，母范堪钦。贤俊扬名，常秉荻书之训；教思锡类，永推鞠育之恩。平湖纪劬劳学校，为邑绅刘君鹤龄所经营，表其母伍太夫人之慈惠，念童年之树立，由母道之裁成。以四民失学之勘忧，仿两等分班而设教。有蒿目时艰之慨，知教育之当兴。诵棘心圣善之诗，怅劬劳之未报，集苞杞而思将。母歌朴而慕作，人学修期蛾术之勤。校舍筑房之密，礼隆释菜，书读燃藜。凡时雨之滋培，悉春晖之煦育。溯母仪于藻脊，成芹藻之香；兴才俊于菁莪，无废蓼莪之什。缅善则称亲之举。当推孝子之师，识食而不教为偏，绝胜众人之母。从此树萱堂舍，定知爱护而无忧；愿教蔽梓乡间，共切瞻依而永保。本知事特为示谕，尔民人其各凛遵。切切此示。知事周德馨　中华民国五年十二月二十九日。"

大坑上村永兴桥碑

民国十七年（1928 年）

原立在龙岗区大鹏镇大坑上村永兴桥东侧。

高 90 厘米，宽 56 厘米。

花岗岩质。碑额上横书"建造永兴桥芳名列左"字样。碑文为："尝闻道途平坦，行人无跋涉之难。大路康庄，往来疾趋之无碍。兹我大坑上围深圳坑处，地当孔道，为洪潦，可资永固。爰集众议，设簿签题，伏愿诸君，乐善好施，解囊相助。虽多多而益善，则小小亦无嫌。倡予和尔集腋，庶可成裘，积少成多，聚丝使用，权堪作茧。从此安澜共济，遐迩同欣，是为引。"以下为高岭、大鹏、大坑、九龙、松山、横光、水头、较场尾、田心、王母圩、花樊尾、布锦、碧洲、东涌、水贝、下沙等地 115 人捐款者芳名及捐美金、荷兰银及当地银两数量。其后是义务缘总理唐茂、李道、苏亮；劝缘陈士、欧威、刘水保、徐福如、徐玉锟；副理刘德等三十四名。最后为"中华民国十七年季月吉立"。

深圳市博物馆藏。

深圳革命烈士纪念碑

位于福田区北环路婆岭。

原是宝安县革命烈士纪念碑。1983 年 8 月，根据深圳市城市总体规划的要求，经深圳市人民政府批准，由原在蔡屋围人民广场的宝安县革命烈士纪念碑迁建于现址，并更名为深圳市革命烈士纪念碑。

深圳市革命烈士纪念碑是为了褒扬和纪念在深圳牺牲的革命先烈而建造的。纪念碑占地面积 45000 平方米，1987 年 4 月完成首期工程，建有主碑、芳名亭、道路、停车场以及园林绿化等。1997 年扩建了陈列室、办公室等设施。

1988 年 4 月，广东人民政府确定为省级重点烈士纪念建筑物保护单位。

1988 年 10 月，深圳市人民政府公布为市级文物保护单位。

1995 年 2 月，深圳市委、市政府公布为市级爱国主义教育基地。

1995 年 10 月，经广东省人民政府批准，深圳革命烈士纪念碑改建为深圳革命烈士陵园。

深圳革命烈士纪念碑由深圳革命烈士纪念碑管理所实施管理和保护。

第七节　革命文物

本节收录的革命文物，主要是抗日战争和解放战争时期在深圳战斗生活过的东江纵队老同志使用过的各种物品。同时我们还特别收录了邓小平同志在深圳仙湖植物园种树时使用过的铁锹，以缅怀他在建设具有中国特色的社会主义中的丰功伟绩。

戴卓民同志的铁水桶

大革命时期

口径 35.5 厘米，高 38.5 厘米。

铁质。圆筒形。桶口配装圆形桶盖，中间有桥形提手，桶的口沿下有两个环形提把。

这是戴卓民同志在香港、广州和宝安从事革命活动时使用过的水桶。

戴卓民同志是大鹏人，曾任中华全国总工会执行委员。1925 年"五卅"运动后被党派往香港发动工人罢工。

1984 年其后人戴平捐献给深圳市博物馆收藏。

省港罢工工人凭证

1926 年印发

长 12.5 厘米，宽 16 厘米。

纸质。一折为二。证面在长方框内有"省港罢工工人凭证"字样。

证内右面，有从右至左竖写的"中华全国总工会省港罢工委员会　/发出字第　　号凭证给与　/　海员　工会　/　工友　曹安　执照　/　民国十五年四月十九日　发给"。

证内左面，中间上方的方框内有"相位"字样，其下有竖写的"×字第×号"，这两者间有八边形的省港罢工委员会蓝色印章。这一面的左下角还有"第六登记"的方形红色印章。

1998 年大鹏古城博物馆在古城内的曹安故居征集并收藏。

广东人民抗日游击队东江纵队胸章

抗日战争时期

长 7.5 厘米，宽 5.7 厘米。

双层白布，手工缝纫。上印有红色"五角星"一个，蓝色的边框和文字。文字为"广东人民抗日游击队东江纵队"，其下有一个较大的"抗"字。

背面亦印有蓝色边框及"工"、"1945"、"79"、"姓名"，下有墨书"彭成麟"三字。

1984 年深圳市博物馆征集并收藏。

东江纵队司令部文件柜

抗日战争时期

面阔 123.5 厘米，高 270 厘米，厚 53 厘米。

竖长方形木柜。四方体短足。原施棕红色油漆，现已剥落。正面开两扇门，右扇门上有铜拉手，柜内分左右立格，横格有五层。

此柜为抗日战争时期广东人民抗日游击队东江纵队司令部的文件柜。

1982 年深圳市博物馆从宝安区（今龙岗区）葵涌镇土洋村原东江纵队司令部旧址征集。

曾生同志的文件箱

抗日战争时期

铁皮。一对。长方体。其一长 47.3 厘米，宽 36.5 厘米，高 36.3 厘米；另一长 47.5 厘米，宽 36.5 厘米，高 37 厘米。

箱盖一端固定，一端开合，并有搭扣和拉手。箱体外壳涂绿色油漆。因年代久远，箱体变形并略有破损，油漆亦有剥落。

两铁箱是曾生同志在抗日战争时期使用过的文件箱。

曾生同志是广东人民抗日游击队东江纵队司令员，解放后曾任广州市市长、南海舰队司令员、中顾委委员。

1984 年曾生同志捐赠给深圳市博物馆收藏。

曾生同志的床单

抗日战争时期

长 127 厘米，宽 128 厘米。

棉布质。床单仅存一部分。黑白线交织，灰色条带纹，另一端有被剪断的痕迹，有破洞和补丁。

此被单为抗日战争时期东江纵队司令员曾生同志随身所用之物。

1986 年曾生同志夫人捐赠给深圳市博物馆收藏。

王作尧同志的钢笔

抗日战争时期

长 11.3 厘米，帽径 1.15 厘米。

笔杆为黑色，伴有金黄色斑纹。"14K"金笔尖，上刻有"SHEAFFERS"。笔套上有一金属扁体状的笔夹，笔套略有裂纹，顶刻阳文"何小冰"。

何小冰为何瑛同志的别名，何瑛同志是东江纵队老战士，是王作尧同志的夫人。这支钢笔是 1941 年广东人民抗日游击队第五大队缴获的战利品，交由大队长王作尧使用。

王作尧同志曾任广东人民抗日游击队第五大队大队长、东江纵队副司令员。解放后曾任武汉军区空军副司令员、广东省人大副主任等职。

1984 年王作尧、何瑛同志捐赠给深圳市博物馆收藏。

何瑛同志的笔记本

1943—1947 年

纸质。长方形笔记本左边装订。页面上有蓝色横行格。共 42 页。封面已残破，有贴补痕。

用墨水笔抄录了从 1943 年至 1947 年党的有关文件、社论、指示和工作总结报告等。其中有一部分是在大鹏半岛王母圩驻地的记录。字迹工整。

1984 年王作尧、何瑛同志捐赠给深圳市博物馆收藏。

彭沃同志的毛毯

抗日战争时期

长 218 厘米，宽 172 厘米。

浅绿色，两头有编织的草绿色直线宽条纹多道，有织补痕迹和破损多处。

此毛毯是其在抗日战争时期所使用过的。

彭沃同志系宝安人。原为广东人民抗日游击队东江纵队第五大队大队长。解放后曾任广东省军区副司令员。

1984 年彭沃及其夫人杨素同志捐赠给深圳市博物馆收藏。

彭沃同志的铜印

抗日战争时期

长 0.7 厘米，宽 0.4 厘米，高 1.6 厘米。

青铜质。长方体。顶端正中有一圆孔，内装一圆环，作为印纽用。印面刻有阳文"彭沃"二字，一侧刻阴文楷书"于广东"。

此印是他在抗日战争时期所使用。

1984 年彭沃及其夫人杨素同志捐赠给深圳市博物馆收藏。

彭沃同志的指北针

抗日战争时期

指北针装在带盖的圆形金属盒内。盒面直径 5.3 厘米，通高 19.5 厘米，厚 2 厘米。

盒盖一端有固定的合页，另一端有环形手把等。盒面中间有一长方形透孔，其上下铸有"USA"等英文多行。

二次世界大战时期，美国空军曾在大鹏湾上空与日军空战，有美机被日军击落，美军飞行员被东江纵队战士救获。这是美国空军人员送给东纵战士的礼物，是抗战时期中美两国人民友谊的物证。

1984 年彭沃及其夫人杨素同志捐赠给深圳市博物馆收藏。

方兰同志的钢笔

抗日战争时期

长 12.3 厘米，直径 1.2 厘米。

由笔尖、笔杆、铜笔套三部分组成。美国制造。笔杆为圆杆形。笔尖为"14K"金制作，上刻有"SHEAFFERS"。铜笔套作尖首圆筒状，杆、套绘黑色平行直线纹。

此笔是方兰同志当年在东江纵队时使用过的。

方兰同志曾任广东人民抗日游击队东江纵队港九市区中队中队长兼指导员。解放后曾任广东省妇联副主任。

1985 年方兰同志捐赠给深圳市博物馆收藏。

蓝造同志的望远镜

解放战争时期

长 18.3 厘米，宽 20 厘米，镜头直径 6.3 厘米。

为美式双筒望远镜，附有皮盒套。有自然磨损。

此望远镜是其 1947 年受党委派，从香港返坪山重新组织武装前在香港所购，在解放战争时期使用。

蓝造同志是坪山人。东江纵队指挥员之一，曾任粤赣湘边纵队东江第一支队司令员、广东人民解放军江南支队司令员。解放后曾任信阳步兵学校副校长。

1984 年由蓝造同志捐赠给深圳市博物馆收藏。

赖仲元同志的开国大典纪念章

1949 年

长 3.2 厘米，宽 1.8 厘米。

金属质。半圆形，扁平体。上部饰五星及红旗。边沿有短直线纹。下部作长方形方框，框内铸有"中华人民共和国纪念"字样。背面镶别针一枚。表面油漆有剥落。

这是中国人民解放军第三野战军代表赖仲元同志参加开国大典时佩带的纪念章。

1984 年赖仲元同志捐赠给深圳市博物馆收藏。

邓小平同志使用过的铁锹

现代

共五把。通长 95.8 厘米，宽 23 厘米。

锹头为方形内凹，圆尖首，呈黑色。锹体中间有向后凸起的圆形銎。銎内镶有木杆，木杆顶部镶红色的"丫"形铁皮和木质握手，木把呈黄白色。杆上烙有飞燕商标及中英文"飞燕牌"字样等。

此为邓小平同志 1992 年 1 月 22 日南巡深圳时，与家人在仙湖植物园种植高山榕树时使用过的工具，是小平同志关怀深圳特区建设，推动进一步加快中国改革开放的重要物证。

1997 年 2 月 28 日，深圳市园林总公司总经理郭荣发同志等送交深圳市博物馆收藏。

第八节　其它文物

日军绘制的广东东部地区军事地图

1938 年

纵 77.5 厘米，横 108 厘米。

纸质。长方形。彩色铅印广东省东部地区三十万分之一军事地图。地图标明各县镇的地理位置、河流、山脉、村庄、公路、铁路、乡间小道，以及要塞、炮台、港口、水渠、桥梁、自动车道、沿海岛屿等，还注明"要侦察"、"树木急峻"以及"细部不详"等。地图还注明系"昭和十二年（1937 年）十一月制版。昭和十三年七月修正，陆地测绘部，昭和十三年（1938 年）七月调制，参谋本部"。卷首有"军事秘密"、"部外秘"等字样。有折伤和皱裂痕。

此系日军侵华的罪证，系东江纵队战士所缴获。

1984 年彭沃及夫人杨素同志捐赠给深圳市博物馆收藏。

康有为致商衍鎏信札折页

近代

纵 17—18 厘米，横 10—16 厘米。

纸质。墨书楷书或草书信札四封，为 1919 年康有为致商衍鎏的书信。装裱为六开。尊称为藻亭侍讲仁兄，其中一封书札落款为："己未十月康有为"，并有康氏朱印一方。此信札反映了当时两人的交往情况，具有一定的文献价值。

原为商承祚教授收藏。1994 年商承祚教授家属捐赠给深圳市博物馆收藏。

商衍鎏撰并书《画竹一得浅说》线装稿本

近代

竖方形白宣纸质线装手稿。共 48 张 95 页。长 32.5 厘米，宽 20.6 厘米。

每页楷书九行，行 21 字。书签题《画竹一得浅说》，下有注释"自画竹二十幅，附徐宗浩临柯九思竹谱"，并有"商衍鎏钵"、"甲辰探花"朱印各一方。正文有"商衍鎏撰辑手书"。内容目录：画竹入门之基础、画竹应用之工具、画竹参考之谱录、写竿节枝叶法与竹忌、画竹参考画本之资料。

此手稿为其 1960 年亲撰并手书画竹心得。

1994 年商承祚教授家属捐赠给深圳市博物馆收藏。

第八章 文物保护与文物安全

文物是不可再生的珍贵历史文化遗产。因此对文物的保护和做好文物安全工作，是文物工作者"责任重于泰山"的大事。本章通过文物调查、文物"四有"、文物维修、文物安全和社会文物管理等五个环节，概述深圳市文物保护与文物安全工作。

另外，为配合基本建设而进行的抢救性考古发掘工作，使许多珍贵的地下文物免遭破坏，这也是文物保护的一个重要环节。自 1981 年深圳市博物馆成立后的二十多年来，深圳市的文物工作者先后独立发掘了龙岗区咸头岭新石器时代沙丘遗址（1985 年）、南山区叠石山战国时期山岗遗址（1987 年）、龙岗区大黄沙新石器时代沙丘遗址（1988—1989 年）、盐田区大梅沙春秋时期沙丘遗址（1992 年）、南山区向南村商时期沙丘遗址（1996 年）、铁仔山东晋—明清古墓群（1999 年）、盐田区大梅沙村商周时期遗址和屋背岭商时期墓地（2001 年）等许多重要遗址。由于本志的《概述》和第二章《地下古遗址和遗迹》都已叙及，故在此省略。

第一节 文物调查

文物调查是文物保护工作的基础，只有摸清文物家底，才能有目的并更有效地进行文物的管理、保护和利用。新中国成立以来，深圳境内较大的文物调查共有三次。

1.1956 年的文物调查

1956 年，由广东省博物馆和中山大学在深圳市现在的宝安区和南山区境内进行了较大范围的文物调查。

发现新石器时代遗址 2 处、春秋时期遗址 5 处。它们是：宝安区新安镇铁岗水库区内新石器时代蚌地山山岗遗址和春秋时期的槁寮山遗址、死妹山遗址、南山下遗址、黄麒麟山遗址、三角山遗址、南山区南头古城西门外鹦哥山新石器遗址。

2.1980—1984年深圳市第一次文物普查

1980年8—11月，广东省博物馆、深圳市图书馆为配合深圳基本建设，在今福田、盐田、龙岗等地进行考古调查，发现新石器时代文化遗址7处、西周—春秋文化遗址3处等。

1984年4—7月，按市政府5月8日的通知要求，进行了全市文物普查。

两次普查共发现古遗址103处、古墓葬234处、古建筑及历史纪念建筑68处、近现代史迹和革命旧址97处、旧海关和税站及界碑等12处。

3.1999—2000年深圳市第二次文物普查

1999年9月25日至2000年12月31日，深圳市文物管理委员会办公室对深圳市6区2020平方公里的文物资源进行拉网式普查。

新发现地下古文化遗址54处、古文化遗物采集点50处，地面古建筑1324处，基本上摸清了深圳市的文物家底。

在地下古遗址和古文化遗物采集点中，有新石器时代5处、新石器时代和青铜时代相叠压的5处、青铜时代75处、东晋南朝时期2处、唐宋时期1处、明清时期19处。通过试掘和采集获得4万余片不同时期的陶瓷片及一定数量的完整陶瓷器，还有300余件磨制精巧的石器以及一定数量的玉器、玉片。除了新发现的地下古遗址外，普查队还复查了过去已发现的地下古遗址。

地上古建筑可分为祠堂、庙宇、村围、住宅、炮楼、碑刻、学校、古桥、私塾、古城、古井、烟墩等。

现分区概述如下：

南山区

普查工作开始于1999年9月25日，至12月28日结束。

市、区两级文物部门在南山区进行了深圳市第二次文物普查的试点工作。

考古工作者首先复查了过去已发现的古遗址和古建筑。通过复查发现绝大多数保存较好，但有一些遗址因大规模基本建设遭到了严重破坏，甚至荡然无存，如赤湾鹤地山沙丘遗址等。

新发现了16处古遗址和373处古建筑。

在古遗址中，有新石器时代的遗址1处、新石器时代和青铜时代相叠压的遗址 1 处，余皆为商周时期遗址。其中有些具有较高的学术价值，如月亮湾遗址是目前深圳发现的时代最早的新石器时代山岗遗址，高职院遗址发现了新石器时代和青铜时代的地层叠压关系，这对研究广东地区从新石器时代向青铜时代的嬗变与发展，提供了不可多得的实物资料。在西丽水库地区发现了 15 处含有青铜时代文化遗物的遗址，说明今日的环西丽湖地区在青铜时代是人类重要的聚居区。

在古建筑中，有传统住宅 303 处、街（里）门 5 处、当铺（炮楼）18 处、书室（学校）3 处、宗祠 21 处、庙宇 8 处、天主教堂 1 处、拱桥 1 处、水井 6 处、海关建筑 5 处。其中南源古街保存的比较完整，有街道、商店、当铺、碉堡和祠堂等，具有较高的研究、保护和旅游开发价值。在西丽塘朗发现的清代女祠，它以纪念有杰出贡献的女性为主，这对于研究深圳妇女史有着较高的史料价值。

福田区

普查工作开始于 2000 年 5 月 25 日，至 6 月 25 日结束。

发现清代古遗址 1 处、地面建筑 34 处。

在地面建筑中，有祠堂 13 处、宫观庙宇 5 处、古井 8 口、碉楼 4 处、碑刻及古墓各 1 处。其中南宋黄居士默堂墓塔是目前深圳发现的最早的地面古建筑之一，具有重要的文物价值。黄思铭公祠是深圳最大的宗祠之一，为市级文物保护单位。庄氏宗祠近百年来未受破坏，其梁架构造和雕刻构件均保留着原貌，文物价值极高。另外赵氏宗祠、杨侯宫也有较高的价值。

罗湖区

普查工作开始于 2000 年 9 月，至 11 月初结束。由市博物馆考古队负责进行。

在东湖公园内的松亭山发现春秋战国时期遗址 1 处。

对历史建筑的调查，以自然村落为单元，共调查罗湖区所辖自然村落 28 个，其中遗留历史建筑的村落 16 个。共登录历史建筑 100 余处，填写调查表 56 张。其中住宅占绝大多数，另有祠堂 7 处、书室 3 处、巷门 2 个、炮楼 2 座、学校 1 处。它们的建筑年代，以元勋旧址为最早，其围墙约为明代中晚期所筑，余皆为清末民国初年。

建筑形制除寨堡式的围居外，一般民居户型结构为三间一廊庑一天井式。明间为起居会客空间，其后部隔间供奉祖先神位。两次间为卧屋，多有阁楼。廊庑则为厨房、厕所。还有民国时期所建的中西风格相结合的建筑遗存。

盐田区

普查工作从 2000 年 8 月 17 日开始，至 9 月 15 日结束。

发现清代至民国地面建筑物 5 处、地下古遗址 1 处、古墓葬 1 处。另复查、登记、测绘原已发现的地面建筑 3 处。

5 处地面建筑按其用途分为七类，即住宅、宗祠、书塾、碉楼、古井、月池、工事等。住宅数量最多，经调查统计的就有 145 座，占已统计地面建筑数量的 91.2%。基本形制为黄土砂石版筑厚墙体，局部用砖、卵石、麻石等垒砌，墙角下部包麻条石，三合土夯筑地面。平面布局为三开间二进一天井。大多为一层平房，少数二层或三层木楼。其他建筑有宗祠 4 座（刘氏宗祠、吴氏宗祠、尚礼祖祠及海口公祠）、庙堂 1 座、天后宫 1 座、书塾 1 座、碉楼 3 座、古井 3 口、月池 1 处、工事 1 处。

发现地下古遗址 1 处，即大梅沙村遗址。另外还发现清代墓葬 1 座。

宝安区

普查工作开始于 2000 年 5 月 10 日，至 10 月 8 日结束。

首先复查了过去已发现的古遗址和古建筑，发现市、区级文物保护单位的古建筑大都保存较好，部分还经过一定的维修，如福永凤凰塔、沙井曾氏大宗祠、永兴桥、龙津石塔、西乡文昌阁、松岗中共宝安县一大旧址等。而古遗址因大规模的土地开发和基本建设遭受严重破坏，甚至荡然无存。

新发现地下古文化遗址 23 处、古文化遗物采集点 21 处、地面古建筑 468 处。

在新发现的地下古遗址和采集点中，绝大多数属于新石器时代晚期至战国时期，个别为东晋时期。通过试掘和采集获得 3000 余片不同时期的陶瓷片及一定数量的完整陶瓷器，如瓷杯、瓷碗、瓷灯、瓷壶、陶罐、陶豆等。还有磨制精致的石器以及一定数量的玉器、玉片等。新发现的古遗址大多分布在石岩河、白花河、龙华河、观澜河等沿岸低矮平缓的山岗上，海拔一般在 30—90 米之间。这些山岗近水源，相对独立。部分遗物因种植果树或雨水冲刷而暴露在地表。

在地上古建筑中，主要是祠堂、住宅和碉楼。祠堂数量最多，规模大小不一。少数规模较大，如公明镇梁氏宗祠、麦氏宗祠，占地面积分别为 542 平方米和 872 平方米，而沙井镇新桥村曾氏大宗祠占地面积达 1300 平方米。

龙岗区

普查工作始于 2000 年 10 月 15 日，至 12 月 15 日结束。

发现新石器时代遗址 4 处、春秋战国时期遗址 8 处、明清时期遗址及文物采集点 39 处。复查古遗址及墓葬 10 余处（座）。发现各类地面建筑 404 处。

地面建筑中，古桥 6 处、古碑 4 通、古井 20 口、宗祠 129 处、住宅 148 处、府第 10 处、牌坊 2 处、宫观庙宇 17 处、碉楼 58 处、古城 1 处、学校 4 处、塔 1 处、革命纪念建筑 4 处。具有种类多、数量大、价值高和文化多元性等特点。宗祠多为三堂两天井，部分为二堂一天井，少数由于后世改建或拆毁，仅存一堂。住宅多为客家建筑，少数为广府建筑或其它民系的建筑。宫观庙宇建筑多经现代重修，使原有文物价值降低，甚至消失。只有坪山镇清代的文武帝宫、横岗镇的清嘉庆七年的圣宫祠和布吉镇重修于清咸丰年间的观祥古寺保存较好，文物价值较高。

在地下古遗址中，以坪山镇夹圳岭新石器时代山岗遗址较为重要。它不仅时间早，而且延续时间长。

第二节 文物"四有"

深圳市辖区内现有国家级文物保护单位 1 处，省级文物保护单位 10 处，市级文物保护单位 31 处，区级文物保护单位 22 处，镇级文物保护单位 20 处。对各级文物保护单位实行保护管理，最基本的措施就是落实"四有"，即有保护范围和建设控制地带、有标志说明、有记录档案，有专门机构或专人负责管理。

1. 保护网络

深圳市文物保护管理方式主要有以下几种：

（1）设立专门管理机构。经过多年努力，目前深圳市初步形成了市、区、镇三级文物保护网络。全市南山、宝安、龙岗、盐田、福田、罗湖六区先后成立了文管会和文管办。有的镇如宝安区沙井镇，也成立了镇级文管会及文管办。

对于重点文物保护单位或文物保护单位较密集的区域则设置专门的文物管理机构。如龙岗大鹏镇文物保护管理所，负责大鹏古城、赖恩爵将军第、刘起龙将军第等 8 处文物保护单位及古城内外其它现存文物的保护；南山区南头古城管理处，负责对南头古城、信国公文氏祠、育婴堂、东莞会馆等 4 处文物保护单位及城内大量传统民居和文物建筑的管理；中英街历史博物馆管理中英街界碑、沙栏吓村天后宫、吴氏宗祠、大梅沙古遗址等 4 处文物保护单位等。

（2）未成立专门机构的，则将文物保护的责任落实到镇文化站。文化站与区文物管理部门签订保护责任书，并将其列入年底考核内容。

（3）委托使用单位管理。如市级文物保护单位鹤湖新居由龙岗客家民俗博物馆使用，该馆现有职工 14 人，专门负责本馆的日常保养修缮及安全工作。罗湖区文物保护单位元勋旧址和怀月张公祠则分别委托深圳市笋岗实业股份有限公司和深圳湖贝实业股份有限公司进行管理和保护，文物部门就有关事项与该使用单位签订了《文物保护协议书》。

（4）聘请专人负责保护。如市级文物保护单位东江纵队司令部旧址，由龙岗葵涌镇文化站聘请专人管理，每月在经济上给予一定的补贴，保护效果较好。

2．保护范围

划定文物保护单位的保护范围和建设控制地带，必须有准确的实测图和详细的四至说明。1991—1992 年深圳市博物馆考古队完成了深圳市已公布 36 处文物保护单位的实测工作。1995 年市文物部门会同市规划国土局以及罗湖、南山、宝安、龙岗分局有关人员实地踏勘，初步划定深圳市省、市级文物保护单位保护范围和建设控制地带，并将方案报市国土规划部门审定。1996 年根据市规划国土局要求，文物部门又委托测绘单位测绘文物保护单位保护范围和建设控制地带四至坐标。

3．保护标志

1991 年，深圳市仅有 8 处文物保护单位设置标志牌，因有些内容缺项，暂未写标志说明。随着深圳文物事业的发展，1999 年以后，深圳市辖区内省、市、区、镇级文物保护单位陆续树立保护标志。标志牌用料主要为花岗石、大理石，形状为横匾式，统一规格，总高为 1.30 米，其中碑身高 0.7 米，宽 1.1 米；碑座高 0.6 米，宽 1.32 米。标志牌正面标示该文物保护单位的级别、名称、公布机关及日期、树立机关等。背面有简要说明文，介绍文物名称、时代、性质、内容、价值及保护范围和建筑控制地带等。

4．保护档案

已公布的各级文物保护单位，按照《广东省文物保护单位"四有"工作规范》，初步建立了记录档案。具体包括文献史料、测绘图纸、照片、修缮档案、发掘记录、协议书、日常监测维护记录等。

深圳市国家、省、市级文物保护单位"四有"工作一览表

所在区	序号	文物保护单位名称	级别	保护机构	保护范围	建设控制地带	保护标志	保护档案
南山区	1	南头古城	省级	南山区南头古城管理处	自古城四周外墙向外延伸30米	自保护范围向外延伸50米	已树立	已建档
	2	信国公文氏祠	市级	南山区南头古城管理处	在南头古城保护范围内			已建档
	3	育婴堂	市级	南山区南头古城管理处	在南头古城保护范围内		已树立	已建档
	4	东莞会馆	市级	南山区南头古城管理处	在南头古城保护范围内		已树立	已建档
	5	解放内伶仃纪念碑	市级	南山区南头古城管理处	以纪念碑四周护栏为界（包括休息亭）向外延伸8米	南头古城保护范围内	已树立	已建档
	6	汪刘二公祠	市级	南山区文物管理办公室	从建筑物外墙向外延伸5米	从保护范围向外延伸5米		已建档
	7	陈郁故居	市级	南山区文物管理办公室	从现有用地红线范围向外延伸3米	从保护范围向外延伸5米	已树立	已建档
	8	赤湾天后庙	市级	南山区文物管理办公室	以现有用地红线范围为界	从保护范围向外延伸30米	已树立	已建档
	9	赤湾烟墩	市级	南山区文物管理办公室	从墩台址向外延伸30米	从保护范围向外延伸20米		已建档

所在区	序号	文物保护单位名称	级别	保护机构	保护范围	建设控制地带	保护标志	保护档案
南山区	10	赤湾左炮台	市级	南山区文物管理办公室	从炮台基址向下延伸20米	从保护范围向外延伸10米	已树立	已建档
	11	宋少帝陵	市级	南山区文物管理办公室	从墓上建筑外缘向外延伸8米	从保护范围向外延伸30米	已树立	已建档
福田区	12	南宋黄默堂墓	省级	福田区文物管理委员会办公室	东北至海拔66.3米与64.9米两座山峰之间，东南、西南至海拔49.1米的山峰脚下，西北至海拔40.6米的山峰脚下		已树立	已初步建档
	13	深圳革命烈士纪念碑	市级	福田区文物管理委员会办公室	西南至大路，北、东、西从碑址外缘向外延伸20米	北、东各30米		已建档
	14	黄思铭公世祠	市级	福田区文物管理委员会办公室			已树立	
罗湖区	15	元勋旧址	省级	深圳笋岗实业股份有限公司	东北、西北、西南由旧址外墙向外延伸35米，东南至客技站和铁路边		已树立	已建档
	16	省港大罢工委员会接待站旧址	市级	罗湖区文体局			已树立	已建档
	17	东江游击队指挥部旧址	市级	罗湖区文体局				已建档

所在区	序号	文物保护单位名称	级别	保护机构	保护范围	建设控制地带	保护标志	保护档案
盐田区	18	中英街界碑	省级	中英街历史博物馆	以界碑中心点，联线为基准线向深圳一方延伸8米	从保护范围外缘起向外延伸20米	已树立	已建档
	19	沙栏吓天后宫	市级	中英街历史博物馆	从建筑物外缘向南、北各延伸6米，东、西各延伸2米	南、北各8米，东西各5米	已树立	已建档
	20	沙栏吓吴氏宗祠	市级	中英街历史博物馆	从建筑物外墙向外延伸各3米	南北各8米，东西各5米	已树立	已建档
	21	大梅沙古遗址	市级	中英街历史博物馆	28.2×80平方米	自保护范围往外延伸10米	已树立	已建档
宝安区	22	曾氏大宗祠	省级	沙井镇新桥村委			已树立	已建档
	23	永兴桥	市级	沙井镇文物管理办公室	以桥两边栏杆及桥头为界向外延伸15米	60×87平方米	已树立	已建档
	24	凤凰塔	市级	宝安区文物管理办公室	北、东、南均以排水渠为界，西侧至村委办公大楼	以塔中心为基点半径50米的范围内	已树立	已建档
	25	文昌阁	市级	宝安区文物管理办公室	19×39.9平方米	30米	已树立	已建档
	26	黄氏宗祠古建群	市级	宝安区文物管理办公室			已树立	
	27	绮云书室	市级	宝安区文物管理办公室			已树立	已建档

所在区	序号	文物保护单位名称	级别	保护机构	保护范围	建设控制地带	保护标志	保护档案
龙岗区	28	鹤新新居	省级	龙岗客家民俗博物馆	从外围外墙向外延伸30米	从保护范围向外延伸70米	已树立	已建档
	29	大鹏古城	国家级	大鹏镇文物保护管理所	自古城四周外墙向外延伸30米	从保护范围向外延伸60米	已树立	已建档
	30	赖恩爵振威将军第	市级	大鹏镇文物保护管理所	在大鹏古城保护范围内		已树立	已建档
	31	刘起龙将军第	市级	大鹏镇文物保护管理所	在大鹏古城保护范围内		已树立	已建档
	32	刘起龙墓	市级	大鹏镇文物保护管理所	自文物外墙向外延伸30米	从保护范围向外延伸30米		已建档
	33	振威将军赖恩爵墓	市级	大鹏镇文物保护管理所	自文物外墙向外延伸30米	从文物保护范围向外延伸30米		已建档
	34	东山寺石牌坊	市级	葵涌镇文化站	自文物建筑向外延伸10米	从文物保护范围向外延伸30米	已树立	已建档
	35	赖太母墓	市级	大鹏镇文物保护管理所	自文物主体建筑向外延伸30米	从文物保护范围向外延伸30米		已建档
	36	大坑烟墩	市级	大鹏镇文物保护管理所	自文物主体建筑向外延伸30米	从文物保护范围向外延伸30米		已建档

所在区	序号	文物保护单位名称	级别	保护机构	保护范围	建设控制地带	保护标志	保护档案
龙岗区	37	东江纵队司令部旧址	省级	葵涌镇文化站	自旧址范围四周向外延伸20米	由保护范围向外延伸30米	已树立	已建档
	38	大万世居	省级	坪山镇大万村委	从外围外墙向外延伸30米	从保护范围向外延伸70米		已建档
	39	东江纵队《前进报社》旧址	市级	坪山镇文化站东江纵队纪念馆	自文物建筑外墙向外延伸20米	由保护范围向外延伸20米		已建档
	40	文武帝宫	市级	坪山镇文化站	自文物建筑外延10米	从保护范围向外延伸30米		已建档
	41	茂盛世居	省级	横岗镇文化站	四周外墙向外延伸30米	由保护范围向外延伸70米	已树立	已建档
	42	龙田世居	省级	坑梓镇田坮心村委	护寨河外的围墙及后院墙向外延伸30米	保护范围向外延伸70米	已树立	已建档

第三节　文物维修

20世纪八十年代深圳建立特区以后，深圳的经济开始飞速发展，文物维修工作也开始起步。但由于缺乏古建维修专业技术人员，文物维修的指导思想也不很明确，因此有些文物维修并不很成功。

进入九十年代初，文物维修开始逐渐走上正规。先后维修了宝安区福永镇凤凰塔、沙井镇曾氏大宗祠、福田区下沙村黄思铭公祠和陈杨古庙、南山区仓前村华光古庙、宝安区上合村黄氏宗祠古建筑群等，南山区赤湾天后庙也在这一时期开工重建。

1994年5月，深圳市文物管理委员会办公室正式挂牌后，文物维修工作才真正纳入了政府工作范围，维修资金也由市、区、镇各级政府投入。自此，在市文管办的管理和指导下，文物维修严格遵循《中华人民共和国文物保护法》，并结合深圳市文物工作的特点和具体情况，走上了科学化、规范化的管理轨道。这一时期维修了大量的历史文物古迹。

维修工程有：

（1）大鹏所城的东门、南门两座城门楼维修工程。1997年，市文管办组织专业技术人员对其反复进行勘察测绘和考证，提出了初步维修方案。在省文化厅三次组织古建筑和历史专家对其进行论证、修订、七易其稿的基础上，制订了"全面维修，局部复原"的维修设计。经省文化厅批准，市文管办投入120万元，于1998年动工维修。这次维修拆除了80年代添加的砖混结构城楼，恢复了明代初期风格的砖木结构三开间城楼。工程完工后，使大鹏古城再现雄风，并通过了省文化厅组织的验收，被评为"优良工程"。

（2）兰桂书室维修工程。大鹏古城内的兰桂书室是抗英名将赖恩爵的私家书房，与其府第隔街相望。1949年后改为粮仓，内部隔层等拆除殆尽。"文革"后又长期空置，残损严重。市文管办于2000年投入50万元进行了全面维修，也被评为"优良工程"。维修后的书室成为大鹏古城博物馆的陈列和办公场地。

（3）龙岗区鹤湖新居一期维修工程。在维修方案通过省文化厅专家组的审核论证后，首先选择了倒座中有代表性的两套单元房作为首期工程的样板房进行维修，取得维修经验后，再全面铺开。1999年，样板房维修工程开工，并于当年完工。经省文化厅组织验收，被评为"优良工程"。2001年完成了倒座及祠堂（三堂）部分的维修工程，被评为"优良工程"。

（4）中共宝安县"一大"旧址和东宝行政督导处旧址维修工程。市文管办于1999年至2000年投入200万元，并组织专业设计和施工力量对其进行了全面保护维修，倒塌部分做了局部性复原。维修工程被评为"优良工程"。

维修工程结束后，利用两处旧址建筑，设立了"中共宝安'一大'纪念馆"和"宝安抗日纪念馆"，分别举办了《1921—1928宝安革命风云录》和《宝安抗日烽火》展览，取得了良好的社会效益。

（5）这一时期维修的其他文物建筑还有位于南头古城内的信国公文氏祠、大王古庙、东莞会馆、育婴堂，位于罗湖区东门老街的叶挺东江游击指挥部旧址，位于宝安区沙井镇的永新桥和曾氏大宗祠，位于龙岗区葵涌镇土洋村的东纵司令部旧址等，都取得了良好的社会效益。

第四节　文物安全

文物安全工作，最重要的是古建筑、文物库房、陈列室、考古工地等的防火、防盗、防白蚁的三防工作。深圳市文物安全防范工作常抓不懈，通过"组织落实，健全制度，定期检查，责任到人"等措施，坚持"人防、物防、技防"原则，扎扎实实地做好每一项工作。在各级领导和全体安防人员及文博工作者的共同努力下，已连续多年创"文物安全年"，保证了文博事业的顺利发展。

1．防火防盗

由于深圳市地上文物古迹多为土木结构，各级博物馆的藏品也不断增加，因此防火防盗任务越来越繁重。

深圳市文物管理部门历来重视文物安全工作。认真传达、落实上级有关指示精神，遇有重大活动和重要情况时，均能及时进行指导和检查，并提出有针对性的要求。例如在铁仔山古墓群抢救性发掘期间，市文物管理委员会办公室的领导及负责安全工作的人员多次到工地检查安全情况，针对考古工地存在的安全问题，提出诸如文物交接手续要完备、重要文物不能在工地过夜等要求，确保了考古发掘工作的顺利进行。每逢"五·一"、"十·一"、春节等节假日，还专门印发通知要求各博物馆、纪念馆做好文物安全工作。

为了把文物安全工作落到实处，各区文物行政管理部门与有关部门（单位）签订安全责任书，确保本辖区内文博单位的安全工作落实到人。如罗湖区文物部门就该区市级文物保护单位元勋旧址、怀月张公祠的文物安全工作，分别与深圳市笋岗实业股份有限公司和深圳市湖贝实业股份有限公司签订了《文物保护协议书》，使文物安全工作得以落实。

各级文物行政管理部门和各文博单位的领导把文物安全防范工作纳入重要的议事日程，纳入领导任期目标责任制。同时，对全体职工开展安全教育工作，牢固树立安全意识、责任意识和风险意识。如深圳市博物馆，每年至少举行一次消防演习，经常对全馆职工开展安全教育工作，确保文物安全工作万无一失。

为了做好文物安全的指导和监督工作，市文物管理委员会办公室每年对深圳市的市级以上文物保护单位、各级博物馆、纪念馆进行全面安全检查工作，并随时进行抽查。每当其他地方发生重大安全事故时，就结合本市文博工作的实际情况，在各区安全自查工作的基础上，进行复查，必要时会同公安消防部门共同检查。对存在安全隐患的单位，下达整改通知书，并进行整改跟踪，从而有效地清除了事故隐患。

为解决部分文博单位的消防安全经费的不足，从 1997 年初至 2000 年底，累计下拨消防安全经费 10 余万元，为大鹏古城、鹤湖新居、大万世居、文武帝宫、育婴堂、宝安一大旧址、绮云书室、黄氏宗祠等 8 处市级以上文物保护单位，做好安全防火工作提供了资金保证。

为尽快落实《文物系统博物馆风险等级和安全防护级别的规定》达标工作，市文管办多次召开专题会议，抓紧各馆风险等级达标工作，市文化局与市公安局联合发文督促此项工作的及早落实。为支持大鹏古城博物馆、天后博物馆、客家民俗博物馆的库房建设，市文物管理委员会办公室在严格执行国家文物局的有关规定，对各馆库房安全防护设备安装方案进行了论证，并分别给予各馆 4 万元的支持，确保其安全风险等级达标工作早日完成。截至 2002 年底，全市 16 个博物馆、纪念馆已基本完成了《文物系统博物馆风险等级和安全防护级别的规定》的达标工作。

2. 白蚁防治

深圳市文物保护单位的白蚁防治工作是从 1998 年开始。尽管起步较晚，但由于领导的重视，逐年加大资金的投入，文物保护单位的蚁情基本得到控制，有效保护了文物古迹。1998 年初至 2001 年底，市文物管理委员会办公室已累计投入白蚁防治经费 22.5 万元，对 17 处文物保护单位进行了白蚁防治：南山区 4 处（育婴堂、信国公文氏祠、东莞会馆、陈郁故居），宝安区 3 处（曾氏宗祠、黄氏宗祠、大王古庙），龙岗区 10 处（鹤湖新居、大万世居、东江纵队司令部旧址、赖恩爵将军第、刘起龙将军第、赖英扬将军第、赖世超将军第、郑才利将军第、西门将军第、赖绍贤将军第）。通过白蚁防治，使 17 处文物保护单位得到了很好的保护。

第五节　社会文物管理

社会文物管理是打击文物走私和堵塞文物非法流通渠道的重要环节。市文物管理部门通过加强文物市场管理，配合海关、公安、工商等部门鉴定文物以及对流散文物的管理，有效遏制了深圳境内的文物走私和非法倒卖文物的活动。

1．文物商店

深圳市文物市场的主体是文物商店。目前深圳市经国家批准成立并享有外销权的文物商店有两家，即1992年成立的深圳市文物商店和1984年成立的深圳市博雅文物商店。在开发和培育文物市场，堵塞文物非法流通渠道等方面，这两家文物商店都发挥了积极作用。

2．民间收藏

"藏宝于民"是抢救和保护文物的一条有效途径。为规范、鼓励和引导民间收藏，1994年5月，在市文物商店的发起和筹划下，"深圳市文物艺术品鉴藏研究会"成立，有会员近百人。后来由于情况的变化，该会停止了活动。2000年11月，在市文化局、文管办的重视和支持下，重新组建了"深圳市文物鉴藏家联谊会"，目前会员已达180余人。该会成立以来，积极开展文物鉴定培训、会员藏品展等活动，受到广大会员的欢迎。

3．文物市场管理

为培育健康的文物市场，几年来市文物管理部门采取了一系列有力措施：

（1）协调市文化、工商、公安和海关等行政管理与执法部门，联合成立深圳市文物监管小组，对深圳市文物经营活动进行监督、检查和管理。

（2）制订《深圳市文物监管物品市场管理办法》（暂行），并与工商、公安和海关等部门联合下发了《关于加强文物监管物品市场管理的通知》，使文物市场管理做到有章可循，有法可依。

（3）开展文物监管物品鉴定，对市场上准许销售的文物监管物品粘贴"深文检"鉴定标识，以便顾客放心选购。

（4）坚持在文物流通领域实行文物商品归口经营和统一管理，积极扶持文物监管物品市场。1997年9月，经省、市文化行政管理部门批准成立的深圳市古玩城开业。为保障文物交易活动合法有序地进行，市文物管理部门在古玩城设立监管办公室，工作人员定时前往办公，履行监管职责。

（5）清理整顿市场，查处非法经营活动。

文物市场管理是一个新课题，无现成的经验和模式可供借鉴，因此还需要在实践中不断努力探索。

4．配合执法部门进行文物鉴定

深圳毗邻港澳，海、陆、空进出境通道较多，是我国最大的陆路口岸城市，非法倒卖、走私文物的活动较为猖獗。同时深圳作为一座新兴的现代化城市，博物馆事业发展迅速，加之市民日益增长的对文物艺术品收藏的需求，迫切需要一个专业的文物鉴定机构。在这种背景下，市政府于1996年批准成立了深圳市文物鉴定组，负责对缉私、罚没、流散、销售及馆藏文物的鉴定。

鉴定组成立以来，开展了大量工作。据不完全统计，从1997年以来，仅配合海关鉴定就达300余次，查获非法倒卖、走私文物4500余件，古生物化石约20000公斤。其中1999年9月，协助皇岗海关查获以香港为目的地的走私青铜器、原始青瓷、汉唐陶俑、宋元瓷器等文物256件，数量大、等级高，多数都可达到馆藏三级以上标准。2000年12月，协助文锦渡海关查获春秋时期玉器、辽代银器、宋金时期的瓷质围棋等文物218件（套），等级较高，特别是成套的瓷质围棋，十分罕见，可达到馆藏二级文物标准。在面向民间收藏和古玩市场经营文物鉴定方面，开展鉴定咨询300余次，满足了市民对文物收藏鉴赏方面的需求，保障了古玩市场的健康有序发展。

上述工作的开展使文物鉴定组在打击文物走私、文物倒卖、文物诈骗等不法活动，保障文物市场健康有序发展等方面发挥了重要作用。

5．流散文物征集

随着深圳市博物馆事业的飞速发展，许多新建博物馆文物藏品匮乏的问题日益突出。为拓宽藏品来源渠道，同时为保证流散于民间的文物不被文物走私分子倒出国境，深圳市文物管理委员会办公室每年拨出专款，通过文物商店等渠道，有计划、有选择地收购征集社会流散文物。如1999年和2000年先后两次收购征集客家名人书画作品共计13件，收购征集清代—民国时期广东当地民用陶瓷器、金属器一批132件（套）。征集的书画作品中，有何香凝的《菊花图》、卢振环的山水、邹鲁的书法对联、梁鼎劳的书法四条屏等，作者均为客家知名人士。上述文物将拨付给龙岗客家民俗博物馆等单位收藏，供陈列展览之用。

除收购征集社会流散文物外，各文博单位还争取社会名人捐赠文物，此举一是增加了深圳市各博物馆的馆藏，二是加强了对社会流散文物的管理。1984年8月，著名无产阶级革命家邓拓先生的夫人丁一岚女士将邓拓先生珍藏的古字画35幅捐赠给深圳市博物馆。1994年我国著名古文字学家、考古学家、中山大学教授商承祚教授的子女将其珍藏的 385 件文物捐赠给深圳市博物馆。2002 年，美籍华人、著名学者沈达夫先生（艺名风人）向深圳市博物馆捐赠 1400 多册图书，多为 20 世纪 50 年代以来台湾文学作品，部分为历史、文物方面的书籍。所赠 200 余幅书画中，清及民国时期的名家梅清、任伯年、祁隽藻、于右任的作品较为珍贵，有较高的艺术价值和收藏价值。

附录　　深圳市文博工作大事记

（1981——2002）

1981 年

2 月 3—25 日　深圳市文化局在深圳戏院举办《深圳市出土文物展览》。

10 月 17 日　深圳市编制委员会批准成立深圳市经济特区博物馆（深编字［1981］49号），隶属市文化局，事业编制 5 名，经费由市财政局文化事业经费中拨给。

1982 年

8 月 6—20 日　深圳市文化局、市博物馆在南头中学举办文物普查讲习班，由各公社文化站干部等 16 人参加。

1983 年

5 月 30 日　深圳市人民政府（深府［1983］105 号）公布深圳市第一批市级文物保护单位，共 7 处：东江抗日游击指挥部旧址、南头城南门和北城墙、鹏城南门和东门、赤湾左炮台、大梅沙古遗址、宋少帝墓、刘起龙墓。

7 月 23 日　深圳市文化局、深圳市博物馆、特区建设公司、深圳市规划局、宝安县基建局联合发出《关于保护基建工地出土古代文物的通知》（深文发［1983］12 号）。呼吁各有关单位在特区各项基本建设中，要及时抢救基建工地出土的古代文物。

1984 年

2 月　市博物馆主楼工程动工。

5 月 2 日　市政府致函（深府函［1984］43 号）文化部，《请批转十二省市博物馆（院）支援文物的报告》。经文化部和国家文物局批转后，5 月 25—31 日，由 18 省市博物馆长及专家 24 人参加的协助筹办深圳市博物馆座谈会在西丽湖度假村召开。

5 月 8 日　市政府办公厅发出《关于开展全市文物普查的通知》。

6 月 18 日　市政府发出《关于做好文物保护工作的通知》（深府［1984］62 号），要求加强文物保护，制止破坏文物的情况发生。

8月31日 邓拓夫人丁一岚捐赠邓拓生前珍藏古字画40余幅给市博物馆。

9月6日 深圳市人民政府（深府〔1984〕114号）公布深圳市第二批文物保护单位，共19处：东江纵队司令部土洋村旧址、东江纵队《前进报社》石灰陂旧址、东山寺石牌坊、解放内伶仃纪念碑、陈郁故居、信国公文氏祠、振威将军第、刘起龙将军第、曾氏宗祠、大万世居、东莞会馆、大坑烟墩、凤凰塔、文昌阁、永兴桥、沙头角中英街、育婴堂、赖太母墓、振威将军赖恩爵墓。

10月 上海博物馆赠送市博物馆春秋至清代钱币一套，共549枚。大部分铜质，少量铁质。较珍贵的币种有春秋时期的"土"字平肩空首布、战国时期"兹氏"尖足布、"垣"字圜钱、北朝"永通万国"铜钱、唐代"开元通宝"福字铜钱、五代十国时期"乾封泉宝"铁钱等。

12月 广东省文物管理委员会拨给市博物馆陶瓷、铜器、书画等文物441件。

1985年

3月 市博物馆向谢稚柳、陈佩秋征购书画作品13件。

4—5月 市博物馆考古人员在宝安西乡等地抢救性清理东晋南朝古墓22座。

1986年

2月1—12日 市博物馆考古人员在宝安西乡铁仔山西南坡抢救性清理战国、汉晋、南朝、宋、明、清古墓60座。

4月2日 公安部（公三〔1986〕0266号）复函，同意博物馆从军队调拨旧枪支作为陈列品展出。

4月23日 美籍华人周千秋夫妇应邀访问市博物馆，作画《喜鹊红棉》、《美人蕉》等赠市博物馆。

6月8日 广东省文物管理委员会拨给市博物馆缉私文物154件。

11月7日 兴宁县城镇粮所饶贵详捐赠市博物馆古钱币、铜器、瓷器221件。

1987年

4月4日—1988年1月底 市博物馆配合广深高速公路建设，进行考古调查与发掘。清理了战国至明清的遗址、墓葬、窑址等数十处。

7月20日 广东省文物管理委员会拨给市博物馆缉私文物252件。

10月16日 广东省文物管理委员会拨给市博物馆缉私文物392件。

1988年

3—4月 市博物馆考古队在宝安西乡铁仔山抢救性清理东晋至明清墓葬30座，出土文物 100 件。

6 月 市博物馆与中山大学人类学系联合发掘龙岗葵涌大黄沙新石器时代中期沙丘遗址。

7 月 27 日 深圳市人民政府办公厅（［1988］1048 号）公布深圳市第三批文物保护单位，共 10 处：南头古城址、大鹏古城址、赤湾天后庙遗址、元勋旧址、赤湾烟墩、汪刘二公祠、省港大罢工委员会深圳接待站旧址、深圳革命烈士纪念碑、沙栏吓天后宫和沙栏吓村吴氏宗祠。

11 月 1 日 深圳博物馆正式建成对外开放。

1989 年

6—7 月 市博物馆与中山大学人类学系第二次联合发掘龙岗葵涌大黄沙新石器时代中期沙丘遗址。

6 月 29 日 广东省人民政府（粤府［1989］92 号）公布深圳市中英街界碑、大鹏所城 2 处为广东省第三批省级文物保护单位。

7 月 26 日 深圳市人民政府办公厅（深府办［1989］679 号）批复成立深圳市文物管理委员会，委员会由 9 人组成，李伟彦为主任，苏伟光为副主任，挂牌于市博物馆，由该馆负责日常工作。

1990 年

11 月 23 日 《深圳经济特区十年成就展》在市博物馆隆重开幕。李灏、郑良玉、周溪舞等市领导出席了开幕式并剪彩。

11 月 26 日 中共中央总书记江泽民在市委书记李灏、市长郑良玉等领导陪同下参观深圳博物馆《深圳经济特区十年成就展》。参观后江泽民总书记签名留念并与博物馆全体工作人员合影。

1991 年

5 月 30 日 为加强对深圳市文物管理工作的领导，市政府发文（深府办［1991］135 号）调整市文物管理委员会成员，由原来的十名增至 21 名。

6 月 23—30 日 市博物馆、中山大学人类学系博物馆、香港中文大学中国考古艺术研究中心联合举办南中国海及周边地区史前文化学术讨论会。

8 月 12 日 市文物管理委员会主任李伟彦主持召开了调整后的文物管理委员会全体成员会议。会议主要讨论了文管会的工作任务，并就如何加强深圳市文物工作交换了意见。

8 月 21 日 经市人民政府批准，深圳市第一次文物工作会议在深圳市博物馆召开。出席会议的有市文物管理委员会全体委员、各区（县）分管文化工作的副区（县）长及市直有关单位负责人等共 40 多人。会议由深圳市文化委员会主任陈荣光主持，中共深圳市委常委、深圳市副市长林祖基发表《提高认识，加强领导，努力开创深圳市文物工作新局面》的讲话。

9 月 7 日　荷兰共产党国际书记扬·德波参观市博物馆。

9 月 8 日　纳米比亚根哥布总理参观市博物馆。

10 月　国家文物局将港英政府移交的 1907 件走私文物拨给市博物馆。

10 月 2 日　国家文物局驻深圳办事处成立。

11 月 5 日　斯里兰卡反对党领袖班达拉奈克夫人参观市博物馆。

11 月 6 日　也门社会党人民会议联合代表团参观市博物馆。

11 月 17 日　秘鲁总统藤森参观市博物馆。

12 月 7 日　突尼斯宪政民主联盟执政党总书记一行参观市博物馆。

12 月 14 日　马耳他共和国总统参观市博物馆。

1992 年

1 月 24 日　武警边防六支队将截获的 230 件走私文物移交市博物馆。其中三级以上的文物达 100 多件，这是深圳特区破获的文物走私案中级别最高的一宗。

2 月 1 日　德国联邦议院议长汉斯一行参观市博物馆，并留言："感谢在这印象深刻的博物馆中的精彩介绍，使我们德国联邦议院和我一道在此体会到深圳取得的全部成就。"

2 月 15 日　全国政协副主席吕正操一行参观市博物馆。

3 月 10 日　全国军队将军代表团一行 70 人参观市博物馆。

4 月 6—28 日　市文物管理委员会办公室、市博物馆联合举办古陶瓷鉴定培训班。

4 月 14 日　全国人大副委员长孙起孟一行 20 人参观市博物馆。

4 月 17 日　联合国秘书长加利一行 20 人参观市博物馆。

4 月 26 日　马达加斯加第一副总理参观市博物馆。

4 月 29 日　新西兰总理参观市博物馆。

5 月 1 日　老挝国家元首凯山·丰威汉一行参观市博物馆。

5 月 20 日　新加坡议会主席一行参观市博物馆。

5 月 29 日　厄瓜多尔副总统一行 25 人参观市博物馆。

7 月 1 日　全国政协副主席、中国社会科学院院长胡绳参观市博物馆。

9 月 16 日　莫桑比克解放阵线党总书记参观市博物馆。

9 月 19 日　苏里南民族党主席、前总理克阿龙一行参观市博物馆。

9 月 23 日　密克罗尼西亚总统一行 20 人参观市博物。

10 月 9 日　突尼斯前总理一行参观市博物馆。

10 月 23 日　加蓬民主党副总书记一行参观市博物馆。

11 月 8 日 埃及副总理一行参观市博物馆。

11 月 13 日 全国政协副主席王光英一行参观市博物馆。

11 月 28 日 罗马尼亚社会主义劳动党主席维尔德茨一行参观市博物馆。

12 月 12 日 市编委批复同意成立市文物管理委员会办公室（深编〔1992〕118 号），并确定该办"负责市文物保护和管理的日常工作"，归市文化局管理。市博物馆不再负责有关文物管理方面的日常工作。

1993 年

2 月 宝安区沙井镇曾氏宗祠维修工程竣工。

3 月 15 日—4 月 23 日 市博物馆抢救性考古发掘大梅沙春秋时期沙丘遗址，出土 11 件青铜器。

3 月 17 日 瓦努阿图总理卡洛特科尔曼一行参观市博物馆。

4 月 2 日 奥地利共和国总理费拉尼茨基一行 80 人参观市博物馆。

4 月 6 日 波兰前总理一行参观市博物馆。

4 月 9 日 乌拉圭副总统一行 30 人参观市博物馆。

4 月 14 日 美国前总理查德·尼克松参观市博物馆。

4 月 16 日 越南武元甲大将一行参观市博物馆。

4 月 20 日 扎伊尔前总理一行参观市博物馆。

国家文物局拨给市博物馆 200 件陶瓷器。

4 月 25 日 纳米比亚总统一行参观市博物馆

4 月 26 日 新加坡总理吴作栋一行 35 人参观市博物馆。

5 月 9 日 津巴布韦共和国总统罗伯特·加布里艾尔·加贝一行参观市博物馆。

5 月 11 日 经市政府同意，中共深圳市委常委、副市长李容根同志兼任市文物管理委员会主任。

6 月 国家文物局将 1991 年港英政府移交的海关查没文物共 1765 件调拨给市博物馆，其中三级以上文物近千件，并有两件一级品。

6 月 17 日 孟加拉国前副总统一行参观市博物馆。

9 月 7 日 市博物馆、中山大学人类学系博物馆、香港博物馆共同在香港举办《岭南古越族出土文物展》，并举办学术研讨会。

1994 年

1 月 7 日 中国历史博物馆拨给市博物馆 8 件文物。

1 月 8 日 深圳铁路公安局向市博物馆移交缉私文物 113 件。

5 月 深圳市文物管理委员会及其办公室设在市文化局内，并挂牌正式对外办公。

6月5日　斯洛文尼亚副总理一行参观市博物馆。

6月26日—7月10日　日本创价学会在市博物馆举办了池田大作先生的"与自然的对话"摄影展。

6月29日—7月3日　由国家文物局文物流通中心、国家文物局驻深办事处、博雅文物商店等联合举办"历代文物精品（境内购藏）展销会"，全国有10家省级文物商店参加了展销活动。

7月　商承祚教授家属向市博物馆捐赠商承祚教授生前珍藏书画等珍贵文物147件。

11月　市文物管理委员会办公室起草了《深圳市文物保护管理条例》，报市人大待批。

1995 年

2月16日　1995年度深圳市文物管理委员会会议在市政府召开。市文物管理会委员20多人出席会议。中共深圳市委常委、副市长、市文管会主任李容根主持会议并讲话。

2月15日—3月14日　市文物管理委员会办公室考古队受香港古物古迹办事处邀请，在香港大屿山发掘唐代遗址，并圆满完成了任务。

3月8日　广东省文物管理委员会办公室拨给市博物馆彩陶45件。

3月—12月　遵照厉有为书记有关赴河南省进行文物交流的具体指示及市常委会议精神，由市文管办和市博物馆自三月份开始，先后多次派出领导和专家，赴河南、陕西、河北定州市洽谈文物调拨问题，并与各有关文物主管部门达成协议。

5月4日　市委、市政府公布深圳市首批爱国主义教育基地共13处，其中有大鹏古城、葵涌镇土洋村东纵司令部旧址、葵涌镇沙涌东江纵队北撤纪念地、沙头角镇中英街、深圳博物馆、深圳革命烈士纪念碑、蛇口赤湾炮台和林则徐像等7处为文博单位。

7月1日　《孔繁森事迹展》在市博物馆开幕，市委书记厉有为率市五套班子领导前来参观。

9月　市级文物保护单位福田区下沙村黄思铭公祠和宝安区上合村黄氏宗祠维修工程竣工。

9月28日　《深圳市经济社会发展成就展》开幕。

11月6日　多哥共和国总统代表团参观市博物馆。

12月　为加强深圳与内地互相支援、优势互补、文化交流、共同发展，并为深圳博物馆充实文物藏品，经市政府批准，由市财政拨出1500万元作为博物馆专项文物征集经费，落实到位。

1996 年

1月12—18日　市文管办发文《关于建议成立区级文物保护管理机构的函》，并先后深入罗湖区文化局、龙岗区文体局，商谈成立区级文物保护管理机构，以及如何贯彻中央"有效保护、合理利用、加强管理"的 12 字方针。

1 月 29 日 河南省博物馆调拨给市博物馆的 521 件文物运抵深圳。

3 月 13 日—7 月 6 日 市文管办、深圳市博物馆、南山区文管办联合对南山区向南村商代遗址进行了考古发掘。发掘面积 1120 平方米，出土陶片 6 万余片，其中完整陶器 8 件，石器 50 多件。

3 月 31 日 俄罗斯国家杜马代表团一行参观市博物馆。

4 月 18 日 为解决市博物馆藏品匮乏问题，在市委书记厉有为等到九龙海关现场办公的基础上，市文管办、市博物馆专家先后在皇岗、文锦渡、沙头角三个海关，拣选 155 件够入藏条件的文物暂存市博物馆。

4 月 22 日 市政府发文（深府［1996］100 号）调整市文物管理委员会成员。副市长袁汝稳兼主任，并增补了市府办公厅、市规划国土局两名委员。

4 月 23 日 尼泊尔首相一行参观市博物馆。

5 月 28 日 "深圳市文物系统普法学习班"在市博物馆举行，近 30 人参加，并特邀国家文物局领导、专家亲自授课。

6 月 陕西省考古研究所调拨给市博物馆 23 件文物。

6 月 27 日 朝鲜劳动党代表团一行参观市博物馆。

7 月 23 日 龙岗区政府批准成立区文物管理委员会，由曹建良副区长任主任，文管会下设办公室，办公地点设在区文体局。

7 月 26 日 圭亚那总理一行参观市博物馆。

8 月 11 日 巴巴多斯前总理一行参观市博物馆。

8 月 11—12 日 国家文物局局长张文彬等一行，对深圳市文物工作进行了考察。

8 月 26 日 市文化局（深文复［1996］24 号）批准建立皇岗博物馆。

8 月 29 日 深圳市人民政府办公厅转发深圳市文物管理委员会《关于加强对新建博物馆管理的意见》（深府办［1996］007 号）。

9 月 17 日 国家文物局复函，同意省文化厅《关于由深圳市文化局接收九龙海关查没文物的请示》（文物字［1996］第 842 号）。

9 月 18 日 市文物管理委员会（深文管字［1996］70 号）批复同意成立大鹏古城博物馆和大鹏镇文物保护管理所。

9 月 18 日 深圳市机构编制委员会批复同意成立市文物鉴定组，设在市文物管理委员会办公室内，归市文物管理委员会办公室领导，配事业编 6 名，由市财政全额拨款。

9 月 26 日 深圳市人民政府二届 43 次常务会议决定，根据旧城改造与文物保护相结合的原则，在东门老街中，以文物相对集中的南庆街为中心，划出一定区域加以保护，调整老街改造总体规划。

10 月 3 日 南头古城内东莞会馆维修工程竣工。

10 月 16 日　全国人大副委员长王光英参观市博物馆。

10 月 29 日—11 月 1 日　李兰芳副省长专程来深圳视察文物工作，并对深圳市文物工作给予充分肯定。

11 月 9 日　津巴布韦议长一行参观市博物馆。

12 月 5 日　美国前国务卿基辛格博士一行 7 人参观了市博物馆。

12 月 10—19 日　中华人民共和国文化部、国务院港澳办、国务院新闻办及深圳市委、市政府、市文化局联合举办的《香港的历史与发展》大型图片展在市博物馆隆重推出。国务院港澳办主任鲁平、全国政协常委、原文化部部长王蒙等为展览剪彩。

12 月 30 日　龙岗区编委批复同意成立龙岗镇客家民俗博物馆，并定事业编制 5 名（深龙字［1996］104 号）。

1997 年

1 月 6—25 日　市博物馆考古队对咸头岭遗址进行第三次考古发掘，发掘面积 600 多平方米，出土完整陶器及石器 40 余件。

2 月 13 日　市文物管理委员会办公室（［1997］002 号）批复同意成立沙头角文物保护管理所。

2 月 25 日　根据 1996 年 9 月 26 日市政府二届 43 次常务会议关于保护东门老街文物的决定，市文管办在组织专家考察和论证的基础上，制订出南庆街文物保护规划方案上报市政府。此外，南山区文管办委托中国城市规划设计院制订出全区文物保护方案和南头古城的保护方案。

2 月 28 日　1997 年深圳市文物工作会议在市文化局会议室召开。市文物管理委员会主任、副市长袁汝稳同志到会并讲话。

3 月　市文管办编印《文物商业管理手册》。

4 月 2 日　为加强对文物市场的协调和管理，由深圳市文物、公安、工商和海关等部门联合组成深圳市文物监管小组，并召开首次会议，明确职责。

4 月 18 日　由北京市文物局主持，中国农业、历史、地质、科技、航天、体育六大博物馆共同筹备的《爱我中华，保护环境》展览在市博物馆举行。

4 月 20 日　刚果国民议会议长安德烈·米隆戈莅临市博物馆参观《深圳市经济社会发展成就展览》。

4 月 30 日　宝安区沙井镇永兴桥维修工程竣工并通过验收。

5 月 14 日　《毛泽东评点二十四史》出版限量发行毁版仪式在市博物馆举行。

5 月 26 日　市博物馆《百年香港祖国情》赴梅州市展出。

5 月 27 日　广东省市化厅发文（粤文物字［1997］106 号），批准建立深圳古玩城。

5 月 30 日　圆满完成南头古城城墙遗址考古发掘工作。发掘面积约 300 平方米，基本搞清了南、北、西三面城墙的具体位置、走向、结构和多次修筑的年代，并找到了北城门遗址。

6月10日 市博物馆接收连云港市收藏家周方伦海洋生物标本2500余件。

6月底 为迎接香港回归，市博物馆先后推出修改后的《近代深圳》以及《深港人民一家亲》、《馆藏商周青铜器》、《海洋生物》四个展览。

7月18日 市文化局（深文复［1997］30号）批复同意成立天后博物馆。

8月18—19日 市文物管理委员会办公室在罗湖区图书馆举办文物监管物品经营人员上岗培训班。深圳古玩城等100多名文物经营人员参加培训，对考核合格者，颁发了上岗证和合格证。

9月30日 文物监管物品市场——深圳古玩城正式开业，这标志着深圳市文物市场开始纳入规范化管理轨道。

10月8日 《深港人民一家亲》展览赴港展出。

10月16日 市文化局（深文［1997］271号）批复同意成立客家民俗博物馆。

12月1日 市文化局（深文复［1997］60号）批复同意成立玺宝楼青瓷博物馆。

1998年

1月17日 俄罗斯议会主席斯托里亚罗夫一行参观市博物馆。

1月25日 市编委《关于市文化局所属事业单位"八定"方案的批复》（深编办［1998］032号）确定市文物管理委员会办公室为市文化局归口管理单位，配有全额事业编13名，领导职数3名。

2月23日—5月28日 应香港古物古迹办事处的邀请，市博物馆考古队赴香港进行地上、地下文物普查。

4月7日 深圳全市博物馆馆藏文物登记和保管工作座谈会召开。

5月4日 市级文物保护单位——东江纵队司令部旧址正式对外开放。

5月13—17日 市文管办与国家文物局驻深圳办事处举办面向海关、公安、工商等部门的古陶瓷鉴定培训班，耿宝昌等著名专家亲临授课。

5月18日 国家文物局复函（文物保函［1998］311号）同意与香港特别行政区有关部门协商，做好申报沙头角中英街及界碑为国家级文物保护单位的工作。

7月15日 深圳市人民政府公布深圳市第四批市级文物保护单位（深府［1998］158号）6处：黄氏宗祠古建筑群、黄默堂墓、黄思铭公世祠、鹤湖新居、文武帝宫、绮云书室。

7月 市文管办完成《博物馆工作手册》编印工作。

8月20日 深圳市落实博物馆风险等级和安全防护级别工作会议召开。会议根据深圳市各博物馆的馆藏、展览情况，确定了各馆的风险等级和防范级别。会后市文化局与市公安局联合印发了《关于尽快落实〈文物系统博物馆风险等级和安全防护级别的规定〉达标工作的通知》（深文［1998］206号）。

9月25日　深圳市博物馆《今日深圳》荣获1997年度全国十大陈列展览精品称号。

10月7日　市文物鉴定组配合皇岗海关查获一起走私古生物化石大案，共查获动植物化石4600公斤。

10月9—12日　全国政协副主席钱伟长一行就文物走私问题，在深圳进行专题调研。

11月3日　市文化局批复同意成立中英街历史博物馆。

11月12日　市文物鉴定组配合蛇口海关查获古生物化石一批，共10多个品种，为迄今已查获古生物化石走私案中品种最多的一次。

11月14日　深圳市首家私立博物馆——深圳玺宝楼青瓷博物馆建成开放。

11月15日　国家文物局局长张文彬在省文化厅领导陪同下，来深圳视察文物工作。

11月26—27日　1998年度深圳市文物安全检查会议召开。

12月1日　深圳市文化局、深圳市工商行政管理局、深圳市公安局、深圳海关联合发布《深圳市文物监管物品市场管理办法》（暂行）（深文［1998］213号）。

12月8日　为纪念伟大的无产阶级革命家、政治家刘少奇同志诞辰100周年，文化部、中央党校、中央文献研究室、中央党史研究室、全国政协文史资料委员会、全国总工会联合举办的《刘少奇光辉业绩展》在市博物馆隆重开幕。

1999 年

3月29日　宝安区人民政府公布宝安区第一批区级文物保护单位（深宝府［1999］24号）4处：中共宝安县第一次党代会旧址、东宝行政督导处、燕川古建筑群、沙井南宋陈朝举墓。

4月9日　深圳市博物馆文物征集与馆藏文物登记工作会议召开。

4月12日　市文物鉴定组配合文锦渡海关查获非法出境的文物及文物监管物品33件。

4月　龙岗区龙岗镇鹤湖新居首期二套样板房维修工程竣工，该维修工程被评为优良工程。

5月1日　中英街历史博物馆建成对外开放。

5月21日　深圳市博物馆讲解员培训班在市博物馆开课。

5月　龙岗区大鹏所城东门、南门城楼复建工程竣工验收。

6月10—14日　为喜迎澳门回归，《澳门今昔摄影展》在市博物馆展出。

6月26日　市文物鉴定组配合文锦渡海关查获非法出境的170件古生物化石（重约1100公斤）。

7月7日　经市政府研究决定，对市文物管理委员会成员进行了调整，副市长卓钦锐兼文管会主任。

8月3日　受广东省文化厅委托，市文管办对省级文物保护单位大鹏所城东、南两城门楼的修复工程进行验收。

8月30日—11月15日　深圳市第二次文物普查南山区试点工作结束。经过两个半月的勘探、调查和试掘，共发现古代遗址6处，古代建筑373处。

9月8日　市文物鉴定组配合皇岗海关查获陶器、瓷器、青铜器以及石雕等296件走私文物。

10月28日　经国家文物局、文化部批准，深圳市博物馆13件文物参加在港举办的《香港的故事》展览。

11月5日　市文物鉴定组在中英街入口查获明清时期的古玉148件。

2000 年

1月13日　全国人大副委员长邹家华视察了龙岗客家民俗博物馆。

1月20日　中英街历史博物馆与省公安边防六支队、深圳晚报社联合对中英街界碑进行了探寻，并找到了第8、9、10、11号界碑。

1月　宝安区松岗镇中共宝安县一大旧址维修工程竣工验收。

南山区陈郁故居维修工程竣工验收。

3月22日　为配合107国道西乡段立交桥工程建设，市文物管理委员会办公室、市博物馆、宝安区文化局联合组队，对铁仔山古墓群进行了历时3个月抢救性考古发掘。在2000余平方米的范围内，发现从东晋至明清的200余座古墓葬，是深圳市具有1700年的城市历史的见证。

3月27日　铁仔山古墓群专家论证会在宝安区文化局召开，10多位国家、省、市级文博专家、领导出席论证会，并建议保护、开发、利用该遗址，建立古墓博物馆。

3月31日　印发了第45次市长工作会议《关于铁仔山古墓葬群发掘保护问题的会议纪要》。

4月18日　召开2000年市文物工作会议。

6月1日　市文物管理委员会办公室、市高等职业技术学院共建"两课"实践教育基地，在大鹏古城博物馆、客家民俗博物馆举行挂牌仪式。

6月6日　宝安区沙井镇政府将辖区龙津石塔等20处文物古迹公布为镇级文物保护单位。这是深圳市首批公布的镇级文物保护单位。

6月8日　市文物管理委员会办公室、市高等职业技术学院共建"两课"实践教育基地，在东江纵队纪念馆、中英街历史博物馆举行挂牌仪式。

6月27日　深圳市文化局向省文化厅、国家文物局申报、推荐深圳市省级文物保护单位中英街界碑、大鹏古城为国家级文物保护单位。

7月18日　盐田区文物普查工作全面展开。

7月19—20日 市文物管理委员办公室检查了深圳市六个区的文物安全工作，提出了整改意见，并限期整改。

7月24日 《2000年客家民居国际学术研讨会》在深圳银湖召开。

8月28日—10月13日 为纪念深圳经济特区成立20周年，由市博物馆、市档案馆联合举办的《改革开放文献展》在市博物馆展出。

9月 龙岗区大鹏镇赖府书房维修工程竣工验收。

9月—11月 罗湖区开展文物普查。发现了东湖松亭山遗址，并进行了试掘，登录16个村落的历史建筑100余间。

10月12日 17国驻穗领事馆代表团莅临龙岗客家民俗博物馆参观。

10月18日至年底 龙岗区开展文物普查。

10月19日 三件国宝铜兽首《回归文物特展》在市博物馆举行。

10月25日 市文化局（深文复［2000］12号）批复同意成立中共宝安县第一次党代会纪念馆。

10月29日 阿拉伯叙利亚共和国副总理纳吉一行42人参观市博物馆。

11月2日 市文物管理委员会办公室与市高等职业技术学院"两课"实践教学基地挂牌仪式在市博物馆举行。

11月6—8日 深圳市博物馆新馆建设论证会召开。

11月9日 深圳市文化局推荐南头古城、燕川古建筑群、鹤湖新居、大万世居、东江纵队司令部旧址、元勋旧址、黄默堂墓、新二古村落、曾氏大宗祠等九处文物建筑为广东省文物保护单位。

11月11日 市级文物保护单位——陈郁故居经过修整正式对外开放。《陈郁生平事迹展》同时展出。

12月2日 由东江纵队老战士筹建的位于龙岗区坪山镇曾生同志故居旁的东江纵队纪念馆对外开放。

12月10日 中共中央政治局委员、广东省委书记李长春同志视察中英街及中英街历史博物馆。并指示：深圳毗邻香港，最有资格建一座香港回归博物馆，将1840年鸦片战争以来的中国近代史与现代史通过史料、图片、实物等展示出来，作为爱国主义教育的基地，应与东北的抗美援朝博物馆和北京的卢沟桥抗日战争纪念馆同一层次。

12月28日 市文物鉴定组配合文锦渡海关查获国家禁止出境文物23件（套），一般文物195件套。

12月29日 香港郑氏同胞文物捐赠仪式在南山区举行。

2001 年

1月26日 中英街历史博物馆广场改造工程竣工暨"警世钟"揭幕仪式在中英街历史

博物馆广场举行。

2月8日 李鹏委员长视察了仙湖植物园并参观了深圳古生物博物馆。

2月15日 市文管办（文物鉴定组）配合武警梅林检查站查获走私恐龙蛋化石400枚，涉及5个恐龙类种，最大一窝化石多达28枚。

2月28日 市文管办从市文物商店为客家民俗博物馆征集客家民俗用品锡制五供、三彩供果等251件（套）文物。

3月2日 宝安区松岗镇燕川村陈氏大宗祠——东宝行政督导处旧址维修工程竣工。

3月21日 中英街历史博物馆成为全市首家省爱国主义教育基地授牌仪式在该馆举行。

3月23日 市文物保护专家对福田区石厦炮楼等8处文物古迹进行鉴定，确认其中7处具有文物价值。

3月23日 博物馆在兴宁征集客家民俗文物及酸枝木古旧家具142件。

3—6月 市文管办、市博物馆、盐田区文管办联合发掘盐田区大梅沙村遗址，揭露面积1400平方米，发现商时期墓葬3座，春秋战国时期墓葬3座，出土一批重要文物。

4月16日 天后博物馆举办的《天后与赤湾天后宫历史文化展》正式对外开放。

4月—7月 市文管办组织对南山区屋背岭商代墓葬群进行考古试掘。我国著名考古学家、北京大学教授邹衡先生应邀专程前来考察，对试掘成果予以充分肯定。

4月29日 坐落在仙湖植物园内的深圳古生物博物馆正式开馆。

5月3日 广东省文化厅下发《关于深圳市南头古城南门广场设计方案的复函》（粤文物〔2001〕76号），同意对南头古城进行全面整治、保护和开发利用，并要求做好考古发掘工作，根据发掘成果，调整方案。

5月5日 市文物鉴定组配合皇岗海关查获清代至民国银币118枚。

5月10日 《鹏城春秋——大鹏古城历史展》揭幕仪式。

同日 深圳市南山区编办下发《关于成立区文管办的通知》，该办为直属区政府管理的正处级事业单位，定编7名。

5月18日 市文管办组织全市各博物馆开展主题为"博物馆与社区"的"国际博物馆日"宣传活动，并在市博物馆举行了由市汽车站派出所查获的165件文物移交给市文物管理部门的交接仪式，其中多数为出土文物，部分可达国家馆藏三级或三级以上。

5月23日 《中国文物报》公布《2000年中国考古重大发现》40项，深圳市铁仔山古墓群发掘名列前20位，进入"中国十大考古新发现"候选名单。

5月30日 市文化局、工商行政管理局、公安局联合发出《关于整顿和规范文物监管物品市场的通知》（深文〔2001〕120号）。

6月1日 深圳市鹏城旅游开发管理处挂牌仪式在大鹏古城博物馆举行。

6月5日 成立深圳市古玩城文物监管物品专业市场获市文化局批准（深文复〔2001〕14号）。同时发出《关于撤消罗湖区文苑实业公司文物监管物品市场并停止其使用"深圳古玩城"名称的函》（深文函〔2001〕55 号）。深圳古玩城于月内举行开业仪式。

6 月 7 日　龙岗区人民政府发出《关于公布龙岗区第一批重点文物保护单位的通知》（深龙府〔2001〕30 号），将钟氏宅第、茂盛世居等 12 处古迹列为区级文物保护单位。

6 月 11 日　墨西哥前总统等一行 10 人参观市博物馆。

6 月 13 日　南山区政府办公室发出《关于批转〈南山区文物管理委员会办公室工作章程〉的通知》（深南府办〔2001〕21 号）。

6 月 21 日　全市博物馆工作会议在市博物馆召开。

6 月 21—23 日　香港 40 多位东纵老战士来深参观东江纵队纪念馆、东江纵队司令部旧址、大鹏古城博物馆等。

6 月 26 日　中共宝安县"一大"纪念馆、宝安抗日纪念馆开馆典礼举行。

6 月 29 日　市文管办在沙井镇召开深圳市 2001 年文物保护工作经验交流会。

7 月 19 日　朝鲜劳动党代表团一行 6 人参观市博物馆。

7 月 20 日　香港海员工会组织原东纵老战士和爱国侨胞 68 人参观东纵司令部旧址。

8 月 1 日　越南国会副主席一行 10 人参观市博物馆。

8 月 7 日　《申奥实物收藏仪式暨展览开幕式》在市博物馆展览大厅举行。

8 月 22—23 日　市馆藏文物定级小组对客家民俗博物馆、大鹏古城博物馆、东江纵队司令部旧址、天后博物馆、陈郁故居馆藏文物进行定级。

8 月 23 日　由市文管办编印的介绍全市 14 个博物馆基本情况的《深圳博物馆通览》发行。

8 月 24 日　经市文化局（深文复〔2001〕18 号）批准，大鹏华侨纪念馆正式成立。

市博物馆编辑的《南粤客家围》大型图集正式出版。

8 月—10 月　配合叶挺旧址复建工程，市文管办组织对该旧址进行考古发掘，出土清至民国时期文物 900 余件。

9 月 2 日　越南国会副主席一行 25 人参观博物馆。

9 月 2—3 日　国家文物局局长张文彬来深视察工作，参加了深圳第一个国家级文物保护单位——大鹏所城保护标志碑揭幕仪式，并视察了深圳古生物博物馆。

同日　市文化局向市政府提交《关于深圳申报国家级历史文化名城的请示》（深文〔2001〕213 号）。

9 月 5 日　蒙古国大呼拉尔副主席一行 9 人参观市博物馆。

9 月 10 日　市委办公厅下发《关于东江纵队纪念馆有关问题的批复》（深办〔2001〕9 号）。内容包括：一、同意将东江纵队纪念馆列入龙岗区属事业单位，行政隶属龙岗区政府，业务上受市文管办指导，所需编制由龙岗区研究决定。二、市财政每年专项补助 20 万元。纪念馆所需的其余经费在区财政预算中予以安排。

9 月 19 日　罗马尼亚社会主义劳动党主席一行 9 人参观市博物馆。

10 月 16 日　福田区人民政府发出《关于公布福田区第一批区级文物保护单位的通知》（福府〔2001〕62 号），将上沙怀德黄公祠、天后宫等 7 处文物古迹列为区级文物保护单位。

10 月 18—19 日　市文管办与市公安局就博物馆风险防范措施达标情况进行联合检查。

10 月 23 日　联合国科教文组织与国家文物局在深联合召开防止非法贩运文化财产研讨会。

11 月 1 日　配合南头古城南城门广场改造工程的考古发掘工作正式开始。

11 月 16 日　沙头角天后宫维修方案获省文化厅批准（粤文物〔2001〕163 号），维修工程正式开工。

11 月 22 日　俄罗斯共产党中央第一副主席一行 9 人参观市博物馆。

12 月 2 日　东江纵队纪念馆举行市爱国主义教育基地挂牌仪式。

12 月 3 日　深圳职业技术学院成为市博物馆"博物馆之友"团体会员。

12 月 13 日　文物鉴定组配合文锦渡海关查获非法出境文物 3 件。

12 月 16 日　鹤湖新居一期维修工程被评为优等工程。

12 月 20 日　罗湖区编制办印发《关于区委宣传部（文化局）文化科加挂区文物管理委员会办公室牌子的批复》（罗编字〔2001〕31 号），同意该区文化局文化科加挂罗湖区文物管理委员会办公室牌子，负责有关文物管理工作。

2002 年

2001 年 11 月 1 日——2002 年 9 月 10 日　为配合南头古城南门广场的整治工程，进行了考古发掘。揭露面积 6000 平方米，发现了东晋时期的濠沟，揭示了明清时期的护城河等，出土了一批重要文物。

2001 年 12 月 1 日——2002 年 1 月　为配合大学城的建设，对南山西丽镇福光村屋背岭商时期墓葬群进行了发掘。在 1400 平方米的范围内，共清理墓葬 94 座，极大地丰富了岭南商时期考古内涵，从而被评为 2001 年度"全国十大考古新发现"。

1 月 7 日　市文化局成立深圳市博物馆新馆建设领导小组，组长由董小明副局长担任。

1 月 11 日　深圳市特发现代计算机公司的党委副书记吴志光先生，将其收藏的 1 件宋代铜函和 1 件元代铜权无偿捐献给市博物馆。

1 月 19 日　蒙古国总理恩赫巴雅尔一行 84 人参观市博物馆。

1 月 25 日　全市文博单位安全工作会议在市文化局召开。

2 月 27 日　大鹏古城博物馆派员到惠州向东纵老战士欧阳红征集革命文物《情报工作手册》。

3 月 1 日　尼日利亚人民民主党全国书记一行 15 人参观市博物馆。

3 月 18 日　中共盐田区委决定将每年的"3.18"定为中英街警示日。中英街深港两地居民、部队、战士、小学生、共青团员、东纵老战士等参加了上午的首次鸣钟。对此中央电台等作了报导。

3 月 25 日　国务院副总理李岚清参观古生物博物馆。

4 月 1 日　www.szcrm.com 网站试开通。

4 月 6 日　乌干达副总理兼外交部长一行 20 人参观市博物馆。

4 月 14 日　克罗地亚人民党总书记一行 7 人参观市博物馆。

4 月 21 日　深圳职业高等学院教师学生等 80 人到宝安"一大"、抗日纪念馆，参加"两课"学习实践活动，并向"一大"、抗日纪念馆颁发"两课"实践教学基地牌匾。

4 月 24 日　屋背岭商时期墓地考古评为"2001 年度全国十大考古新发现"新闻发布会在南山区政府办公楼举行。

4 月 28 日　建威将军赖信扬墓重修竣工。

4 月 30 日　龙岗区团委组织 1000 多名团员青年在东江纵队纪念馆召开纪念建团 80 周年大会并举行入团宣誓仪式。

5 月 18 日　国际博物馆日举行了"颂中华、爱深圳——百场展览进校园活动"的启动仪式。该活动共送展到 40 多所学校、7 个社区（包括企业、自然村等），展出近 1300 场，11 万多观众参观展览，取得较好的社会效益。

5 月 26 日　市级文物保护单位沙栏吓天后宫维修工程竣工。

5 月 30 日　市文管办将市公安局移交的恐龙蛋化石 388 枚调拨给古生物博物馆。

5 月 31 日　斐济总理莱塞尼亚·恩加拉塞一行 80 人参观市博物馆。

5 月 31 日　深龙编〔2002〕25 号文件《关于成立龙岗区东江纵队纪念馆管理机构的批复》下发。

6 月 18 日　市文化局批准同意成立华夏英杰墨宝园博物馆（深文复〔2002〕20 号）。

7 月 1 日　深龙编〔2002〕62 号文件《关于区委宣传部（区文体局）职能配置、内设机构和人员编制的批复》中，同意成立区文物管理办公室。

7 月 17 日　广东省人民政府办公厅（粤府办〔2002〕56 号文件）《关于公布第四批和重新核定公布第一、二、三批广东省文物保护单位的通知》中，新公布我市有省级文物保护单位 9 处。

7 月 18 日　市文化局批准同意成立深圳古生物博物馆（深文复〔2002〕26 号）。

7 月 31 日至 8 月 8 日　市文管办组织全市安全大检查。

8 月 6 日　澳大利亚前总理惠特拉姆一行 11 人参观市博物馆。

8 月 13 日　特立尼达和多巴哥前议长甘尼斯·拉姆迪尔夫妇一行 8 人参观市博物馆。

8 月 25 日　大鹏华侨纪念馆划归大鹏古城博物馆管理。

9 月 15 至 16 日　国家文物局副局长张柏、文物保护司司长杨志军等，来深检查博物馆安保工作。对我市博物馆的安保工作给予了充分肯定。

9 月 17 日　尼泊尔国务委员会主席一行 23 人参观市博物馆。

10 月 31 日　深圳市高级中学在龙岗客家民俗博物馆举行挂牌仪式，把博物馆作为第二课堂即爱国主义教育基地。

11 月 8 日　（深文复［2002］37 号）批准同意成立南头古城博物馆。

11 月 30 日　斯里兰卡统一国民党副主席达瓦·佩波拉一行 10 人参观市博物馆。

12 月 5 日　全国政协副主席张思卿一行 22 人视察了龙岗客家民俗博物馆和大鹏所城，并题词"以史为鉴"。

12 月 11 日　叶挺东江游击指挥部维修工程竣工。

后　记

　　1985—1987 年，深圳市博物馆杨耀林、彭全民等，根据当时的文物资料，曾编写了《深圳文物志》（油印本）。

　　1998 年 6 月，市文化局根据市委《关于全面开展〈深圳市志〉编纂工作的通知》，决定成立以董小明副局长为组长的《深圳文物志》编纂工作小组。具体工作由市文管办主任吴曾德负责。

　　为确保《深圳文物志》的科学性和准确性，市文化局从 1999—2000 年进行了全市第二次文物普查，普查经费 100 万元由宣传文化基金拨出。考古工作者在全市 2020 平方公里的区域内进行了拉网式的文物普查，进一步摸清全市的文物家底，从而为《深圳文物志》的编纂打下了坚实的基础。

　　文物普查工作结束后，《深圳文物志》编纂工作小组召开会议，部署《深圳文物志》的编写工作。"概述"由吴曾德、黄崇岳、周军执笔；"章节无题序"由周军、吴曾德执笔；第一章"文博机构"由黄中和、周英、王军、王效究等执笔；第二章"地下古遗址与遗迹"由叶扬、暨远志、刘均雄、黄小红及程建执笔；第三章"古窑址与窖藏"和第四章"墓葬"由史红卫、高爱萍、程建、张亚东、范小乐、段亚平、孙霄等执笔；第五章"历史建筑"由周军、程健、张亚东、段亚平等执笔；第六章"古城（寨）、烟墩、炮台"由伍扬、翁松龄执笔；第七章"馆藏文物"由李龙章、潘慧琳、黄诗金、利国显、李培洁、张冬煜、张小兰等执笔；第八章"文物保护与文物安全"由黄中和、姚树宾、刘涛、郭学雷等执笔；附录"深圳市文博工作大事记"由周英、黄崇岳、陈海先等执笔。

　　吴曾德、周军将上述材料分成章节汇总、整理、补充和修改。初稿形成后，由黄中和、周英初审第一章、第八章和大事记；周军初审第二章、第三章和第四章；赖德劭初审第五章；伍扬、翁松龄初审第六章；刘涛、郭学雷初审第七章。

　　《深圳文物志》从 2001 年至今几易其稿，其间召开了两次专家论证会。最后由吴曾德、周军、黄崇岳对全书进行了补充、修改、订正和统稿。

　　现在这部凝聚着全市文物工作者心血的《深圳文物志》，历经五个春秋终于问世了。全书共八章三十二节，约32万字，彩色图片59幅。它既是我们深圳市二十二年文物工作的里程碑，又为我们未来文物事业的发展积累了丰富的资料和宝贵的经验。

　　本书的完成得到了历任副市长兼市文物管理委员会主任王顺生、梁道行的亲切关怀，市文化局历任局长苏伟光、王京生、陈威的大力支持，市、区各文博单位领导和专家的积极配合，特别是市地方志办公室陈宏在主任、黄玲副主任和莫金铭处长的指导和帮助，在此一并表示衷心的感谢。

编　　者

2003 年 9 月

彩色图版

1. 深圳博物馆外景（文见 27 页）

2. 南山天后
博物馆外景
（文见 29 页）

3. 陈郁故居纪
念馆外景
（文见 29 页）

4. 中英街历史博物馆外景
（文见 30 页）

5. 中共宝安县第一次代表大会纪念馆外景（文见 31 页）

6. 东江纵队纪念馆外景（文见 32 页）

7. 宝安抗日纪念馆外景（文见 32 页）

8. 东江纵队司令部旧址纪念馆外景（文见 32 页）

9. 大鹏华侨
纪念馆外景
（文见 34 页）

10.
深圳古生物博物馆外景
（文见 36 页）

11. 屋背岭商时期墓群发掘现场鸟瞰（文见81页）

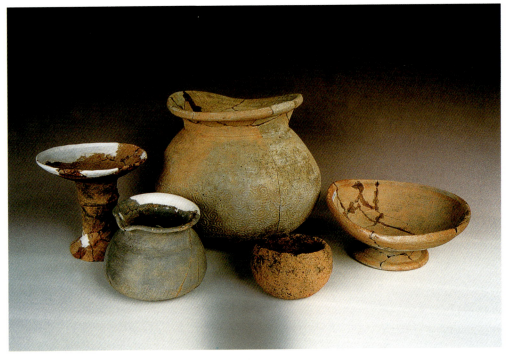

12. 屋背岭墓葬出土陶器（文见81页）

13. 铁仔山古墓群发掘现场（文见87页）

14. 铁仔山东晋纪
　　年墓出土墓砖
　　（文见87页）

15. 黄默堂墓（文见 91 页）

16. 信国公文氏
祠外景（文
见 116 页）

18. 龙津石塔
（文见 127 页）

17. 新桥村曾氏大宗祠外景（文见 120 页）

19. 文昌阁塔（文见 126 页）

20. 凤凰塔
（文见 126 页）

22. 笋岗村元勋旧址
（文见 130 页）

21. "鹫峰胜境"石牌坊（文见 129 页）

23. 何氏茂盛世居（文见 136 页）

24. 罗氏鹤湖新居（文见 139 页）

25. 张氏龙田世居（文见 143 页）

26. 曾氏大万世居（文见 153 页）

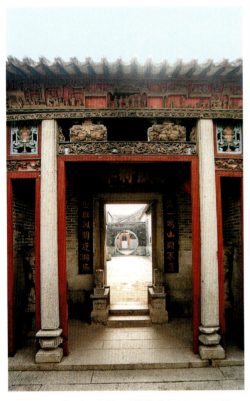

27. 赖恩爵"振威将军第"（文见174页）

28. 赖英扬"振威将军第"
（文见175页）

29. 赖英扬"振威将军第"木雕（局部）（文见 175 页）

30. 刘起龙"将军第"（文见 175 页）

31. 南头古城东莞会馆
（文见 181 页）

32. 新桥村永兴桥（文见 183 页）

33. 赤湾左炮台
（文见 193 页）

34. 大鹏古城鸟瞰
（文见 190 页）

36. 大鹏古城街巷一角
（文见 190 页）

35. 大鹏古城城门（文见 190 页）

38. 南头古城发掘场景（文见 188 页）

37. 南头古城鸟瞰（文见 188 页）

39. 南头古城城门（文见188页）

40. 青釉鸡首壶
（文见 206 页）

41. 青釉四系罐
（文见 206 页）

42. 越窑青釉执壶
（文见 208 页）

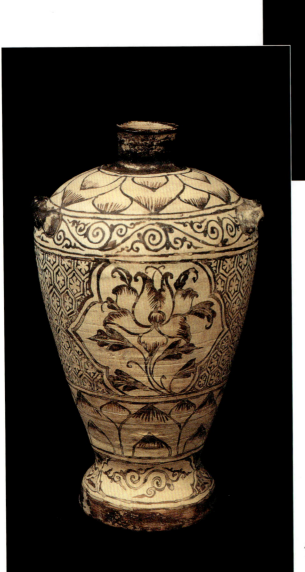

43. 海康窑梅瓶
（文见 209 页）

44. 龙泉窑连座梅瓶
（文见 210 页）

45. 青花海螺纹碗（文见 210 页）

46. 绞胎枕（文见 209 页）

47. 彩绘陶院落（文见 210 页）

48. 灰陶跪坐俑（文见 204 页）

49. 三彩武士俑
（文见 207 页）

50. 窃曲纹双兽耳铜簋（文见 214 页）

51. "硕父"铜鬲（文见 215 页）

52. 祝允明《晚晴赋》卷（局部）（文见 224 页）

53. 董其昌行书《颜平原争座位帖》《送刘太冲序》卷（局部）　（文见 224 页）

54.
王铎行书诗轴（文见226页）

55.
陈淳花卉图轴（文见234页）

56.
佚名『文会图』轴（文见233页）

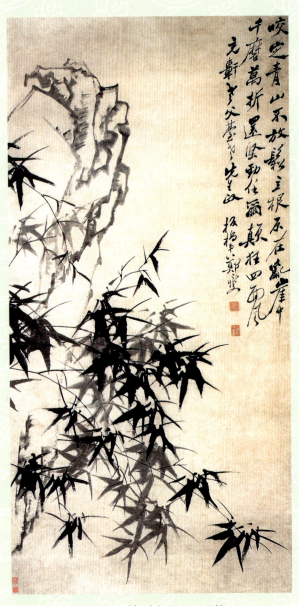

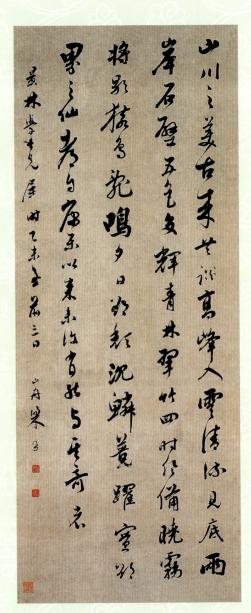

57. 郑燮《风竹图》轴（文见 236 页）　　　　58. 梁同书行书轴（文见 229 页）

59. 任颐《桃花白鸡图》轴（文见 237 页）　　60. 何香凝《虎啸图》轴（文见 239 页）

61. "九九乘法口诀" 刻铭砖（文见 243 页）

62. 深圳革命烈士纪念碑（文见 259 页）